SFV

Carlos Castaneda

Das Feuer von innen

S. Fischer

Aus dem Amerikanischen
von Thomas Lindquist

Deutsche Erstausgabe
Veröffentlicht im S. Fischer Verlag GmbH, Frankfurt am Main 1985
Die amerikanische Originalausgabe mit dem Titel »The Fire from Within« ist 1984 im Verlag Simon and Schuster, New York, erschienen

Lektorat Willi Köhler
Umschlaggestaltung Hannes Jähn
Satz Wagner GmbH, Nördlingen
Druck und Einband Spiegel Buch GmbH, Ulm
ISBN 3-10-010206-1

Inhalt

Meine Bewunderung und meinen Dank möchte ich einem meisterhaften Lehrer aussprechen, H.Y.L., der mir half, meine Energie wiederherzustellen, und mich einen alternativen Weg zu Lebensfülle und Wohlergehen lehrte.

Vorwort

In ausführlichen Berichten habe ich meine Lehrer-Schüler-Beziehung zu Don Juan Matus geschildert, einem indianischen Zauberer aus Mexiko. Bedingt durch die Fremdartigkeit der Ideen und Praktiken, die zu verstehen und zu verinnerlichen Don Juan von mir verlangte, blieb mir keine andere Wahl, als seine Lehren in Form einer erzählenden Geschichte wiederzugeben, einer Erzählung dessen, was geschah, während es geschah.
Das System der Lehren Don Juans ging von der Idee aus, daß der Mensch zwei Arten von Bewußtsein hat. Er nannte sie die rechte Seite und die linke Seite. Die erstere bezeichnete er als jenen normalen Bewußtseinszustand, wie wir ihn im Alltagsleben brauchen. Die zweite, so sagte er, sei die geheimnisvolle Seite des Menschen, jene Bewußtheit, die jemand braucht, um als Zauberer und als Seher zu fungieren. Entsprechend unterteilte Don Juan seine Unterweisungen in Lehren für die rechte Seite und Lehren für die linke Seite.
Seine Lehren für die rechte Seite vermittelte er mir, während ich mich in meinem normalen Bewußtseinszustand befand, und diese Lehren habe ich in allen meinen bisherigen Berichten geschildert. In diesem normalen Bewußtseinszustand sagte mir Don Juan, daß er ein Zauberer sei. Er machte mich auch mit einem anderen Zauberer bekannt, mit Don Genaro Flores, und nach der Art unserer Beziehung folgerte ich ganz logisch, daß sie beide mich als ihren Lehrling angenommen hätten. Diese Lehrzeit endete mit einer unbegreiflichen Tat, zu der Don Juan und Don Genaro mich veranlaßten. Sie ließen mich von der Höhe eines flachen Berges in einen Abgrund springen. Was auf diesem Berggipfel geschehen war, habe ich in einem meiner Berichte geschildert. An diesem letzten Drama der Lehren Don Juans für meine rechte Seite wirkten mit: Don Juan selbst und Don Genaro, die beiden Lehrlinge Pablito und Nestor und ich. Pablito, Nestor und ich taten den Sprung von jenem Berggipfel in den Abgrund.

Danach war ich jahrelang überzeugt gewesen, daß nur mein völliges Vertrauen zu Don Juan und Don Genaro ausgereicht hatte, um alle meine rationalen Ängste angesichts der bevorstehenden Vernichtung beiseitezuschieben. Heute weiß ich, daß es sich nicht so verhielt; ich weiß, daß das Geheimnis in Don Juans Lehren für die linke Seite gelegen war und daß es Don Juan, Don Genaro und ihren Gefährten ungeheure Disziplin und Ausdauer abverlangte, mir diese Lehren zu vermitteln.

Danach brauchte ich beinahe zehn Jahre, um mich zu erinnern, was eigentlich bei diesen seinen Lehren für die linke Seite geschehen war, die mich schließlich bereit machten, eine so ungeheuerliche Tat auszuführen: den Sprung in den Abgrund.

In seinen Lehren für die linke Seite gab mir Don Juan denn auch zu verstehen, was er selbst, Don Genaro und ihre Gefährten in Wirklichkeit taten und wer sie waren. Sie lehrten mitnichten die Zauberei, sondern die Meisterschaft in drei Aspekten eines alten Wissens, das sie besaßen – Bewußtheit, *Pirschen* und *Absicht*. Sie waren keine Zauberer; sie waren Seher. Und Don Juan war nicht nur Seher, sondern auch Nagual.

Bereits in den Lehren für die rechte Seite hatte mir Don Juan viel über den Nagual und über das *Sehen* erzählt. Das *Sehen* hatte ich verstanden als die Fähigkeit des Menschen, das Spektrum seiner Wahrnehmung so zu erweitern, daß er schließlich fähig wäre, nicht nur die äußeren Erscheinungen, sondern auch das Wesen aller Dinge zu erkennen. Auch hatte er mir erklärt, daß die *Seher* den Menschen als ein Energiefeld wahrnehmen, das wie ein leuchtendes Ei aussieht. Bei den meisten Menschen, sagte er, sei dieses Energiefeld in zwei Teile gespalten. Etliche Männer und Frauen aber hätten drei oder vier solcher Teile. Weil diese Leute nun widerstandsfähiger sind als normale Menschen, können sie, wenn sie erst einmal zu *sehen* gelernt haben, Naguals werden.

In seinen Lehren für die linke Seite erläuterte mir Don Juan auch die besonderen Schwierigkeiten, auf die es beim *Sehen* oder bei einem Nagual ankam. Ein Nagual zu sein, so sagte er, bedeute etwas Komplizierteres und Gewichtigeres als bloß ein recht widerstandsfähiger Mensch zu sein, der zu *sehen* gelernt hat. Ein Nagual zu sein, das bedeute, ein Anführer zu sein, ein Lehrer und Leiter.

Als Nagual war Don Juan der Leiter einer Gruppe von Sehern und Seherinnen, genannt der Zug des Nagual und bestehend aus acht Seherinnen – Cecilia, Delia, Hermelinda, Carmela, Nelida, Florinda, Zuleica und Zoila; drei Sehern – Vicente, Silvio Manuel und Genaro; und vier Kurieren oder Boten – Emilio, John Tuma, Marta und Teresa.

Außer der Leitung des Nagualzuges führte und unterrichtete Don Juan auch noch eine Gruppe von Seher-Schülern, genannt der neue Zug des Nagual. Sie bestand aus vier jungen Männern – Pablito, Nestor, Eligio und Benigno – und fünf Frauen – Soledad, la Gorda, Lidia, Josefina und Rosa. Ich war, neben der Nagual-Frau Carol, der nominelle Leiter des neuen Nagualzuges.

Damit Don Juan mir seine Lehren für die linke Seite vermitteln konnte, war es notwendig, daß ich in einen einzigartigen Zustand klarer Wahrnehmung geriet, bezeichnet als gesteigerte Bewußtheit. In all den Jahren meiner Verbindung mit ihm ließ er mich immer wieder in diesen Zustand überwechseln, und zwar durch einen Schlag mit der flachen Hand, den er mir auf den Rücken versetzte.

Im Zustand gesteigerter Bewußtheit, so erklärte Don Juan, können Lehrlinge sich fast so natürlich wie im alltäglichen Leben bewegen, aber sie sind imstande, ihren Geist mit ungewöhnlicher Klarheit und Eindringlichkeit auf alle Dinge einzustellen. Eine besondere Eigenschaft dieser gesteigerten Bewußtheit ist allerdings, daß sie nicht der normalen Erinnerung zugänglich ist. Was in solch einem Zustand stattfindet, kann der Lehrling nur durch einen ungeheuren Wiederbelebungsversuch zum Bestandteil seines Alltagsbewußtseins machen.

Ein Beispiel für diese Schwierigkeit, sich zu erinnern, bietet mein Umgang mit dem Zug des Nagual. Abgesehen von Don Genaro, hatte ich nur dann mit ihnen Kontakt, wenn ich mich in einem Zustand gesteigerter Bewußtheit befand; und deshalb konnte ich mich in meinem alltäglichen Leben nicht an sie erinnern, nicht einmal als verschwommene Figuren eines Traumes. Die Art, wie ich jedesmal mit ihnen zusammentraf, war beinahe ein Ritual. Ich pflegte nach Don Genaros Haus zu fahren, in einer kleinen Stadt im Süden Mexikos. Sofort stieß Don Juan dann zu uns, und wir drei beschäftigten uns mit Don Juans Lehren für die rechte Seite. Danach pflegte Don Juan mich in eine andere Bewußtseinsebene überwechseln zu lassen, und wir fuhren in eine nahegelegene größere Stadt, wo er und die übrigen fünfzehn Seher wohnten.

Jedesmal, wenn ich in den Zustand gesteigerter Bewußtheit eintrat, erfaßte mich unendliches Staunen über die Verschiedenheit meiner zwei Seiten. Es war stets, als würde mir ein Schleier von den Augen gezogen, als wäre ich vorher teilweise blind gewesen und könnte erst jetzt richtig sehen. Die Freiheit, die reine Freude, die mich bei solchen Gelegenheiten befiel, ist mit nichts vergleichbar, was ich jemals erlebt hätte. Gleichzeitig aber war da ein beängstigendes Gefühl der Traurigkeit und Sehnsucht, das mit jener Freiheit und Freude aufs engste verbunden war. Don Juan hatte mir gesagt, daß es keine Vollkommenheit ohne Traurigkeit und Sehnsucht gäbe, denn ohne sie gebe es keine Ernsthaftigkeit, keine Freundlichkeit. Weisheit ohne Freundlichkeit, so sagte er, und Wissen ohne Ernsthaftigkeit sind nutzlos.

Das System seiner Lehren für die linke Seite sah auch vor, daß Don Juan, zusammen mit einigen seiner Seher-Gefährten, mir die drei Aspekte ihres Wissens erläuterte: die Meisterschaft der Bewußtheit, die Meisterschaft des *Pirschens* und die Meisterschaft der *Absicht*.

Dieses Buch handelt von der Bemeisterung der Bewußtheit, die nur einen Teil des Gesamtsystems seiner Lehren für die linke Seite ausmacht; den Teil nämlich, mit dessen Hilfe er mich darauf vorbereitete, jene erstaunliche Tat – den Sprung in einen Abgrund – auszuführen.

Bedingt durch die Tatsache, daß die Erfahrungen, von denen ich hier berichte, sich im Zustand gesteigerter Bewußtheit zutrugen, zeigen sie nicht das Gepräge des alltäglichen Lebens. Es fehlt ihnen der Zusammenhang mit den Dingen dieser Welt, auch wenn ich mich nach Kräften bemüht habe, ihn herzustellen, ohne eine Fiktion zu erfinden. Im Zustand gesteigerter Bewußtheit ist man sich nur minimal der Umgebung bewußt, denn die ganze Aufmerksamkeit wird durch die Einzelheiten des unmittelbaren Tuns in Anspruch genommen.

Dieses unmittelbare Tun war in unserem Fall natürlich meine Unterweisung in der Meisterschaft der Bewußtheit. Don Juan verstand die Meisterschaft der Bewußtheit als eine moderne Variante einer sehr alten Überlieferung, die er als Überlieferung der alten toltekischen Seher bezeichnete.

Zwar glaubte er sich unlösbar mit dieser alten Überlieferung verbunden, doch er betrachtete sich als einen der Seher eines neuen Zyklus. Als ich ihn einmal fragte, was die wesentliche Eigenschaft dieser Seher des neuen Zyklus wäre, da sagte er, sie seien die Krieger einer absoluten Freiheit, sie seien solche Meister der Bewußtheit, des *Pirschens* und der *Absicht*, daß sie nicht, wie der Rest der Menschheit, dem Tode verfallen sind, sondern selbst den Augenblick und die Art ihres Abschieds von der Welt wählen können. In diesem Augenblick werden sie von einem inneren Feuer verzehrt und verschwinden vom Antlitz dieser Erde, frei, als hätten sie nie existiert.

1. Die neuen Seher

Ich war in Oaxaca angekommen, im Süden Mexikos, unterwegs in die Berge, wo ich Don Juan aufsuchen wollte. Frühmorgens, auf dem Weg aus der Stadt, hatte ich die Eingebung, über den großen Platz zu fahren, und dort fand ich ihn auf seiner Lieblingsbank sitzen, als hätte er auf mich gewartet.
Ich setzte mich zu ihm. Er erzählte mir, er halte sich in Geschäften in dieser Stadt auf und habe sich in einer Pension am Ort eingemietet, wo auch ich willkommen wäre, denn er müsse noch zwei Tage in der Stadt bleiben. Wir sprachen noch eine Weile über meine Aktivitäten und Probleme in der akademischen Welt.
Wie es seine Gewohnheit war, schlug er mich plötzlich auf den Rücken, gerade als ich es am wenigsten erwartete, und der Schlag versetzte mich in einen Zustand gesteigerter Bewußtheit.
Lange blieben wir schweigend sitzen. Ich wartete gespannt darauf, daß er zu reden anfange, doch als er es tat, überraschte er mich.
»Jahrhunderte bevor die Spanier nach Mexiko kamen«, sagte er, »gab es außerordentliche Tolteken-Seher, Männer, die unvorstellbarer Taten fähig waren. Sie waren das letzte Glied in einer Kette des Wissens, die sich durch die Jahrtausende zog.
Die toltekischen Seher waren ungewöhnliche Menschen – mächtige Zauberer, düstere, getriebene Männer, Mysterien ergründend und mit Geheimnissen bekannt, die sie nutzten, um die Menschen in ihren Bann zu schlagen und zu plagen, indem sie deren Bewußtsein auf irgend etwas fixierten, wie immer es ihnen gefiel.«
Er unterbrach sich und sah mich eindringlich an. Ich spürte, er wartete darauf, daß ich ihm eine Frage stelle, aber ich wußte nicht, was ich fragen sollte.
»Ich muß eine wichtige Tatsache hervorheben«, fuhr er fort, »nämlich, daß diese Zauberer das Bewußtsein ihrer Opfer fixieren konnten. Das hast du gar nicht mitbekommen. Als ich es

erwähnte, bedeutete es dir nichts. Das ist nicht weiter verwunderlich. Eine der Tatsachen, die wir am schwersten akzeptieren, ist, daß das Bewußtsein manipuliert werden kann.«

Ich war verwirrt. Ich wußte, daß er mich zu irgend etwas hinführen wollte. Ich empfand eine vertraute Bangigkeit – dasselbe Gefühl, das ich immer hatte, wenn er mit einem neuen Kapitel seiner Lehren begann.

Ich erzählte ihm, wie mir zumute war. Er lächelte unbestimmt. Meistens, wenn er lächelte, strahlte er freudig. Diesmal war er eindeutig befangen. Eine Weile schien es, als überlegte er, ob er weitersprechen solle. Er starrte mich wieder eindringlich an und ließ seinen Blick langsam über die volle Länge meines Körpers gleiten. Dann, offenbar befriedigt, nickte er und sagte, ich sei bereit für eine letzte Übung, etwas, das alle Krieger hinter sich bringen müßten, bevor sie sich als fähig betrachten dürften, für sich allein zu bestehen. Ich war verwirrter denn je.

»Wir werden über die Bewußtheit sprechen«, fuhr er fort. »Die toltekischen Seher verstanden sich auf die Kunst des Umgangs mit dem Bewußtsein. Tatsächlich waren sie hohe Meister dieser Kunst. Wenn ich sage, sie verstanden sich darauf, das Bewußtsein ihrer Opfer zu fixieren, so meine ich damit, daß ihr Geheimwissen und ihre geheimen Praktiken es ihnen erlaubten, das Geheimnis der Bewußtheit aufzudecken. Nicht wenige ihrer Praktiken haben sich bis auf den heutigen Tag erhalten, aber zum Glück in abgewandelter Form. Ich sage, zum Glück, denn dieses Unterfangen hat die Tolteken-Seher, wie ich gleich erklären werde, nicht zur Freiheit geführt, sondern in den Untergang.«

»Kennst du selbst diese Praktiken?« fragte ich.

»Na, gewiß«, antwortete er. »Es ist uns gar nicht möglich, diese Techniken nicht zu kennen, aber das heißt nicht, daß wir selbst sie praktizieren. Wir haben eine andere Auffassung. Wir gehören einem neuen Zyklus an.«

»Aber du hältst dich doch nicht für einen Zauberer, Don Juan, nicht wahr?« fragte ich.

»Nein, das nicht«, sagte er. »Ich bin ein Krieger, der *sieht*. Tatsächlich sind wir allesamt neue Seher – *los nuevos videntes*. Die alten Seher, das waren die Zauberer.«

»Für den Durchschnittsmenschen«, fuhr er fort, »ist die Zauberei ein negatives Geschäft, aber gleichwohl ist sie faszinierend. Das ist auch der Grund, warum ich dich in deinem normalen Bewußtseinszustand ermunterte, uns für Zauberer zu halten. Das kann ratsam sein. Es hilft, Interesse zu wecken. Doch ein Zauberer zu sein, das würde für uns bedeuten, in eine Sackgasse zu rennen.«

Ich wollte wissen, was er damit meine, aber er war nicht bereit, darüber zu sprechen. Er sagte, er werde später ausführlich auf dieses Thema eingehen, im Zusammenhang mit seiner Erläuterung der Bewußtheit.

Dann fragte ich ihn nach dem Ursprung dieses toltekischen Wissens.

»Die Tolteken beschritten den Pfad des Wissens, indem sie Kraft-Pflanzen einnahmen«, erwiderte er. »Sei es aus Hunger, aus Neugier oder Irrtum, sie aßen sie jedenfalls. Nachdem die Kraft-Pflanzen ihre Wirkung an ihnen getan hatten, war es nur eine Frage der Zeit, bis einige von ihnen anfingen, ihre Erfahrungen zu analysieren. Meiner Meinung nach waren diese ersten Männer auf dem Pfad des Wissens sehr wagemutig, aber auch sehr irregeleitet.«

»Ist das nicht nur deine Vermutung, Don Juan?«

»Nein, das ist nicht meine Vermutung. Ich bin ein Seher, und wenn ich mein *Sehen* auf jene Zeit richte, weiß ich, was damals geschah.«

»Kannst du die Dinge der Vergangenheit in allen Einzelheiten *sehen*?« fragte ich.

»*Sehen* ist ein besonderes Gefühl, etwas zu wissen«, entgegnete er, »etwas ohne die Spur eines Zweifels zu wissen. In diesem Fall weiß ich, was diese Männer taten, nicht nur weil ich *sehe*, sondern auch weil wir so eng miteinander verbunden sind.«

Dann erklärte mir Don Juan, daß er das Wort »Tolteke« in einem Sinn verwende, der nicht dem entsprach, was ich darunter verstand. Für mich bedeutete es eine Kultur, das Reich der Tolteken. Für ihn bedeutete »Tolteke« einen »Mann des Wissens«.

In jener Zeit, von der er spreche, meinte er, Jahrhunderte oder gar Jahrtausende vor der spanischen Konquista, lebten all diese Männer und Frauen in einer weiten geographischen Region, nördlich und südlich des Tals von Mexiko, und sie waren mit bestimmten Aufgaben befaßt: Heilen, Behexen, Geschichtenerzählen, Tanzen, Okrakeldienst, Zubereitung von Nahrung und

Getränken. Diese Aufgaben förderten bei ihnen ein besonderes Wissen – ein Wissen, daß sie vom Durchschnitt der Menschen unterschied. Außerdem aber waren die Tolteken auch Menschen, die im Gefüge des Alltagslebens ihren Platz fanden, ganz ähnlich wie Ärzte, Künstler, Lehrer, Priester und Händler in unserer Zeit. Sie übten ihren Beruf unter der strengen Kontrolle von organisierten Bruderschaften, und sie wurden so tüchtig und einflußreich, daß sie sogar Menschengruppen beherrschen konnten, die jenseits des geographischen Gebiets der Tolteken wohnten.

Nachdem einige dieser Männer, so sagte Don Juan, schließlich zu *sehen* gelernt hatten – es war nach Jahrhunderten des Umgangs mit Kraft-Pflanzen –, fingen die tatkräftigsten unter ihnen an, auch andere Menschen in der Kunst des *Sehens* zu unterweisen. Und das war der Anfang von ihrem Ende. Mit der Zeit wuchs die Zahl der Seher, doch ihre zwanghafte Beschäftigung mit dem, was sie sahen, zumal es sie mit Andacht und Furcht erfüllte, wurde so ausschließlich, daß sie aufhörten, Wissende zu sein. Sie wurden sehr tüchtig in der Kunst des *Sehens* und vermochten große Macht über die fremden Welten auszuüben, die sie schauten. Aber es half ihnen nichts. Das *Sehen* hatte ihre Kraft ausgehöhlt, und es bewog sie, sich zwanghaft mit dem zu beschäftigen, was sie *sahen*.

»Es gab aber Seher, die diesem Schicksal entgingen«, fuhr Don Juan fort. »Große Menschen, die trotz ihres *Sehens* niemals aufhörten, Wissende zu sein. Einige von ihnen strebten danach, das *Sehen* in positivem Sinn zu nutzen und es auch ihre Mitmenschen zu lehren. Ich bin überzeugt, daß die Bevölkerungen ganzer Städte, von ihnen angeführt, in andere Welten zogen und niemals wiederkehrten.

Jene Seher aber, die nur *sehen* konnten, waren dem Untergang geweiht, und als das Land, in dem sie lebten, von einem Erobervolk überrannt wurde, waren sie so wehrlos wie jeder andere.«

»Diese Eroberer«, fuhr er fort, »übernahmen die ganze Welt der Tolteken – sie eigneten sich alles an, und doch lernten sie niemals *Sehen*.«

»Wieso glaubst du, daß sie niemals zu *sehen* lernten?« fragte ich.

»Weil sie die Techniken der Tolteken-Seher nachahmten, ohne das innere Wissen der Tolteken zu haben. Noch heute gibt es Mengen von Zauberern überall in Mexiko, Nachfahren dieser Eroberer, die dem Weg der Tolteken folgen, aber nicht wissen, was sie tun oder wovon sie reden, weil sie keine Seher sind.«
»Wer waren diese Eroberer, Don Juan?«
»Andere Indianer«, sagte er. »Als die Spanier kamen, waren die alten Seher schon seit Jahrhunderten verschwunden, aber es gab eine neue Gattung von Sehern, die anfingen, ihren Platz in einem neuen Zyklus zu sichern.«
»Was meinst du damit, eine neue Gattung von Sehern?«
»Nachdem die Welt der ersten Tolteken vernichtet war, zogen sich die überlebenden Seher zurück und widmeten sich einer gewissenhaften Prüfung ihrer Praktiken. Als erstes führten sie *Pirschen, Träumen* und *Absicht* als zentrale Techniken ein, um der Einnahme von Kraft-Pflanzen entgegenzuwirken; vielleicht gibt uns dies einen Hinweis, was ihnen mit den Kraft-Pflanzen eigentlich widerfahren war.
Der neue Zyklus war eben dabei, Fuß zu fassen, als die spanischen Eroberer in das Land einfielen. Zum Glück waren die neuen Seher mittlerweile gründlich darauf vorbereitet, es mit dieser Gefahr aufzunehmen. Sie waren bereits vollendete Praktiker in der Kunst des *Pirschens*.
Die folgenden Jahrhunderte der Unterjochung boten diesen neuen Sehern ideale Bedingungen, um ihre Fähigkeiten zu vervollkommnen. Merkwürdigerweise waren es gerade die ungeheure Härte und die Zwangsherrschaft jener Zeit, die sie beflügelten, ihre neuen Prinzipien zu verfeinern. Und aufgrund der Tatsache, daß sie niemals ihre Tätigkeit bekanntmachten, wurden sie in Ruhe gelassen und konnten ihre Ergebnisse systematisieren.«
»Gab es eine große Zahl solcher neuer Seher zur Zeit der Konquista?« fragte ich.
»Anfangs wohl. Gegen Ende waren sie nur eine Handvoll. Die übrigen waren vernichtet worden.«
»Und wie ist es heute, Don Juan?« fragte ich.
»Es gibt einige. Sie sind überall verstreut, verstehst du?«
»Kennst du sie?« fragte ich.
»So eine einfache Frage ist am schwersten zu beantworten«, er-

widerte er. »Es gibt einige, die wir sehr gut kennen. Aber sie sind uns nicht sehr ähnlich, denn sie konzentrieren sich auf andere Aspekte des Wissens, wie etwa Tanzen, Heilen, Behexen, Sprechen; nicht aber auf die Dinge, welche die neuen Seher empfahlen, nämlich *Pirschen, Träumen* und *Absicht*. Jene, die uns ähnlich sind, würden niemals unseren Weg kreuzen. Die Seher, die während der Konquista lebten, haben es so verfügt, um zu vermeiden, daß sie in der Konfrontation mit den Spaniern vernichtet würden. Jeder dieser Seher begründete eine Schule. Und nicht alle fanden sie Nachfolger, so daß es nur noch wenige Schulen gibt.«

»Kennst du welche, die uns genau gleichen?« fragte ich.

»Einige«, antwortete er lakonisch.

Dann bat ich ihn um alle Informationen, die er mir geben könne, denn ich war lebhaft an diesem Thema interessiert. Für mich war es wichtig, und zwar um der Verifizierung und wissenschaftlichen Überprüfung willen, Namen und Adressen zu erfahren.

Don Juan schien nicht geneigt, mir entgegenzukommen. »Die neuen Seher haben diese Art der Überprüfung schon hinter sich«, sagte er. »Die Hälfte von ihnen ließen ihre Knochen in der Verifizierungskammer zurück. Darum sind sie nunmehr einsame Vögel. So wollen wir es lassen. Wir können lediglich über unsere Schule sprechen. Über sie können wir beide sagen, soviel wir wollen.«

Alle diese Seher-Schulen, erklärte er, wurden zur selben Zeit und in derselben Weise begründet. Gegen Ende des 16. Jahrhunderts begann jeder Nagual sich und seine Gruppe von Sehern bewußt gegen jeden Kontakt mit anderen Sehern abzuschirmen. Die Folge dieser drastischen Trennung, so sagte er, war die Herausbildung der einzelnen Schulen. Unsere Schule bestünde aus vierzehn Naguals und einhundertzwanzig Sehern. Manche dieser vierzehn Naguals hatten nicht mehr als sieben Seher um sich versammelt, andere hatten elf, und wieder andere bis zu fünfzehn.

Er erzählte mir, daß sein Lehrer – oder sein Wohltäter, wie er ihn nannte – der Nagual Julian gewesen sei, und Julians Vorgänger war der Nagual Elias. Ich fragte ihn, ob er die Namen aller vierzehn Naguals wisse. Er nannte sie mir und bezeichnete sie mir näher, damit ich erführe, wer sie waren. Er sagte, daß er die

fünfzehn Seher, die seines Wohltäters Gruppe bildeten, persönlich gekannt habe und daß er auch den Lehrer seines Wohltäters, den Nagual Elias, und die sieben Seher seines Zuges gekannt habe.
Don Juan versicherte mir, daß unsere Schule eine große Ausnahme bilde, weil sie im Jahre 1723 einen tiefgreifenden Wandel durchmachte, und zwar infolge eines äußeren Einflusses, der auf uns einwirkte und unsere Richtung unvermeidlich änderte. Über das Ereignis selbst wollte er im Augenblick nicht sprechen, aber er sagte, daß sich aus jener Zeit ein neuer Anfang herleite und daß die acht Naguals, die seit damals die Schule geführt hatten, als ganz wesensverschieden von ihren Vorgängern angesehen werden.

Am nächsten Tag mußte sich Don Juan wohl um seine Geschäfte kümmern, denn ich sah ihn erst gegen Mittag. In der Zwischenzeit waren drei seiner Lehrlinge in der Stadt eingetroffen – Pablito, Nestor und la Gorda. Sie gingen Werkzeuge und Material für Pablitos Schreinerei besorgen. Ich schloß mich ihnen an und half mit, ihre Einkäufe zu vervollständigen. Dann kehrten wir alle in die Pension zurück.
Wir vier saßen da und unterhielten uns, als Don Juan in mein Zimmer trat. Er verkündete, wir würden nach dem Essen aufbrechen, er müsse aber, bevor wir ins Restaurant gingen, mit mir persönlich etwas besprechen. Er schlug vor, wir beide sollten einen Spaziergang um den großen Platz machen, und dann sollten wir alle uns in einem Lokal treffen.
Pablito und Nestor standen auf und meinten, sie hätten noch einiges zu erledigen, bevor sie sich mit uns treffen wollten. La Gorda schien sehr ungehalten.
»Was habt ihr denn zu besprechen?« platzte sie heraus, erkannte aber rasch ihren Fehler und kicherte. Don Juan warf ihr einen eigenartigen Blick zu, sagte aber nichts.
Durch sein Schweigen ermutigt, schlug la Gorda vor, wir sollten sie doch mitnehmen. Sie beteuerte, sie werde uns nicht im mindesten stören.
»Ich bin sicher, du wirst uns nicht stören«, sagte Don Juan zu ihr, »aber ich möchte eigentlich nicht, daß du mithörst, was ich ihm zu sagen habe.«

La Gorda war sehr sichtlich verärgert. Sie errötete, und als Don Juan und ich das Zimmer verließen, verfinsterte sich ihr ganzes Gesicht vor Eifer und Anspannung und wirkte einen Moment lang verzerrt. Ihr Mund stand offen, ihre Lippen waren spröde. La Gordas Verstimmung war mir sehr peinlich. Ich fühlte mich wirklich unbehaglich. Ich sagte nichts, aber Don Juan schien meine Empfindungen nachzufühlen.

»Du solltest la Gorda Tag und Nacht Dank sagen«, meinte er unvermittelt. »Sie hilft dir, deinen Eigendünkel zu beseitigen. Sie ist ein kleiner Tyrann in deinem Leben, aber das hast du noch immer nicht verstanden.«

Wir schlenderten um die Plaza, bis all meine Nervosität gewichen war. Dann setzten wir uns wieder auf seine Lieblingsbank.

»Die alten Seher waren sehr glücklich dran«, fing Don Juan an, »denn sie hatten genügend Zeit, herrliche Dinge zu lernen. Laß dir sagen, sie kannten Wunder, die wir uns heute nicht einmal vorstellen können.«

»Wer lehrte sie all dies?« fragte ich.

»Sie lernten das alles von selbst, durch ihr *Sehen*«, antwortete er. »Die meisten Dinge, die wir in unserer Schule wissen, wurden von ihnen entdeckt. Die neuen Seher korrigierten die Fehler der alten Seher, doch die Grundlage dessen, was wir wissen und was wir tun, ging in der Zeit der Tolteken verloren.«

Dies erläuterte er: Eine der einfachsten und doch wichtigsten Erkenntnisse im Hinblick auf die Unterweisung, sagte er, sei das Wissen, daß der Mensch zwei Arten von Bewußtsein hat. Die alten Seher nannten es die rechte Seite und die linke Seite des Menschen.

»Die alten Seher fanden heraus«, fuhr er fort, »daß sie ihr Wissen am besten vermitteln konnten, wenn sie ihre Lehrlinge auf die linke Seite überwechseln ließen, in einen Zustand gesteigerter Bewußtheit. Dort findet das wahre Lernen statt.

Kleine Kinder wurden bereits als Lehrlinge zu den alten Sehern geschickt«, fuhr Don Juan fort, »so daß sie gar keine andere Lebensweise kennenlernten. Diese Kinder, wenn sie das entsprechende Alter erreicht hatten, nahmen wiederum Kinder als Lehrlinge auf. Stell dir nur vor, welche Dinge sie bei ihrem Überwechseln auf die linke und auf die rechte Seite entdecken mochten – nach Jahrhunderten solcher Konzentration.«

Ich warf ein, wie beunruhigend dieses Überwechseln für mich wäre. Er meinte dazu, daß meine Erfahrung der seinen ähnlich sei. Sein Wohltäter, der Nagual Julian, habe bei ihm eine tiefe Spaltung hervorgerufen, indem er ihn von einer Art der Bewußtheit zur anderen überwechseln ließ. Er sagte, die Klarheit und Freiheit, die er im Zustand gesteigerter Bewußtheit erlebe, stünden in völligem Gegensatz zu den Rationalisierungen, den Abwehrmanövern, der Wut und der Furcht seines normalen Bewußtseinszustandes.

Die alten Seher verfolgten eine besondere Absicht, wenn sie eine solche Polarität hervorriefen; dadurch zwangen sie ihre Lehrlinge, die Konzentration zu erreichen, die sie brauchten, um die Techniken der Zauberei zu erlernen. Die neuen Seher aber, so sagte er, bedienen sich ihrer, um ihren Lehrlingen die Überzeugung zu vermitteln, daß es noch unerkannte Möglichkeiten im Menschen gibt.

»Die größte Leistung der neuen Seher«, fuhr Don Juan fort, »ist die Art, wie sie das Geheimnis der Bewußtheit erklärten. Sie verdichteten all dies auf einige Begriffe und Taten, die gelehrt werden können, solange der Lehrling bei gesteigerter Bewußtheit ist.«

Der Wert dieser Lehrmethode der neuen Seher, sagte er, liege in der Nutzung der Tatsache, daß niemand sich an etwas erinnern könne, was geschieht, solange er sich in einem Zustand gesteigerter Bewußtheit befinde. Diese Unfähigkeit, sich zu erinnern, errichte eine beinah unüberwindliche Barriere für die Krieger, die sich alle ihnen erteilten Lehren ins Gedächtnis zurückrufen müßten, wenn sie auf dem Weg fortschreiten wollten. Erst nach Jahren des Bemühens und der Disziplin könne der Krieger sich an seine Unterweisung erinnern. Dann aber seien die Begriffe und Techniken, die ihm vermittelt wurden, bereits verinnerlicht worden und hätten dadurch die Kraft gewonnen, die die neuen Seher ihnen zugedachten.

2. Die kleinen Tyrannen

Erst zwei Monate später sprach Don Juan mit mir wieder über die Meisterschaft der Bewußtheit. Wir befanden uns in dem Haus, wo der Zug des Nagual wohnte.

»Laß uns einen Spaziergang machen«, sagte Don Juan zu mir und legte mir die Hand auf die Schulter. »Oder besser, gehen wir auf den Marktplatz der Stadt, wo eine Menge Menschen sind, und setzen wir uns dort auf eine Bank, um miteinander zu reden.«

Ich wunderte mich, daß er einen solchen Vorschlag machte, denn ich war schon ein paar Tage dort im Hause, ohne daß er mehr als »Hallo« zu mir gesagt hätte.

Als Don Juan und ich das Haus verließen, trat uns la Gorda in den Weg und verlangte, wir sollten sie mitnehmen. Sie schien entschlossen, sich nicht abweisen zu lassen. Don Juan sagte ihr aber in sehr bestimmtem Ton, er habe etwas mit mir persönlich zu besprechen.

»Ihr wollt über mich reden«, sagte la Gorda, und ihre Stimme wie ihre Haltung drückten Zorn und Mißtrauen aus.

»Du hast recht«, antwortete Don Juan ungerührt. Er ging an ihr vorbei, ohne sie anzusehen.

Ich folgte ihm, und wir wanderten schweigend zum Marktplatz. Nachdem wir uns gesetzt hatten, fragte ich ihn, was in aller Welt wir über la Gorda zu besprechen hätten. Ich litt noch an ihrem drohenden Blick, als wir aus dem Haus gegangen waren.

»Nichts haben wir über la Gorda zu besprechen, oder über sonst jemanden«, sagte er. »Ich hab ihr das nur gesagt, um ihren gewaltigen Eigendünkel zu provozieren. Und, siehst du, es hat geklappt. Sie ist wütend auf uns. Wie ich sie kenne, redet sie sich inzwischen ein, wir hätten sie zurückgewiesen und für dumm verkauft, und wahrscheinlich hat sie sich mittlerweile in eine rechtschaffene Empörung hineingesteigert. Würde mich gar nicht wundern, wenn sie uns hier, auf dieser Parkbank, überfallen würde.«

»Aber worüber werden wir sprechen, wenn nicht über la Gorda?« fragte ich.
»Wir werden das Gespräch fortsetzen, das wir in Oaxaca angefangen haben«, erwiderte er. »Es geht um die Erklärung des Bewußtseins, und dies wird dich alle Anstrengung kosten. Mach dich bereit, immer wieder zwischen den beiden Ebenen der Bewußtheit zu wechseln. Für die Dauer dieses Gesprächs verlange ich deine ganze Aufmerksamkeit und Konzentration.«
In leicht anklagendem Ton sagte ich, wie unangenehm es mir gewesen sei, als er sich die letzten beiden Tage weigerte, mit mir zu sprechen. Er sah mich mit hochgezogenen Augenbrauen an. Ein Lächeln huschte über seine Lippen und verschwand wieder. Ich begriff, er wollte mir zu verstehen geben, daß ich nicht viel besser sei als la Gorda.
»Ich wollte nur deinen Eigendünkel provozieren«, sagte er stirnrunzelnd. »Der Eigendünkel ist dein größter Feind. Denk mal darüber nach: was uns schwächt, ist unser Gefühl, durch das Tun und Lassen unserer Mitmenschen verletzt zu sein. Unser Eigendünkel bewirkt, daß wir uns die meiste Zeit unseres Lebens von irgend jemandem gekränkt fühlen.
Die neuen Seher empfahlen, der Krieger solle sich nach Kräften bemühen, den Eigendünkel aus seinem Leben auszutilgen. Ich habe versucht, diese Empfehlung zu befolgen, und meine ganze Arbeit mit dir zielte darauf ab, dir zu demonstrieren, daß wir ohne Eigendünkel unverletzlich sind.«
Während ich ihm zuhörte, leuchteten seine Augen plötzlich auf. Ich meinte schon, er werde in ein Gelächter ausbrechen, wozu doch gar kein Grund bestand, als mich plötzlich ein schmerzhafter Schlag auf meine rechte Backe aufschreckte.
Ich sprang auf. La Gorda stand hinter mir – die Hand noch immer erhoben. Ihr Gesicht glühte vor Zorn.
»So, jetzt kannst du über mich reden, soviel du willst. Jetzt hast du wenigstens Grund dazu«, schrie sie. »Und falls du etwas zu sagen hast, sag es mir ins Gesicht!«
Ihr Gefühlsausbruch hatte sie anscheinend erschöpft. Sie setzte sich auf den Straßenbeton und fing an zu weinen. Don Juan sagte nichts und lächelte belustigt. Ich war starr vor Wut. La Gorda funkelte mich an, dann drehte sie sich nach Don Juan um und sagte, wir hätten kein Recht, sie zu kritisieren.

Don Juan krümmte sich vor Lachen, fast daß er sich am Boden wälzte. Er brachte kein Wort heraus. Zwei- oder dreimal versuchte er mir etwas zu sagen, aber schließlich gab er es auf und entfernte sich, seine Gestalt noch immer von einem Lachkrampf geschüttelt.

Ich wollte ihm nachlaufen, und ich warf la Gorda noch einen letzten bösen Blick zu – so verächtlich fand ich sie in diesem Augenblick –, als etwas Außerordentliches in mir vorging: Auf einmal begriff ich, was Don Juan so spaßig gefunden hatte. La Gorda und ich waren uns ganz ähnlich. Beide hatten wir einen gewaltigen Eigendünkel. Meine Überraschung und Empörung darüber, geohrfeigt worden zu sein, unterschied sich in nichts von la Gordas Wut und Mißtrauen. Don Juan hatte recht. Die Bürde des Eigendünkels ist ein beschwerliches Hindernis.

Ich lief hinter ihm her, in geläuterter Stimmung, und Tränen flossen mir über die Wangen. Als ich ihn eingeholt hatte, erzählte ich ihm von meiner Erkenntnis. Seine Augen funkelten lustig und boshaft.

»Was soll ich jetzt wegen la Gorda tun?« fragte ich.

»Nichts«, sagte er. »Erkenntnisse sind immer etwas Persönliches.«

Dann wechselte er das Thema und meinte, die Zeichen stünden jetzt günstiger, unser Gespräch im Hause fortzusetzen – im großen Zimmer mit den bequemen Sesseln, oder hinten im Patio, der von einer überdachten Galerie eingefaßt war. Diese beiden Bereiche, sagte er, seien für alle anderen tabu, wenn er dort seine Erklärung vortrug.

Wir kamen ins Haus zurück. Don Juan erzählte den anderen, was la Gorda sich inzwischen geleistet hätte. Das Vergnügen, mit der die anderen Seher la Gorda hänselten, brachte diese in eine unangenehme Lage.

»Den Eigendünkel kann man nicht mit Höflichkeiten bekämpfen«, meinte Don Juan, als ich la Gorda sagte, wie leid es mir täte.

Dann bat er die anderen, aus dem Zimmer zu gehen. Wir setzten uns, und Don Juan fing an mit seiner Erklärung.

Er sagte, man könne die Seher, und zwar die alten wie die neuen, in zwei Gruppen unterteilen. Die einen seien bereit, sich in Selbstzucht zu üben und ihr Streben auf praktische Ziele zu richten, mit denen sie anderen Sehern, und den Menschen überhaupt, dienen könnten. Die anderen hätten weder mit Selbstzucht noch mit praktischen Zielen viel im Sinn. Die letzteren, darin seien die Seher sich einig, hätten versäumt, das Problem des Eigendünkels zu lösen.

»Der Eigendünkel ist keine einfache oder unschuldige Angelegenheit«, erklärte er. »Zum einen ist er der Kern all dessen, was gut ist an uns, aber zum anderen ist er der Kern all dessen, was faul ist. Um den faulen Teil des Eigendünkels loszuwerden, braucht es ein Meisterstück der Strategie. Und wem dies gelungen ist, dem haben die Seher zu allen Zeiten höchstes Lob gespendet.«

Ich wandte ein, daß mir die Vorstellung, den Eigendünkel auszulöschen, auch wenn sie mir oft überzeugend erscheine, doch unbegreiflich sei. Seine Empfehlung, ihn so einfach abzulegen, erschiene mir so unbestimmt, daß ich sie nicht befolgen könne.

»Man muß sehr einfallsreich sein«, sagte er, »wenn man dem Pfad des Wissens folgen will. Weißt du, auf dem Pfad des Wissens ist nichts so klar, wie wir es gerne hätten.«

Mein Unbehagen war nicht beschwichtigt, und ich sagte ihm, daß seine Ratschläge mich irgendwie an die Dogmen der katholischen Kirche erinnerten. Nachdem ich ein Leben lang von den Übeln der Sünde hätte predigen hören, sei ich jetzt abgestumpft.

»Wenn der Krieger seinen Eigendünkel bekämpft, so geschieht dies nicht aus Prinzip, sondern als Strategie«, antwortete er. »Du machst nur den Fehler, meine Worte unter moralischem Blickwinkel zu sehen.«

»Aber ich sehe in dir einen sehr moralischen Mann, Don Juan«, sagte ich.

»Du hast lediglich meine Makellosigkeit bemerkt, das ist's wohl«, sagte er.

»Makellosigkeit, Ablegen des Eigendünkels – das sind mir viel zu unbestimmte Ideen, als daß ich etwas damit anfangen könnte«, stellte ich fest.

Don Juan unterdrückte ein Lachen, während ich ihn aufforderte, mir doch die Idee der Makellosigkeit ausführlicher zu erklären.

»Makellosigkeit, das ist nichts anderes als das richtige Einsetzen von Energie«, sagte er. »Meine Erklärung hat wirklich nichts mit Moral zu tun. Ich habe lediglich genug Energie aufgespart, und das macht mich makellos. Aber um diese Dinge zu verstehen, müßtest du selber genug Energie aufsparen.«

Wir schwiegen einige Zeit. Ich versuchte mir vorzustellen, was er eben gesagt hatte. Unvermittelt sprach er weiter.

»Die Krieger legen sich ein strategisches Inventar zu«, sagte er. »Sie listen alles auf, was sie tun. Und dann entscheiden sie, welche von diesen Dingen sich ändern lassen – unter dem Gesichtspunkt, die Verausgabung von Energie hinauszuschieben.«

Ein solches Verzeichnis, wandte ich ein, müsse wohl alles einbeziehen, was es unter der Sonne gibt. Er aber meinte geduldig, daß die strategischen Inventare, von denen er spräche, nur solche Verhaltensweisen enthielten, die für unser Wohl und unser Überleben wichtig wären.

Ich konnte mir nicht versagen, ihm vorzuhalten, daß Wohl und Überleben endlos interpretierbare Begriffe seien. Und daß niemals Einigkeit erreicht werden würde hinsichtlich dessen, was für unser Wohl und unser Überleben notwendig sei, und was nicht.

Aber wie ich so drauflosredete, verließ mich mein Schwung. Schließlich gab ich es auf, weil ich die Vergeblichkeit meiner Argumente einsah.

Im strategischen Inventar eines Kriegers, sagte Don Juan, sei der Eigendünkel derjenige Posten, der die meiste Energie verbrauche – daher das Bestreben, ihn loszuwerden.

»Eines der wichtigsten Anliegen eines Kriegers ist, diese Energie freizusetzen, um mit ihrer Hilfe dem Unbekannten entgegenzutreten«, fuhr Don Juan fort. »Das Umdirigieren dieser Energie – das ist Makellosigkeit.«

Die erfolgreichste Strategie hätten, wie er sagte, die Seher aus der Zeit der Konquista ausgearbeitet, diese unbestrittenen Meister des *Pirschens*. Sie bestünde aus sechs Elementen, die einen Zusammenhang bildeten. Fünf davon bezeichneten wir als die Attribute der Kriegerschaft: Kontrolle, Disziplin, Voraussicht, ›Timing‹ und *Wille*. Sie gelten für die Welt des Kriegers, der darum kämpfe, seinen Eigendünkel abzulegen. Das sechste Element, das wichtigste vielleicht, gelte für die äußere Welt, und wir bezeichneten es als den »kleinen Tyrannen«.

Er sah mich an, wie um mich wortlos zu fragen, ob ich verstanden hätte oder nicht.

»Ich bin wirklich verblüfft«, sagte ich. »Du sagst doch immer, la Gorda sei der kleine Tyrann meines Lebens. Was ist denn nun ein kleiner Tyrann?«

»Ein kleiner Tyrann ist ein Quälgeist«, erwiderte er. »Jemand, der entweder Macht über Leben und Tod des Kriegers hat, oder ihn lediglich so lange plagt, bis er seinen Weg verläßt.«

Don Juan zeigte mir, während er sprach, ein strahlendes Lächeln. Die neuen Seher, sagte er, hätten ihr eigenes System der kleinen Tyrannen entwickelt. Die Idee an sich sei zwar eine ihrer ernsthaftesten und wichtigsten Entdeckungen, aber die neuen Seher hätten sie doch eher mit Humor aufgefaßt. In jedem ihrer Systeme, so versicherte er mir, sei ein Hauch ihres boshaften Humors spürbar, denn Humor sei das einzige Gegengewicht gegen den Drang des menschlichen Bewußtseins, Inventare anzulegen und schwerfällige Begriffssysteme zu ersinnen.

Im Einklang mit ihrer Praxis, so erzählte Don Juan, hätten die neuen Seher sich berechtigt gesehen, an die Spitze ihres Systems die primäre Quelle aller Energie zu stellen, den einzigen Herrscher im Universum – und sie nannten ihn einfach den Tyrannen. Alle übrigen Despoten und Machthaber stünden natürlich unendlich weit unter dem Tyrannen. Verglichen mit der Ursache von allem, seien auch die schrecklichsten menschlichen Tyrannen nur Clowns; und daher bezeichne man sie als die »kleinen Tyrannen«, *pinches tiranos*.

Er sagte, es gebe zwei Untergruppen von kleinen Tyrannen. Die erste Untergruppe bildeten jene kleinen Tyrannen, die einen plagten und elend machten, ohne einen wirklich zu Tode zu bringen. Dies seien die »schäbigen kleinen Tyrannen« – *pinches tiranitos*. Die zweite Gruppe bildeten jene kleinen Tyrannen, die nur ärgerlich und unendlich lästig seien. Dies seien die »albernen kleinen Tyrannen« – *repinches tiranitos*, oder die »klitzekleinen Tyrannen« – *pinches tiranitos chiquitos*.

Ich fand dieses Begriffssystem lächerlich. Ich war überzeugt, daß Don Juan die spanischen Bezeichnungen frei improvisiere. Ich fragte ihn, ob dem so sei.

»Ganz und gar nicht«, erwiderte er mit belustigter Miene. »Die neuen Seher waren große Meister der Systematik. Und Genaro ist

zweifellos einer der größten. Falls du ihn einmal aufmerksam beobachten wolltest, würdest du erkennen, was die neuen Seher mit ihren Systemen bezweckten.«
Er lachte schallend über meine Verwirrung, als ich ihn fragte, ob er mich auf den Arm nehmen wolle.
»Das würde mir nicht im Traum einfallen«, sagte er und lächelte. »Genaro könnte so etwas tun – ich nicht, zumal ich weiß, wie du über Begriffssysteme denkst. Es ist nur so, daß die neuen Seher furchtbar respektlos waren.«
Die schäbigen kleinen Tyrannen, fuhr er fort, ließen sich nochmals in vier Gruppen unterteilen: die einen, die uns brutal und gewalttätig plagen; die anderen, die uns durch Bosheit und Tricks erschrecken; wieder andere, die uns traurig machen. Und schließlich jene, die den Krieger quälen, indem sie ihn rasend wütend machen.
»La Gorda ist eine Klasse für sich«, meinte er abschließend. »Sie ist ein alberner kleiner Tyrann in voller Aktion. Sie ärgert dich, bis du vor Wut explodierst, und macht dich rasend. Sie ohrfeigt dich sogar. Mit alledem will sie dich Gleichmut lehren.«
»Das ist nicht möglich!« protestierte ich.
»Du überblickst noch nicht alle Bestandteile dieser Strategie der neuen Seher«, sagte er. »Bist du erst einmal soweit, dann wirst du wissen, welch ein wirksames und kluges Hilfsmittel es ist, einen kleinen Tyrannen zum eigenen Vorteil zu nutzen. Ich sage dir, diese Strategie ist nicht nur nützlich, um den Eigendünkel abzulegen; sie bereitet den Krieger auch auf die letzte Erkenntnis vor, daß Makellosigkeit das einzige ist, worauf es auf dem Pfad des Wissens ankommt.«
Mit dieser Strategie, sagte er, hätten die neuen Seher ein lebensgefährliches Manöver erfunden. Der kleine Tyrann sei dabei wie ein Berg, während die Attribute der Kriegerschaft wie Kletterer dem Gipfel entgegenstrebten.
»Für gewöhnlich werden nur vier dieser Attribute ins Spiel gebracht«, fuhr er fort. »Das fünfte, der *Wille*, wird für eine letzte Konfrontation aufgespart, sozusagen wenn der Krieger vor dem Peleton steht.«
»Warum ist das so?«
»Weil der *Wille* einem anderen Bereich angehört, nämlich dem Unbekannten. Die übrigen vier Attribute gehören zum Bereich

des Bekannten, dem auch die kleinen Tyrannen angehören. Tatsächlich, gerade die zwanghafte Beschäftigung mit dem Bekannten kann einen Menschen zum kleinen Tyrannen machen.«
Wie diese fünf Attribute der Kriegerschaft zusammenwirkten, sagte Don Juan, das könne nur ein Seher verstehen, der zugleich ein makelloser Krieger sei und den Willen zu beherrschen wisse. Denn dieses Zusammenwirken sei ein sehr kompliziertes Manöver, das im Bereich der menschlichen Alltäglichkeit nicht mehr durchführbar sei.
»Vier Attribute der Kriegerschaft genügen«, sagte er, »um es auch mit dem ärgsten kleinen Tyrannen aufzunehmen. Vorausgesetzt, man hat einen kleinen Tyrannen gefunden. Denn der kleine Tyrann ist, wie ich sagte, das von außen hinzukommende Element. Wir können es nicht kontrollieren, und doch ist es vielleicht das wichtigste von allen. Mein Wohltäter sagte stets, daß ein Krieger, der zufällig über solch einen kleinen Tyrannen stolpert, von Glück sagen kann. Denn es gehört Glück dazu, einem kleinen Tyrannen von selbst zu begegnen. Sonst müßte man ausziehen und sich einen suchen.«
Eine große Errungenschaft jener neuen Seher aus der Zeit der Konquista sei es gewesen, daß sie – wie Don Juan sich ausdrückte – einen Drei-Phasen-Schritt entwickelten. Weil sie die Natur des Menschen verstanden, so sagte er, seien sie zu dem unbestreitbaren Schluß gelangt, daß ein Seher, der es mit den kleinen Tyrannen aufnehmen könne, sicherlich auch dem Unbekannten straflos gegenübertreten dürfe. Und wer dies vermöchte, der könne sogar die Gegenwart des Unbekannten ertragen.
»Der Durchschnittsmensch wird vielleicht einwenden«, sagte er, »daß der Satz eigentlich umgekehrt lauten müßte: Ein Seher, der dem Unbekannten gegenübertreten kann, dürfte es auch mit den kleinen Tyrannen aufnehmen. Aber so ist es nicht. Und genau diese Annahme trug zum Untergang der alten Seher bei. Wir wissen es heute besser. Wir wissen, daß nichts den Geist eines Kriegers so zu stählen vermag, wie die Herausforderung, sich mit unmöglichen Leuten in Machtpositionen herumzuschlagen. Nur in solchen Situationen findet der Krieger die Nüchternheit und Gelassenheit, die er braucht, um die Gegenwart des Unbekannten zu ertragen.«
Ich protestierte energisch. Ein Tyrann könne, meinte ich, seine

Opfer nur hilflos machen – oder so brutal, wie er selber sei. Ich berief mich auf die vielen wissenschaftlichen Untersuchungen, die über seelische und körperliche Folgen der Folter für deren Opfer angestellt worden seien.

»Genau, es ist wie du sagst«, meinte er. »Der Unterschied ist, daß es Opfer waren, und keine Krieger. Früher habe ich genauso gedacht wie du. Jetzt will ich dir erzählen, was mich dazu brachte, meine Meinung zu ändern. Aber kehren wir noch einmal zurück zu dem, was ich vorhin über die Konquista sagte. Die damaligen Seher hätten nirgends eine günstigere Situation vorfinden können. Die kleinen Tyrannen, das waren damals die Spanier. Und du kannst mir glauben, daß sie die Fähigkeiten der Seher auf eine harte Probe stellten. Nachdem sie den Konquistadoren standgehalten hatten, konnten es die Seher auch mit allem anderen aufnehmen. Sie hatten Glück. Damals gab es kleine Tyrannen allenthalben.

Nach diesen fetten Jahren des Überflusses kam eine große Wende. Nie wieder gab es kleine Tyrannen in so großer Zahl; und nur damals war ihre Macht so unbegrenzt. Das beste Mittel, um einen Seher zur höchsten Vollendung zu führen, ist ein kleiner Tyrann mit unbeschränkter Machtfülle.

Heutzutage müssen sich die Seher tüchtig anstrengen, um einen würdigen Gegner zu finden. Meistens müssen sie mit den albernen Kleinen vorliebnehmen.«

»Hast auch du einen kleinen Tyrannen gefunden, Don Juan?«

»Ja, ich hatte Glück. Ein wahrer Riese nahm sich meiner an. Aber damals dachte ich wie du. Ich war überhaupt nicht von meinem Glück überzeugt.«

Don Juans Prüfung, erzählte er, fing an, ein paar Wochen bevor er seinem Wohltäter begegnete. Damals war er kaum zwanzig Jahre alt. Er hatte einen Job in einer Zuckermühle, wo er als Handlanger arbeitete. Er war schon immer besonders kräftig, darum fand er mühelos Arbeit, bei der ›Muskeln‹ gefragt waren. Eines Tages, er wuchtete gerade die schweren Zuckersäcke, kam eine Frau vorbei. Sie war elegant gekleidet und sah aus wie eine bessere Dame. Sie mochte Anfang Fünfzig sein, und sie trat sehr selbstbewußt auf. Sie musterte Don Juan, sprach ein paar Worte mit dem Vorarbeiter und ging dann fort. Gleich darauf machte sich der Vorarbeiter an Don Juan heran und sagte, er könne ihn – natürlich gegen eine kleine Gebühr – für einen Posten im Hause des Chefs empfehlen. Don Juan sagte dem Mann, daß er kein Geld habe. Der Vorarbeiter meinte grinsend, da könne er ganz unbesorgt sein, am Zahltag werde er reichlich haben. Er klopfte Don Juan den Rücken und beteuerte, es sei eine große Ehre, im Haus des Chefs zu arbeiten.

Als einfacher, unwissender Indianer, so erzählte Don Juan, habe er dem Mann aufs Wort geglaubt; er sei sich gar vorgekommen, als habe ihn eine gute Fee beglückt. Er versprach zu bezahlen, was immer der Vorarbeiter verlangte. Dieser nannte einen hohen Betrag, zahlbar in zwei Raten.

Anschließend führte der Vorarbeiter persönlich Don Juan zum Hause des Chefs, das etwas außerhalb der Stadt lag, und übergab ihn dort einem anderen Vorarbeiter, einem riesenhaften, düsteren, häßlichen Kerl, der eine Menge Fragen stellte. Er wollte auch etwas über Don Juans Familie wissen. Don Juan sagte, er hätte keine. Der Mann schien so erfreut, daß er mit seinen fauligen Zähnen sogar ein Lächeln zustande brachte.

Er versprach Don Juan guten Lohn und meinte, er könne sogar Geld auf die Seite legen, weil er, da er im Haus essen und schlafen sollte, nichts auszugeben brauchte.

Die Art, wie der Mann lachte, war beängstigend. Don Juan wußte, er mußte sofort fliehen. Er lief zum Tor, aber der Mann, eine Pistole in der Hand, schnitt ihm den Weg ab. Er spannte den Hahn und stieß Don Juan die Waffe in den Bauch. »Du bist hier, um zu arbeiten, bis du tot umfällst«, sagte er. »Vergiß es nicht.« Und er stieß Don Juan mit einem Knüppel vorwärts. Dann führte er ihn hinter das Haus, und mit der Bemerkung, daß seine Leute von Sonnenaufgang bis Sonnenuntergang zu arbeiten hätten, trug er Don Juan auf, zwei gewaltige Baumstrünke auszugraben. Und er sagte, er werde Don Juan erschießen, falls er versuchen sollte zu fliehen oder ihn anzuzeigen. Und dann sagte er noch, er werde, falls Don Juan ihm dennoch entwischen sollte, vor dem Richter schwören, daß Don Juan versucht habe, den Patron zu ermorden.

»Du wirst hier arbeiten, bis du verreckst«, sagte er. »Dann wird ein anderer Indianer deinen Job übernehmen, genau wie du jetzt den Platz eines toten Indianers übernimmst.«

Das Haus, sagte Don Juan, sah aus wie eine Festung, überall mit Macheten bewaffnete Männer. Also arbeitete er drauflos und versuchte, nicht an seine mißliche Lage zu denken. Am Ende dieses Tages kam der Mann wieder und trieb ihn mit Fußtritten den ganzen Weg in die Küche, weil ihm der aufsässige Blick in Don Juans Augen nicht paßte. Er drohte an, Don Juan die Armsehnen durchzuschneiden, falls er nicht gehorchte.

In der Küche gab eine alte Frau ihm etwas zu essen, aber Don Juan hatte solche Angst, daß er nichts hinunterbrachte. Die Alte empfahl ihm, tüchtig zu essen. Er müsse stark bleiben, sagte sie, denn seine Mühsal würde niemals enden. Sie erinnerte ihn daran, daß der Mann, der vor ihm diesen Job gehabt hatte, erst am Tag zuvor gestorben sei. Er war zu schwach, um die Arbeit zu verrichten, und stürzte aus einem Fenster im zweiten Stock.

Drei Wochen lang, sagte Don Juan, arbeitete er im Haus des Chefs, und der Mann schikanierte ihn jeden Tag und jede Minute. Er ließ ihn unter den gefährlichsten Bedingungen schuften, er trug ihm die denkbar schwersten Arbeiten auf und bedrohte ihn ständig mit dem Messer, mit dem Revolver, mit dem Knüppel. Jeden Tag schickte er ihn in den Stall, die Boxen auszumisten, in denen die nervösen Hengste standen. Immer wenn der Tag anfing, meinte Don Juan, es wäre sein letzter auf Erden. Und falls er überlebte, bedeutete es nur, daß er am folgenden Tag erneut diese Hölle durchmachen mußte.

Das Ende beschleunigte sich, als Don Juan um einen kurzen Urlaub bat. Er gab vor, er müsse in die Stadt gehen, um dem Vorarbeiter in der Zuckermühle das geschuldete Geld zu bezahlen. Darauf sagte dieser andere Vorarbeiter, Don Juan dürfe seine Arbeit keine Minute unterbrechen. Er sei – für das Vorrecht, dort arbeiten zu dürfen – bis über die Ohren verschuldet.

Don Juan wußte, es war um ihn geschehen. Er durchschaute die Machenschaften dieses Mannes. Er und der andere Vorarbeiter steckten unter einer Decke. Sie schleppten einfache Indianer von der Zuckermühle herbei, schindeten sie zu Tode und teilten sich ihren Lohn. Diese Erkenntnis machte ihn so wütend, daß er schreiend aus der Küche lief – ins Innere des Wohnhauses. Der Vorarbeiter und die anderen Knechte waren überrascht. Don Juan rannte zur vorderen Tür hinaus und konnte beinah entkommen. Aber der Vorarbeiter holte ihn auf der Straße ein und schoß ihn durch die Brust. Er hielt ihn für tot und ließ ihn einfach liegen.

Don Juan sagte, anscheinend habe sein Schicksal es nicht gewollt, daß er starb. Sein Wohltäter fand ihn und pflegte ihn, bis er wieder gesund wurde.

»Als ich meinem Wohltäter die ganze Geschichte berichtete«, sagte Don Juan, »wußte er sich gar nicht zu halten vor Begeisterung. ›Dieser Vorarbeiter ist ja einsame Klasse‹, sagte mein Wohltäter. ›Er ist viel zu gut, um so eine Gelegenheit zu vergeuden. Eines Tages mußt du in dieses Haus zurückkehren.‹

In höchsten Tönen pries er mein Glück, daß ich unter Millionen gerade diesen einen, mit seiner unbeschränkten Macht, gefunden hatte. Ich glaubte, der Alte sei verrückt. Es dauerte viele Jahre, ehe ich verstanden hatte, wovon er sprach.«

»Das ist ja die furchtbarste Geschichte, die ich jemals gehört habe«, sagte ich. »Bist du tatsächlich in dieses Haus zurückgekehrt?«

»Aber sicher, drei Jahre später. Mein Wohltäter hatte recht gehabt. Ein kleiner Tyrann wie dieser, das war eine Chance von eins zu einer Million, die durfte man nicht vergeuden.«

»Wie schafftest du es, zurückzukehren?«

»Mein Wohltäter entwickelte eine Strategie, die auf den vier Attributen der Kriegerschaft aufbaute: Kontrolle, Disziplin, Voraussicht und Timing.«

Sein Wohltäter, sagte Don Juan, habe ihm genau erklärt, wie er es anstellen müsse, um die Auseinandersetzung mit diesem Scheusal zu seinem Vorteil zu wenden. Und er habe ihn auch die ersten vier Schritte auf dem Weg des Wissens gelehrt, wie die Seher sie kannten: Der erste Schritt ist die Entscheidung, Lehrling zu werden. Nachdem der Lehrling sein Bild von sich selbst und von der Welt verändert hat, tut er den zweiten Schritt und wird ein Krieger, was bedeutet, daß er höchster Disziplin und Selbstkontrolle fähig ist. Der dritte Schritt, nachdem auch Voraussicht und Timing erlernt sind, besteht darin, ein Wissender zu werden. Wenn der Wissende *sehen* lernt, hat er den vierten Schritt getan und ist ein Seher geworden.

Der Wohltäter sagte zu Don Juan, er wandle nun lange genug auf dem Pfad des Wissens, um wenigstens die ersten zwei Attribute erworben zu haben: Kontrolle und Disziplin. Diese beiden Attri-

bute, betonte Don Juan, bezogen sich auf einen inneren Zustand. Der Krieger sei selbstbezogen, aber nicht auf eigensüchtige Weise, sondern im Sinn einer umfassenden, dauernden Selbstprüfung.
»Damals waren mir die beiden anderen Attribute noch verschlossen«, fuhr Don Juan fort. »Voraussicht und Timing sind nicht direkt ein innerer Zustand. Sie beziehen sich auf das äußere Umfeld eines Wissenden. Mein Wohltäter demonstrierte sie mir durch seine Strategie.«
»Du meinst also, du warst allein nicht in der Lage, dem kleinen Tyrannen entgegenzutreten?« fragte ich.
»Ich bin mir sicher, ich hätte es alleine geschafft, auch wenn ich stark im Zweifel bin, ob ich die Sache mit Schwung und Fröhlichkeit hinter mich gebracht hätte. Mein Wohltäter genoß die Begegnung – indem er sie dirigierte. Die Idee ist, daß der kleine Tyrann nicht nur benutzt wird, um den Geist des Kriegers zu vervollkommnen, sondern auch, um dabei Spaß und Vergnügen zu finden.«
»Wie könnte jemand Vergnügen finden an solch einem Ungeheuer, das du beschrieben hast?«
»Er war ein Nichts, verglichen mit den wirklichen Ungeheuern, denen die neuen Seher während der Konquista begegneten. Alle Anzeichen sprechen dafür, daß die neuen Seher keinen schlechten Spaß mit ihnen hatten. Sie bewiesen, daß man sogar mit den schlimmsten Tyrannen sein Vergnügen haben kann, vorausgesetzt natürlich, man ist ein Krieger.«
Der Durchschnittsmensch, erklärte Don Juan, mache den Fehler, den kleinen Tyrannen ohne eine Strategie zu begegnen, auf die er sich stützen könnte; es sei die fatale Schwäche des Durchschnittsmenschen, daß er sich selbst zu ernst nehme; genau wie die kleinen Tyrannen, messe er seinen Handlungen und seinen Gefühlen zuviel Gewicht bei. Der Krieger dagegen habe nicht nur eine wohldurchdachte Strategie, er sei auch frei von Eigendünkel. Was seinen Eigendünkel im Zaum halte, sei die Erkenntnis, daß die Realität nur eine von uns selbst gegebene Deutung ist. Dieses Wissen habe den Sehern einen entscheidenden Vorteil vor den einfältigen Spaniern eingeräumt.
Don Juan habe gewußt, erzählte er, daß er den Vorarbeiter besiegen konnte – einzig bewaffnet mit der Erkenntnis, daß die kleinen

Tyrannen sich todernst nehmen, während der Krieger dies nicht tut.

Dem strategischen Plan seines Wohltäters gehorchend, nahm Don Juan wieder einen Job in dieser Zuckermühle an. Niemand erinnerte sich daran, daß er schon früher einmal dort gearbeitet hatte; dort kamen und gingen die Knechte, ohne Spuren zu hinterlassen.

Die Strategie seines Wohltäters sah vor, daß Don Juan genau aufpassen sollte, ob jemand ein neues Opfer suchen käme. Und so geschah es auch. Wieder kam diese Frau, und wieder suchte sie ihn aus, wie sie es schon einmal getan hatte. Diesmal war er noch kräftiger als damals.

Alles geschah in derselben Reihenfolge wie damals. Doch die Strategie sah vor, Don Juan solle von Anfang an jede Zahlung an den Vorarbeiter verweigern. Der Mann war noch nie abgewiesen worden, und er verlor seine Selbstsicherheit. Er drohte an, Don Juan aus dem Job zu feuern. Don Juan drohte zurück und sagte, er werde direkt zum Hause der Dame gehen und mit ihr persönlich sprechen. Don Juan wußte, daß die Frau, die Gattin des Fabrikbesitzers, von den Geschäften der beiden Vorarbeiter nichts wußte. Er erzählte dem Vorarbeiter, er wisse wohl, wo sie wohnte, denn er habe schon einmal, bei der Zuckerrohr-Ernte, auf den angrenzenden Feldern gearbeitet. Der Mann verlegte sich aufs Feilschen, und Don Juan verlangte nun seinerseits Geld von ihm, bevor er sich bereitfinden wollte, in das Haus der Dame zu gehen. Der Vorarbeiter lenkte ein und drückte Don Juan ein paar Scheine in die Hand. Don Juan war sich völlig klar, daß das Einlenken des Vorarbeiters nur eine List war, um ihn in dieses Haus zu locken.

»Und wieder führte er selbst mich zum Haus«, sagte Don Juan. »Es war eine alte Hazienda, die den Besitzern der Zuckermühle gehörte – reichen Leuten, die entweder wußten, was gespielt wurde, und sich nicht darum kümmerten, oder zu gleichgültig waren, um etwas zu merken.

Kaum war ich dort, lief ich ins Haus und suchte die Dame. Ich fand sie und fiel vor ihr auf die Knie und küßte ihr die Hände und dankte ihr. Die beiden Vorarbeiter standen da, blaß vor Wut.

Der Vorarbeiter vom Hause benahm sich genau wie beim erstenmal. Aber ich hatte das richtige Rüstzeug, um mit ihm fertigzuwerden. Ich hatte Kontrolle, Disziplin, Voraussicht und das richtige Timing. Es kam genau, wie mein Wohltäter es geplant hatte. Meine Kontrolle erlaubte mir, den irrsinnigsten Forderungen des Mannes zu gehorchen. Was uns meist in solchen Situationen schwächt, ist die Verletzung unseres Eigendünkels. Jeder, der nur ein Fünkchen Stolz hat, zerbricht daran, so unwürdig behandelt zu werden.

Ich aber tat mit Freuden, was er von mir verlangte. Ich war fröhlich und stark. Ich pfiff auf meinen Stolz und meine Angst. Ich war als makelloser Krieger angetreten. Den Geist zu stählen, während du mit Füßen getreten wirst – das ist's, was man Kontrolle nennt.«

Die Strategie seines Wohltäters, erklärte Don Juan, sah vor, daß er sich nicht bemitleide, wie er es früher getan hatte, sondern unverzüglich anfing, die Stärken des Mannes zu registrieren – und auch seine Schwächen, seine Marotten.

Die Stärken des Vorarbeiters, das fand Don Juan bald heraus, waren seine Gewalttätigkeit und seine Verwegenheit. Er hatte Don Juan am hellen Tage niedergeschossen, vor den Augen vieler Zuschauer. Seine große Schwäche war, daß er seinen Job liebte und ihn nicht gefährden wollte. Unter keinen Umständen durfte er also versuchen, Don Juan bei Tage im Umkreis des Hauses zu töten. Eine weitere Schwäche von ihm war, daß er ein Familienmann war. Er hatte Frau und Kinder, die in einer Hütte hinter dem Haus lebten.

»Alle diese Informationen zu sammeln, während du zusammengeschlagen wirst – das ist es, was man Disziplin nennt«, sagte Don Juan. »Der Mann war ein wahrer Satan. Er kannte kein Erbarmen. Die neuen Seher wissen aber, daß ein kleiner Tyrann nichts Versöhnliches hat.«

Don Juan erzählte, daß die beiden anderen Attribute der Kriegerschaft, nämlich Voraussicht und das richtige Timing, die er noch nicht besaß, automatisch in die Strategie seines Wohltäters eingebaut waren. Voraussicht heiße, sagte er, warten zu können – einfach und fröhlich, ohne Eifer und ohne Angst, zurückzuhalten, was angemessen wäre.

»Ich demütigte mich jeden Tag«, fuhr Don Juan fort, »manchmal weinend unter der Peitsche des Mannes. Und doch war ich glücklich. Die Strategie meines Wohltäters half mir, Tag für Tag durchzuhalten, ohne Haß auf die Anmaßung dieses Mannes. Ich war ein Krieger. Ich wußte, daß ich wartete, und ich wußte, worauf ich wartete. Genau darin liegt die große Freude der Kriegerschaft.«

Und weiter habe die Strategie vorgesehen, erzählte er, den Mann systematisch zu zermürben, indem Don Juan bei höheren Stufen der Hierarchie Deckung suchte, genau wie die Seher des neuen Zyklus es taten, als sie sich, zur Zeit der Konquista, hinter der katholischen Kirche abschirmten. Ein geringer Priester war damals oft mächtiger als ein Edelmann.

Don Juans Schirm und Schutz war die Dame, die ihm den Job verschafft hatte. So oft er sie sah, kniete er vor ihr nieder und nannte sie eine Heilige. Er bat sie sogar um ein Amulett ihres Schutzpatrons, zu dem er für ihr Wohl und ihre Gesundheit beten wollte.

»Sie schenkte mir eines«, fuhr Don Juan fort, »und dies brachte den Vorarbeiter vollends um den Verstand. Als ich die Dienstboten zum Nachtgebet versammelte, bekam er beinah einen Herzschlag. Damals beschloß er, glaube ich, mich umzubringen. Er konnte es sich nicht leisten, mich auf diese Weise weitermachen zu lassen.

Als Gegenzug rief ich alle Dienstboten des Hauses zum Rosenkranz zusammen. Die Dame muß mich für einen wahren Heiligen gehalten haben.

Danach schlief ich nicht mehr allzu tief, und ich schlief nicht mehr in meinem Bett. Jeden Abend kletterte ich auf das Dach hinauf. Zweimal sah ich ihn von dort oben, wie er, Mord in den Augen, durch die Nacht schlich und mich suchte.

Jeden Tag schickte er mich in den Stall zu den Hengsten, denn er hoffte, sie würden mich tottrampeln. Aber ich hatte mir eine Planke aus dicken Bohlen gemacht, die ich in einer Ecke festklemmte, um dahinter Schutz zu suchen. Der Mann ahnte nichts davon, denn er verabscheute die Pferde – eine weitere seiner Schwächen, und eine tödliche, wie sich zeigen sollte.

Das Timing, sagte Don Juan, sei jenes Attribut des Kriegers, das darüber entscheide, wann alles, was er bis dahin zurückgehalten hat, entfesselt werden soll. Kontrolle, Disziplin und Voraussicht seien wie ein Damm, hinter dem alles aufgestaut werde. Das Timing sei wie die Schleuse in diesem Damm.

Dieser Vorarbeiter, erzählte Don Juan, kannte nur Gewalt, mit der er Terror übte. Wenn es gelang, seine Gewalttätigkeit zu neutralisieren, war er so gut wie hilflos. Don Juan wußte, der Mann würde es nicht wagen, ihn im Umkreis des Hauses zu töten. Darum beleidigte er den Mann im Beisein anderer Arbeiter und vor den Augen der Dame. Er schimpfte ihn einen Feigling, der schlotternde Angst vor der Frau seines Chefs hätte.
Die Strategie seines Wohltäters sah vor, wachsam einen solchen Augenblick abzuwarten und ihn zu nutzen, um den Spieß gegen den Mann umzudrehen. Aber, wie es oft geht im Leben: Auch der demütigste Sklave wird irgendwann den Tyrannen verspotten, ihn vor Zeugen lächerlich machen und entspringen, bevor der Tyrann Zeit findet, Vergeltung zu üben.
»Der Mann tobte vor Wut, aber schon fiel ich demütig vor der Dame auf die Knie«, fuhr er fort.
Als die Dame dann ins Haus gegangen war, erzählte Don Juan, riefen der Vorarbeiter und seine Freunde ihn hinters Haus, angeblich, um ihm irgendeine Arbeit zu befehlen. Der Mann war blaß im Gesicht. Und seine Stimme verriet, was er in Wirklichkeit mit Don Juan im Sinn hatte. Darum gab Don Juan vor, er wolle gehorchen, doch er kam nicht hinter das Haus, sondern lief zu den Stallungen hinüber. Die Pferde, so hoffte er, würden einen solchen Radau machen, daß die Herrschaften herauskämen, um nachzusehen, was los sei. Und dieser Mann, das wußte er, würde es nicht wagen, auf ihn zu schießen. Es wäre viel zu laut gewesen, und außerdem hatte der Mann zuviel Angst, seinen Job aufs Spiel zu setzen. Don Juan wußte auch, daß der Mann sich nicht zu den Pferden hineintrauen würde – es sei denn, man reizte ihn zum Äußersten.
»Ich sprang also zu dem wildesten Hengst in die Box«, sagte Don Juan, »und der kleine Tyrann, blind vor Wut, zog sein Messer und sprang hinter mir her. Ich duckte mich sofort hinter meine Planke. Das Pferd schlug einmal aus – und das war das Ende.
Sechs Monate hatte ich in diesem Haus zugebracht, und in dieser Zeit hatte ich mich in den vier Attributen der Kriegerschaft geübt. Dank ihnen hatte ich es ausgehalten. Kein einziges Mal hatte ich mich bemitleidet oder Tränen der Ohnmacht geweint. Ich war fröhlich und heiter gewesen. Meine Kontrolle und meine Diszi-

plin waren geschärft wie noch nie, und ich hatte aus unmittelbarer Anschauung gelernt, was Voraussicht und richtiges Timing für einen makellosen Krieger erreichen können. Kein einziges Mal hatte ich diesem Mann den Tod gewünscht.
Mein Wohltäter erklärte mir noch etwas sehr Interessantes. Voraussicht bedeutet, sagte er, daß der Krieger im Geist etwas zurückhält, was eigentlich, wie er weiß, angemessen wäre. Voraussicht bedeutet nicht, daß der Krieger mit Rachegedanken umherläuft oder alte Rechnungen zu begleichen versucht. Voraussicht ist unabhängig vom jeweiligen Gegenüber. Solange der Krieger nur Kontrolle, Disziplin und richtiges Timing hat, wird Voraussicht dafür sorgen, daß er schließlich jedem heimzahlen kann, was ihm gebührt.«
»Gewinnen die kleinen Tyrannen auch manchmal? Können sie einen Krieger vernichten, der gegen sie antritt?« fragte ich.
»Sicher. Es gab eine Zeit, zu Anfang der Konquista, da starben die Krieger wie die Fliegen. Ihre Reihen lichteten sich. Die kleinen Tyrannen konnten jeden töten, ganz wie es ihnen paßte. Unter solchem äußeren Druck errangen die Seher die höchsten Stufen der Vollendung.«
In jener Zeit, sagte Don Juan, hätten die überlebenden Seher alles daransetzen müssen, um neue Wege zu finden.
»Die neuen Seher«, sagte Don Juan, mich eindringlich anstarrend, »benützten die kleinen Tyrannen nicht nur, um ihren Eigendünkel loszuwerden; sie vollbrachten mit deren Hilfe auch das schwierige Manöver, diese Welt zu verlassen. Aber laß uns noch ein wenig über die Beherrschung des Bewußtseins sprechen, dann wirst du auch dieses Manöver verstehen.«
Ich fragte Don Juan, ob jene kleinen Tyrannen, die er als die ›Albernen, oder Klitzekleinen‹ bezeichnet hatte, auch noch in unserer Zeit einen Krieger besiegen könnten?
»Sie konnten es zu allen Zeiten«, erwiderte er. »Die Folgen sind heute nicht mehr so schwerwiegend wie früher. Heute hat der Krieger natürlich immer die Chance, sich davon zu erholen. Er kann seine Kräfte sammeln und später zurückkehren. Aber das Problem liegt ganz woanders. Von einem albernen Tyrannen besiegt zu werden, ist nicht tödlich, aber es ist vernichtend. Die Sterbeziffer, sozusagen, ist beinah genauso hoch. Was ich damit sagen will: ein Krieger, der gegen einen kleinen Tyrannen verliert,

wird durch sein eigenes Gefühl der Niederlage und Wertlosigkeit vernichtet. Und das heißt für mich soviel wie Sterben.«

»Woran willst du Niederlage ermessen?«

»Wer sich unter die kleinen Tyrannen einreiht, ist besiegt. Im Zorn handeln, ohne Kontrolle und Disziplin, und ohne Voraussicht – das nennt man besiegt zu sein.«

»Was geschieht, wenn ein Krieger besiegt ist?«

»Entweder er sammelt noch einmal seine Kräfte, oder er gibt die Suche nach Wissen auf und reiht sich für den Rest des Lebens unter die kleinen Tyrannen ein.«

3. Die Emanationen des Adlers

Am nächsten Tag machten Don Juan und ich einen Spaziergang entlang der Straße nach Oaxaca. Um diese Zeit lag die Landstraße verlassen. Es war zwei Uhr am Nachmittag.
Während wir gemächlich dahinschlenderten, fing Don Juan unvermittelt an zu sprechen. Er meinte, unser Gespräch über die kleinen Tyrannen sei lediglich eine Einleitung zur Thematik des Bewußtseins gewesen. Ich bemerkte, es habe mir neue Einsichten erschlossen. Er bat mich zu erklären, was ich damit meinte.
Ich sagte ihm, meine Einsicht hätte etwas mit einer Auseinandersetzung zu tun, die wir vor etlichen Jahren über die Yaqui-Indianer hatten. Im Verlauf seiner Lehren für die rechte Seite hatte er mir erzählt, welche Vorteile die Yaquis aus der Tatsache ihrer Unterdrückung zu ziehen wüßten. Ich hatte damals heftig eingewandt, daß es unter den erbärmlichen Bedingungen, unter denen sie lebten, doch unmöglich etwas Vorteilhaftes geben könne. Auch könne ich nicht begreifen, wie er, ein Yaqui-Indianer, sich nicht gegen solch eine eklatante Ungerechtigkeit auflehnte.
Er hatte mir damals aufmerksam zugehört. Dann, als ich schon glaubte, er werde seinen Standpunkt rechtfertigen, pflichtete er mir bei, daß die Lebensbedingungen der Yaquis tatsächlich erbärmlich seien. Aber, betonte er, es sei sinnlos, die Yaquis herauszugreifen, wo doch die Lebensbedingungen der ganzen Menschheit schrecklich seien.
»Bemitleide nicht die Yaqui-Indianer«, sagte er. »Bemitleide die Menschheit. Und was die Yaquis betrifft, so möchte ich sogar sagen, daß sie Glück haben. Sie sind unterdrückt, aber gerade deswegen können einige von ihnen am Ende triumphieren. Die Unterdrücker aber, die kleinen Tyrannen, die sie mit Füßen treten, haben nicht einmal in der Hölle eine Chance.«
Darauf hatte ich sofort mit einem Trommelfeuer politischer Parolen geantwortet. Ich hatte überhaupt nicht verstanden, was er

sagen wollte. Damals hatte er noch einmal versucht, mir das Konzept der kleinen Tyrannen zu erklären, aber der Kern der Sache war mir entgangen. Erst jetzt paßte für mich alles zusammen.

»Bis jetzt paßt gar nichts zusammen«, erwiderte er mir lachend. »Morgen, wenn du wieder in deinem normalen Bewußtseinszustand bist, wirst du dich nicht mehr an deine jetzige Einsicht erinnern.«

Ich war tief deprimiert, denn ich wußte, er hatte recht.

»Mir ist es genauso gegangen wie dir«, fuhr er fort. »Mein Wohltäter, der Nagual Julian, ließ mich einmal, im Zustand gesteigerter Bewußtheit, erkennen, was du eben erkannt hast über die kleinen Tyrannen. Im alltäglichen Leben änderte ich dann meine Meinung wieder, ohne zu wissen warum.

Ich war immer unterdrückt gewesen, darum hatte ich einen giftigen Haß auf meine Unterdrücker. Stell dir aber meine Überraschung vor, als ich feststellen mußte, daß ich die Gesellschaft kleiner Tyrannen suchte. Ich dachte, ich hätte den Verstand verloren.«

Wir gelangten an eine Stelle am Straßenrand, wo ein paar große Felsbrocken lagen, halb unter einem alten Erdrutsch begraben. Don Juan ging hin und setzte sich auf eine flache Steinplatte. Er bedeutete mir, mich ihm gegenüber zu setzen. Und dann begann er, ohne Überleitung, mit seiner Erklärung dessen, was er die Meisterschaft des Bewußtseins nannte.

Er sagte, daß es eine Reihe von Wahrheiten gebe, welche die alten und auch die neuen Seher über das Bewußtsein herausgefunden hätten. Diese Wahrheiten seien, der Verständlichkeit halber, in ein bestimmtes logisches System gebracht worden.

Die Kenntnis des Bewußtseins, erklärte er, bestünde nun im Verinnerlichen des ganzen Systems dieser Wahrheiten. Die erste Wahrheit besage, so erläuterte er, daß unsere Vertrautheit mit der Welt, wie wir sie wahrnehmen, uns zu der Annahme verleitet, wir wären von Objekten umgeben, die an und für sich so existierten, wie wir sie wahrnähmen. Während es tatsächlich gar keine Objekte gebe, sondern nur ein Universum von Ausstrahlungen – von Emanationen des Adlers.

Bevor er mir aber diese ›Emanationen des Adlers‹ erklären könne, so sagte er, müsse er über drei Begriffe sprechen: das

Bekannte, das Unbekannte und das Unerkennbare. Die meisten jener Wahrheiten über das Bewußtsein seien bereits von den alten Sehern entdeckt worden. Doch das System, in das sie eingeordnet wurden, hätten die neuen Seher ersonnen. Und ohne dieses System wären die Wahrheiten nahezu unverständlich.
Daß die alten Seher es versäumten, nach einer Ordnung ihrer Wahrheiten zu suchen, sei ein großer Fehler gewesen. In verhängnisvoller Konsequenz dieses Fehlers, sagte Don Juan, hätten sie angenommen, daß das Unbekannte und das Unerkennbare ein und dasselbe wären. Erst die neuen Seher sollten diesen Irrtum berichtigen. Sie analysierten die Dinge und definierten das Unbekannte als etwas, das dem Menschen zwar verborgen, vielleicht durch einen angstmachenden Kontext verdunkelt, aber dennoch dem Menschen zugänglich sei. Das Unbekannte werde sich irgendwann in das Bekannte verwandeln. Das Unerkennbare hingegen sei das Unsagbare, das Undenkbare, das Unergründliche. Es sei etwas, das uns niemals bekannt werden wird, und doch sei es da – verwirrend und zugleich furchterregend in seiner Unermeßlichkeit.
»Wie können die Seher zwischen beiden unterscheiden?« fragte ich.
»Es gibt eine Faustregel«, sagte er. »Angesichts des Unbekannten ist der Mensch wagemutig. Es ist ein Merkmal des Unbekannten, daß es uns Hoffnung und Freude einflößt. Der Mensch fühlt sich stark, unbeschwert. Sogar die ängstliche Spannung, die es weckt, ist befriedigend. Die neuen Seher *sahen*, daß der Mensch angesichts des Unbekannten auf der Höhe seiner Kräfte ist.«
Doch immer wenn das Unbekannte sich als das Unerkennbare erweise, so sagte er, seien die Folgen verhängnisvoll. Der Seher fühle sich ausgehöhlt, verwirrt. Er sei tief bedrückt. Sein Körper verliere an Widerstandskraft, sein Verstand und sein Denken irrten ziellos, denn das Unerkennbare habe keinerlei inspirierende Wirkung. Es sei dem Menschen unzugänglich; darum solle man in das Unerkennbare nicht törichterweise eindringen – und auch nicht besonnenerweise. Die neuen Seher hätten auch erkannt, daß sie bereits für den flüchtigsten Kontakt mit diesem einen furchtbaren Preis zahlen mußten.
Die neuen Seher, so erklärte Don Juan, mußten gewaltige Schranken der Tradition überwinden. Damals, als der neue Zy-

klus begann, wußte ja keiner von ihnen, welche Techniken ihrer großartigen Überlieferung die richtigen wären, und welche nicht. Denn bei den alten Sehern war offenbar etwas schiefgelaufen. Die neuen Seher wußten aber nicht, was. So nahmen sie anfangs an, daß alles, was ihre Vorfahren taten, falsch gewesen sei. Diese alten Seher waren, wie Don Juan sagte, Meister der unbegründeten Mutmaßung. So etwa hätten sie vermutet, ihre hochentwikkelte Kunst des Sehens werde ihnen Sicherheit bieten. Sie hielten sich für unberührbar – bis die Invasoren sie vernichteten und den meisten einen schrecklichen Tod bereiteten. Die alten Seher waren völlig schutzlos, trotz ihres festen Glaubens an ihre Unverletzlichkeit.

Die neuen Seher vergeudeten keine Zeit mit Spekulationen darüber, was schiefgelaufen sein mochte. Vielmehr begannen sie das Unbekannte kartographisch zu vermessen, um es auf diese Weise vom Unerkennbaren zu scheiden.

»Wie haben sie das Unbekannte vermessen, Don Juan?«

»Durch ihr kontrolliertes *Sehen*«, antwortete er.

Ich hakte noch einmal nach und fragte, was das bedeute, das Unbekannte zu vermessen?

Das Unbekannte vermessen, sagte er, bedeute, es unserer Wahrnehmung zugänglich zu machen. Durch unermüdliches *Sehen* hätten die neuen Seher herausgefunden, daß dem Unbekannten und dem Bekannten die gleiche Stellung zukomme, weil sie beide der menschlichen Wahrnehmung zugänglich seien. Die Seher könnten sogar zu gegebener Zeit das Bekannte verlassen und in das Unbekannte eintreten.

Das Unerkennbare aber liege außerhalb der Möglichkeiten menschlicher Wahrnehmung. Wichtig sei nur, zwischen diesem und dem Erkennbaren zu unterscheiden. Die beiden zu verwechseln, das würde den Seher in eine sehr prekäre Lage bringen, sobald er dem Unerkennbaren gegenüberstehe.

»Genau dies passierte den alten Sehern«, fuhr Don Juan fort. »Sie aber glaubten, ihre Techniken wären in Unordnung geraten. Es kam ihnen nie in den Sinn, daß das meiste, was es dort draußen gibt, für uns unbegreiflich ist. Das war ihr verhängnisvoller Irrtum, und sie haben teuer dafür bezahlt.«

»Was passierte, nachdem der Unterschied zwischen dem Unbekannten und dem Unerkennbaren entdeckt war?« fragte ich.

»Da fing der neue Zyklus an«, antwortete er. »Diese Unterscheidung ist die Trennlinie zwischen dem Alten und dem Neuen. Alles, was die neuen Seher vollbracht haben, geht auf diese Unterscheidung zurück.«

Das *Sehen*, so sagte Don Juan, spielte beim Untergang der alten Seher wie auch beim Aufbau der neuen Lehre eine entscheidende Rolle. Durch das *Sehen* entdeckten die neuen Seher gewisse, unleugbare Tatsachen, und diese Tatsachen führten sie zu gewissen, für sie revolutionären Schlußfolgerungen über das Wesen von Mensch und Welt. Und diese Schlußfolgerungen, die den Anfang des neuen Zyklus ermöglichten, waren die Wahrheiten über das Bewußtsein, die Don Juan mir erklären wollte.

Don Juan forderte mich auf, ihn ins Stadtzentrum zu begleiten, auf einen Spaziergang rund um den großen Platz. Unterwegs unterhielten wir uns über Maschinen und feinmechanische Instrumente. Er behauptete, Maschinen seien Verlängerungen unserer Sinne, und ich hielt dagegen, daß es Maschinen gebe, die nicht in diese Definition hineinpaßten, weil sie Funktionen erfüllten, die auszuführen wir aufgrund unserer physiologischen Anlage nicht fähig seien.

»Unsere Sinne sind zu allem fähig«, behauptete er.

»Und ich sage dir, es gibt Instrumente, die Radiowellen aus dem Weltraum auffangen können«, sagte ich. »Unsere Sinne können keine Radiowellen auffangen.«

»Da bin ich anderer Ansicht«, sagte er. »Ich glaube, unsere Sinne können alles aufnehmen, was uns umgibt.«

»Und wie steht's mit den Ultraschallwellen?« fragte ich. »Wir haben nicht die organische Ausstattung, um sie zu hören.«

»Die Seher sind der Überzeugung, daß wir erst einen winzigen Teil von uns selbst erschlossen haben«, erwiderte er.

Er versank eine Weile in Nachdenken, als suche er zu entscheiden, was er noch vorbringen könnte. Dann lächelte er.

»Die erste Wahrheit über das Bewußtsein lautet, wie gesagt«, fing er an, »daß die Welt dort draußen nicht wirklich das ist, wofür wir sie halten. Wir halten sie für eine Welt der Gegenstände, und das ist sie nicht.«

Er hielt inne, wie um die Wirkung seiner Worte abzuschätzen. Ich sagte, ich könne seiner Prämisse zustimmen, denn alles, was ist, sei auf Energie zurückführbar. Er meinte, ich hätte wohl intuitiv eine Wahrheit erfaßt, aber diese zu diskutieren, heiße noch nicht, sie zu verifizieren. Im übrigen liege ihm nichts an meiner Zustimmung oder meinem Widerspruch, sagte er. Ich solle lieber versuchen zu begreifen, was diese Wahrheit bedeute.

»Energiefelder kann man nicht beobachten«, fuhr er fort. »Jedenfalls nicht als Durchschnittsmensch. Könntest du sie *sehen*, dann wärst du ein Seher, und in diesem Fall könntest *du* die Wahrheiten über das Bewußtsein erklären. Verstehst du nicht, was ich meine?«

Und dann führte er aus, daß die Schlußfolgerungen, die wir mit unserer Vernunft erzielen könnten, kaum Konsequenzen für unser Leben hätten. Daher die unzähligen Beispiele von Leuten, die glasklare Überzeugungen verträten, und ihnen doch immer wieder zuwiderhandelten – einzig mit der Begründung, daß Irren menschlich sei.

»Die erste Wahrheit lautet, daß die Welt das ist, was sie zu sein scheint, und es doch nicht ist«, fuhr er fort. »Sie ist nicht so fest und so wirklich, wie unsere Wahrnehmung uns glauben macht. Aber sie ist auch keine Fata Morgana. Die Welt ist keine Illusion, wie man immer sagt; sie ist einerseits real und andererseits irreal. Beachte dies gut, denn man muß es verstehen, nicht nur einfach akzeptieren. Wir nehmen wahr. Dies ist ein festes Faktum. Aber was wir wahrnehmen, ist kein solches Faktum, denn wir lernen, was wir wahrnehmen sollen.

Stell dir vor – irgend etwas dort draußen macht sich unseren Sinnen bemerkbar. Das ist der reale Teil der Wahrnehmung. Der irreale Teil ist das, was unsere Sinne uns sagen, daß es dort draußen sei. Nehmen wir an, es sei ein Berg. Unsere Sinne sagen uns, es ist ein Gegenstand. Es hat Umfang, Farbe, Form. Wir haben sogar den Begriff Berg, und er trifft auch einigermaßen zu. Keine Einwände dagegen. Der Fehler ist der, daß wir nie auf die Idee gekommen sind, unsere Sinne könnten nur eine recht oberflächliche Rolle spielen. Unsere Sinne nehmen wahr, wie sie es tun, weil die besondere Beschaffenheit unseres Bewußtseins sie zwingt, so wahrzunehmen.«

Ich wollte ihm schon wieder zustimmen, aber nicht weil ich derselben Meinung gewesen wäre – ich hatte gar nicht verstanden, worauf er hinauswollte. Vielmehr wurde mir die Sache unheimlich. Er gebot mir Schweigen.

»Wenn ich ›Welt‹ sage«, fuhr er fort, »so meine ich damit alles, was uns umgibt. Ich weiß natürlich ein besseres Wort, aber es wäre dir völlig unverständlich. Die Seher sagen, nur das Bewußtsein ist der Grund, warum wir annehmen, dort draußen sei eine Welt von Gegenständen. In Wirklichkeit sind dort draußen die Emanationen des Adlers – fließend, stets in Bewegung, doch unwandelbar, ewig.«
Er unterbrach mich mit einer Handbewegung, als ich zu der Frage ansetzte, was dies denn sei – die Emanationen des Adlers? Und dann erklärte er mir eine der größten Erkenntnisse der alten Seher, die sie uns als Vermächtnis hinterlassen hätten: daß nämlich der Existenzgrund aller empfindenden Wesen die Erweiterung des Bewußtseins sei. Don Juan nannte es eine kolossale Entdekkung.
In scherzhaftem Ton fragte er mich, ob ich vielleicht eine bessere Antwort wisse auf die alte Frage, die den Menschen seit jeher verfolge – die Frage nach dem Grund unserer Existenz. Ich ging sofort in die Defensive und ließ mich über die Sinnlosigkeit dieser Frage aus, weil sie doch logisch nicht zu beantworten sei. Um dieses Thema zu diskutieren, so sagte ich ihm, müßten wir uns über religiöse Glaubensvorstellungen verständigen – und damit liefe wohl alles auf eine Frage des Glaubens hinaus.
»Die alten Seher hatten aber nicht nur Glaubensfragen im Sinn«, sagte er. »Sie waren zwar nicht so praktisch eingestellt wie die neuen Seher, aber sie waren doch praktisch genug, um zu wissen, was sie *sahen*. Was ich mit dieser Frage, die dich so aufgeschreckt hat, verdeutlichen wollte, ist die Tatsache, daß unsere Vernunft allein uns keine Antwort auf die Frage nach dem Grund unserer Existenz geben kann. Immer wenn sie es versucht, läuft die Antwort auf Glaubensfragen hinaus. Die alten Seher schlugen einen anderen Weg ein, und sie fanden dabei eine Antwort, die mehr war als bloßer Glaube.«
Unter unermeßlichen Risiken, so sagte er, *sahen* die alten Seher nämlich die unbeschreibliche Kraft, die der Ursprung aller empfindenden Wesen ist. Sie nannten sie den Adler, denn mit dem flüchtigen Blick, den sie überhaupt nur ertragen konnten, *sahen* sie etwas, das einem schwarz-weißen Adler von unendlicher Größe glich.
Sie *sahen*, daß es der Adler ist, der Bewußtsein verleiht. Der

Adler schafft alle lebenden Wesen, auf daß sie leben und ihr Bewußtsein bereichern, das er ihnen zusammen mit dem Leben schenkt. Sie *sahen* auch, daß es der Adler ist, der eben dieses bereicherte Bewußtsein verschlingt, da er die Lebewesen zwingt, es im Augenblick ihres Todes aufzugeben.

»Für die alten Seher«, fuhr Don Juan fort, »war die Feststellung, daß der Grund unserer Existenz die Erweiterung des Bewußtseins ist, keine Frage des Glaubens oder der Logik. Sie *sahen* es. Sie *sahen*, daß das Bewußtsein der lebenden Wesen im Augenblick des Todes davonschwebt und wie ein leuchtender Wattebausch direkt in den Schnabel des Adlers fliegt, um verschlungen zu werden. Für die alten Seher war es der Beweis dafür, daß die lebenden Wesen nur leben, um dieses Bewußtsein zu bereichern, das die Nahrung des Adlers ist.«

Don Juans Ausführungen wurden unterbrochen, weil er eine kurze Geschäftsreise machen mußte. Nestor fuhr ihn nach Oaxaca. Während ich den beiden nachwinkte, erinnerte ich mich daran, daß ich am Anfang meiner Verbindung mit Don Juan, immer wenn er von einer Geschäftsreise sprach, der Meinung gewesen war, er gebrauche eine euphemistische Umschreibung für etwas anderes. Schließlich hatte ich erkennen müssen, daß er genau dies meinte, was er sagte. Immer wenn eine solche Reise bevorstand, legte er einen seiner vielen – tadellos geschneiderten – dreiteiligen Anzüge an, und dann glich er allem anderen als dem alten Indianer, den ich kannte. Ich hatte stets über die weltliche Eleganz seiner Metamorphose gestaunt.

»Ein Nagual ist jemand, der so flexibel ist, daß er alles mögliche sein könnte«, sagte er. »Ein Nagual zu sein, bedeutet unter anderem, daß man sich nicht auf einen Standpunkt festlegt. Merke dir das – wir werden immer wieder darauf zurückkommen.«

Und wir waren immer wieder darauf zurückgekommen, in jedem nur denkbaren Zusammenhang. Tatsächlich schien es, als legte er sich auf nichts fest. Aber während seiner Abwesenheit von Oaxaca kamen mir doch gelinde Zweifel. Plötzlich ging mir auf, daß ein Nagual doch etwas haben mag, worauf er sich festlegt: die Beschreibung des Adlers und seiner Emanationen verlangte, meiner Meinung nach, eine leidenschaftliche Festlegung.

Diese Frage versuchte ich einigen von Don Juans Gefährten vor-

zulegen, aber sie wichen meinen Sondierungen aus. Hinsichtlich solcher Diskussionen, so sagten sie mir, sei ich in einer Art Quarantäne, bis Don Juan seine Erklärung abgeschlossen hätte.
Kaum war er zurückgekehrt, setzten wir uns zum Gespräch, und ich stellte ihm diese Frage.
»Diese Wahrheiten sind nichts, was man leidenschaftlich verfechten müßte«, antwortete er. »Falls du glaubst, ich wollte sie hier verfechten, so irrst du dich. Diese Wahrheiten wurden formuliert zur Freude und Erleuchtung der Krieger, nicht um sie mit irgendwelchen Besitzgefühlen zu umgeben. Als ich dir sagte, daß ein Nagual sich nicht festzulegen braucht, meinte ich unter anderem, daß ein Nagual keine fixen Ideen hat.«
Dann allerdings, sagte ich zu ihm, sei ich seinen Lehren untreu geworden. Denn die Beschreibung des Adlers und seiner Emanationen sei inzwischen bei mir eine fixe Idee. Ich konnte mich nicht beruhigen über die Erhabenheit dieser Vorstellung.
»Es ist keine bloße Vorstellung«, sagte er. »Es ist eine Tatsache. Und eine verdammt erschreckende Tatsache, falls du meine Meinung hören willst. Die neuen Seher schwelgten nicht einfach in Vorstellungen.«
»Aber was für eine Kraft ist denn der Adler?« fragte ich.
»Ich weiß nicht, wie ich darauf antworten soll. Der Adler ist für die Seher etwas so Reales, wie Schwerkraft und Zeit es für dich sind – und genauso abstrakt und unvorstellbar.«
»Warte mal, Don Juan. Dies sind abstrakte Begriffe, aber sie beziehen sich doch auf reale Phänomene, die verifiziert werden können. Ganze Wissenschaften befassen sich mit nichts anderem.«
»Der Adler und seine Emanationen sind ebenso verifizierbar«, entgegnete Don Juan. »Und genau damit befaßt sich die Wissenschaft der neuen Seher.«
Ich bat ihn, mich aufzuklären, was denn die Emanationen des Adlers wären.
Die Emanationen des Adlers, sagte er, seien ein unwandelbares Ding an sich, das alles Existierende einbegreife, das Erkennbare wie das Unerkennbare.
»Was die Emanationen des Adlers wirklich sind, kann man nicht mit Worten beschreiben«, fuhr Don Juan fort. »Ein Seher muß sie erleben.«

»Hast du selbst sie erlebt, Don Juan?«
»Gewiß habe ich das, und doch kann ich dir nicht sagen, was sie sind. Sie sind eine Erscheinung, fast so etwas wie eine feste Masse, ein Druck, der ein verwirrendes Gefühl erzeugt. Man kann sie nur flüchtig erspähen, wie man auch den Adler selbst nur flüchtig erspähen kann.«
»Würdest du sagen, Don Juan, daß der Adler der Ursprung der Emanationen ist?«
»Selbstverständlich ist der Adler der Ursprung seiner Emanationen.«
»Ich meinte, ob er sichtbar der Ursprung ist.«
»Nichts ist am Adler sichtbar. Der ganze Körper eines Sehers spürt den Adler. Es gibt etwas in uns allen, das uns befähigt, ihn mit unserem ganzen Körper zu erleben. Die Seher haben eine einfache Erklärung für das *Sehen* des Adlers: Weil der Mensch aus den Emanationen des Adlers besteht, braucht der Mensch nur auf seine eigenen Elemente zu achten. Das Problem entsteht erst durch das Bewußtsein des Menschen; sein Bewußtsein verstrickt und verwirrt sich. Im entscheidenden Augenblick, wenn es einfach darum geht, daß die Emanationen sich bemerkbar machen, fühlt sich das Bewußtsein des Menschen gezwungen, diesen Vorgang zu interpretieren. Das Ergebnis ist ein Bild des Adlers und der Emanationen des Adlers. Aber es gibt keinen Adler und keine Emanationen des Adlers. Was es dort draußen gibt, ist etwas, das kein Lebender begreifen kann.«
Ich fragte ihn, ob man den Ursprung der Emanationen deshalb als Adler bezeichnet habe, weil dem Adler für gewöhnlich überlegene Eigenschaften zugeschrieben werden.
»Hier geht es einfach um die ungefähre Gleichsetzung von etwas Unerkennbarem mit etwas Bekanntem«, antwortete er. »Was dies betrifft, so wurden schon viele Versuche gemacht, Adler mit Eigenschaften zu schmücken, die sie nicht haben. Aber so etwas geschieht meistens, wenn leicht beeinflußbare Leute Dinge zu tun lernen, die große Nüchternheit erfordern. Seher gibt es in allen Größen und Formen.«
»Willst du damit sagen, daß es verschiedene Arten von Sehern gibt?«
»Nein. Ich will sagen, daß es massenhaft Dummköpfe gibt, die Seher werden. Seher sind Menschen voller Schwächen, oder

vielmehr, Menschen voller Schwächen können Seher werden. Ähnlich wie im Falle von schwächlichen Leuten, die große Wissenschaftler werden können.
Das gemeinsame Merkmal schwächlicher Seher ist, daß sie leicht bereit sind, das Wunder dieser Welt zu vergessen. Sie sind hingerissen von der Tatsache, daß sie *sehen*, und glauben, sie verdankten es ihrem Genie. Ein Seher müßte ein Muster an Vollkommenheit sein, um die beinah unüberwindliche Nachlässigkeit unserer menschlichen Kondition zu überwinden. Wichtiger als das *Sehen* selbst ist das, was der Seher anfängt mit dem, was er sieht.«
»Was willst du damit sagen, Don Juan?«
»Sieh nur, was gewisse Seher uns angetan haben. Da sitzen wir und kleben an ihrer Vision eines Adlers, der uns regiert und uns im Augenblick unseres Todes verschlingt.«
An dieser Vorstellung, sagte er, sei etwas eindeutig Nachlässiges. Er persönlich könne keinen Gefallen finden an der Vorstellung, daß irgend etwas uns am Ende verschlinge. Wenn es nach ihm ginge, meinte er, sollte man zutreffender sagen, daß da eine Kraft sei, die unser Bewußtsein anzieht, ähnlich wie ein Magnet Eisenspäne anzieht. Im Augenblick des Sterbens löse unser Sein sich dann auf in der Anziehung dieser unendlichen Kraft.
Daß dieser Vorgang als ein uns verschlingender Adler interpretiert werden konnte, fand er grotesk, denn es mache aus diesem unbeschreiblichen Akt etwas so Alltägliches wie das Gefressenwerden.
»Ich bin ein sehr durchschnittlicher Mensch«, sagte ich. »Die Vorstellung eines Adlers, der uns verschlingt, macht einen starken Eindruck auf mich.«
»Den wirklichen Eindruck kannst du erst in dem Augenblick ermessen, da du es selber *siehst*«, sagte er. »Aber du darfst nicht vergessen, daß wir unsere Schwächen behalten, auch nachdem wir Seher geworden sind. Wenn du also diese Kraft *siehst*, könntest du ohne weiteres den nachlässigen Sehern beipflichten, die sie als den Adler bezeichneten – wie ich selbst es getan habe. Vielleicht wirst du es aber auch nicht tun. Vielleicht wirst du der Versuchung widerstehen, dem Unvorstellbaren menschliche Eigenschaften zuzuschreiben, und tatsächlich einen neuen Namen dafür erfinden, einen zutreffenderen.«
»Seher, die die Emanationen des Adlers sehen, bezeichnen sie oft

als Befehle«, sagte Don Juan. »Ich selbst wäre einverstanden, sie Befehle zu nennen, hätte ich mich nicht daran gewöhnt, sie als Emanationen zu bezeichnen. Das war bei mir eine Reaktion gegen die Vorliebe meines Wohltäters; für ihn waren es Befehle. Dieses Wort, fand ich, entsprach eher seiner dominierenden Persönlichkeit als der meinen. Ich wollte lieber etwas Unpersönliches. Befehle, das klingt mir zu menschlich, aber das sind sie eigentlich – Befehle.«

Die Emanationen des Adlers zu *sehen*, so meinte Don Juan, bedeute im Grunde, die Katastrophe heraufbeschwören. Die neuen Seher hätten gar bald die damit verbundenen, ungeheuren Schwierigkeiten entdeckt, und erst nach großer Bedrängnis und vielen Versuchen, das Unbekannte zu kartographieren und es von dem Unerkennbaren zu scheiden, hätten sie erkannt, daß alles, was ist, aus den Emanationen des Adlers besteht. Ein kleiner Teil dieser Emanantionen sei dem menschlichen Bewußtsein zugänglich, und auch dieser kleine Teil werde durch die Zwänge unseres Alltagslebens auf einen winzigen Bruchteil weiterverringert. Dieser winzige Bruchteil der Emanationen des Adlers sei das Bekannte; der kleine Teil, der überhaupt dem menschlichen Bewußtsein zugänglich sei, sei das Unbekannte, und der unermeßliche Rest sei das Unerkennbare.

Und weiter erzählte er, daß die neuen Seher, in ihrer praktischen Gesinnung, alsbald der unwiderstehlichen Macht der Emanationen gewahrten. Sie erkannten, daß alle Lebewesen mit den Emanationen des Adlers arbeiten müssen, ohne zu wissen, was sie eigentlich sind. Sie erkannten auch, daß die Organismen darauf eingerichtet sind, ein bestimmtes Spektrum dieser Emanationen zu erfassen und daß jeder Spezies ein bestimmtes Spektrum von Emanationen zukommt. Die Emanationen üben einen starken Druck auf die Organismen aus, und mittels dieses Drucks bauen die Organismen ihre wahrnehmbare Welt auf.

»Wir als Menschen«, sagte Don Juan, »arbeiten mit diesen Emanationen und interpretieren sie als Realität. Doch was der Mensch empfindet, ist ein so kleiner Teil der Emanationen des Adlers, daß es lächerlich wäre, sich groß auf unsere Wahrnehmungen zu verlassen, und doch ist es uns nicht möglich, unsere Wahrnehmungen zu ignorieren. Dies mußten die neuen Seher auf die harte Art lernen – und unter dem Risiko unabsehbarer Gefahren.«

Don Juan saß an seinem gewohnten Platz in dem großen Zimmer. Normalerweise gab es keine Möbel in diesem Raum. Die Leute saßen auf Matten am Boden. Aber Carol, die Nagual-Frau, hatte es dennoch fertiggebracht, ihn mit sehr bequemen Sesseln auszustatten – für die Zusammenkünfte, bei denen wir beide abwechselnd Don Juan aus den Werken spanisch schreibender Dichter vorlasen.
»Gib genau acht auf das, was wir tun«, sagte er, kaum daß ich Platz genommen hatte. »Wir sprechen über die Beherrschung des Bewußtseins. Und die Wahrheiten, über die wir sprechen, sind die Prinzipien, die zu dieser Kenntnis führen.«
Bei seinen Lehren für die rechte Seite, fuhr er fort, habe er versucht, diese Prinzipien meinem Normal-Bewußtsein zu demonstrieren, und zwar mit Hilfe Genaros, eines seiner Seher-Gefährten. Und Genaro habe mit meinem Bewußtsein gespielt – mit allem Humor und aller Respektlosigkeit, für die die neuen Seher bekannt seien.
»Genaro sollte hier sitzen und dir vom Adler erzählen«, sagte er. »Nur, daß seine Darstellung allzu respektlos wäre. Er findet, die Seher, die jene Kraft als den Adler bezeichneten, waren wohl ziemlich dumm, oder große Spaßmacher, weil Adler ja nicht nur Eier legen, sondern auch Schmutz machen.«
Don Juan lachte und meinte, er fände Genaros Bemerkung tatsächlich treffend und zum Lachen. Wäre den neuen Sehern die Aufgabe zugefallen, den Adler zu beschreiben, die ganze Beschreibung wäre wahrscheinlich ziemlich spaßig ausgefallen.
Ich erzählte Don Juan, daß ich den Adler einerseits als poetisches Bild auffaßte, und als solches gefalle er mir. Andererseits aber faßte ich die Beschreibung wörtlich auf, und das machte mir angst.
»Die Angst ist eine der stärksten Kräfte im Leben des Kriegers«, sagte er. »Sie spornt an zu lernen.«
Er erinnerte mich daran, daß die Beschreibung des Adlers immerhin von den alten Sehern stamme. Die neuen Seher hätten nichts mehr im Sinn mit all solchen Beschreibungen, Gleichnissen und Vermutungen. Sie wollten unmittelbar zum Ursprung der Dinge

vorstoßen und nähmen grenzenlose Gefahren auf sich, um dorthin zu gelangen. Wohl *sähen* sie die Emanationen des Adlers, aber auf die Beschreibung des Adlers wollten sie sich nicht einlassen. Sie fänden, es koste schon zuviel Energie, den Adler zu *sehen*, und immerhin hätten die alten Seher für ihr flüchtiges Erschauen des Unerkennbaren einen hohen Preis zahlen müssen.

»Wieso verfielen die alten Seher auf solch eine Idee wie die Beschreibung des Adlers?« fragte ich.

»Zum Zweck der Unterweisung brauchten sie wenigstens einige Richtlinien, was das Unerkennbare betraf«, erwiderte er. »Sie fanden sie in einer skizzenhaften Beschreibung jener Kraft, die alles Seiende regiert. Die Emanationen aber ließen sie aus, denn die Emanationen lassen sich nicht in einer gleichnishaften Sprache schildern. Einzelne Seher fühlen sich vielleicht gedrängt, ihre Kommentare zu gewissen Emanationen abzugeben, aber dies wird immer eine private Überzeugung bleiben. Mit anderen Worten, es gibt keine entsprechende Darstellung der Emanationen, wie es sie für den Adler gibt.«

»Die neuen Seher dachten offenbar sehr abstrakt«, warf ich ein. »Sie hören sich an wie moderne Philosophen.«

»Nein. Die neuen Seher waren ungemein praktisch denkende Leute«, erwiderte er. »Sie befaßten sich nicht mit dem Ausspinnen rationaler Theorien.

Die abstrakten Denker – das waren die alten Seher. Sie errichteten gewaltige Gebäude der Abstraktion, wie sie ihnen und ihrer Zeit entsprachen. Und genau wie die heutigen Philosophen, hatten sie keine Macht über ihre eigenen Gedankengebäude. Die neuen Seher dagegen, von praktischem Geist durchdrungen, vermochten den Fluß der Emanationen zu *sehen*, und sie *sahen* auch, wie der Mensch und die anderen Lebewesen diese Emanationen nutzen, um daraus ihre jeweilige wahrnehmbare Welt aufzubauen.«

»Wie nutzt der Mensch die Emanationen, Don Juan?«

»Es ist so einfach, daß es idiotisch klingt. Für einen Seher sind die Menschen leuchtende Wesen. Unsere Leuchtkraft besteht aus jenem Teil der Emanationen des Adlers, der in unseren eiförmigen Kokon eingeschlossen ist. Dieser kleine Teil, diese Handvoll eingeschlossener Emanationen ist das, was uns zu Menschen macht.

Wahrnehmen heißt, die im Innern des Kokons enthaltenen Emanationen in Übereinstimmung zu bringen mit jenen außerhalb.
Die Seher können zum Beispiel die Emanationen im Innern des Kokon *sehen* und erkennen, welche der äußeren Emanationen mit ihnen übereinstimmen.«
»Sind die Emanationen so etwas wie Lichtstrahlen?« fragte ich.
»Nein. Gar nicht. Das wäre zu einfach. Sie sind etwas Unbeschreibliches. Und doch würde ich sagen, sie sind so etwas wie Lichtfäden. Was dem Normal-Bewußtsein unbegreiflich ist, ist die Tatsache, daß diese Fäden bewußt sind. Ich kann dir nicht sagen, was dies bedeutet, weil ich das, wovon ich rede, nicht mit Sicherheit weiß. Mit meiner persönlichen Auffassung kann ich dir nur drei Dinge sagen: Die Fäden sind ihrer selbst bewußt, lebendig und vibrierend. Es sind so viele, daß Zahlenangaben sinnlos wären. Und jeder einzelne ist für sich selbst eine Ewigkeit.«

4. Die Glut der Bewußtheit

Don Juan, Don Genaro und ich waren aus den umliegenden Bergen zurückgekehrt, wo wir Pflanzen gesammelt hatten. Wir waren in Don Genaros Haus und saßen um den Tisch, als Don Juan mich in eine andere Ebene der Bewußtheit überwechseln ließ. Don Genaro hatte mich angestarrt und fing nun an zu kichern. Er meinte, wie seltsam er es doch fände, daß ich zwei völlig verschiedene Verhaltensmuster gegenüber den beiden Seiten des Bewußtseins zeigte. Meine Beziehung zu ihm sei das offenkundigste Beispiel dafür. Befand ich mich auf der rechten Seite, dann war er der respektierte und gefürchtete Zauberer Don Genaro, ein Mann, dessen unbegreifliche Taten mich begeisterten und gleichzeitig mit Todesangst erfüllten. Auf der linken Seite war er einfach Genaro, oder Genarito, ohne würdigen ›Don‹ vor seinem Namen, ein bezaubernder, freundlicher Seher, dessen Taten ganz verständlich waren – und auch vereinbar mit dem, was ich tat oder zu tun versuchte.

Ich konnte ihm nur beipflichten. Auf meiner linken Seite, fügte ich hinzu, gebe es allerdings einen Mann, dessen bloße Gegenwart mich wie ein Blatt im Winde zittern ließ, nämlich Silvio Manuel, den geheimnisvollsten unter Don Juans Gefährten. Don Juan selbst, als wahrer Nagual, stünde für mich über solchen willkürlichen Verhaltensnormen, geachtet und bewundert in beiden Bewußtheitszuständen.

»Aber auch gefürchtet?« fragte Genaro mit bebender Stimme.

»Sehr gefürchtet«, warf Don Juan mit Falsettstimme ein.

Wir lachten, aber Don Juan und Genaro lachten so überschwenglich, daß ich sofort argwöhnte, sie wüßten etwas, das sie mir vorenthielten.

Don Juan las meine Gedanken wie ein offenes Buch. Er erklärte mir, daß man in dem Zwischenstadium, bevor man ganz in die linke Seite des Bewußtseins eintrete, ungeheurer Konzentration fähig sei, aber auch anfällig für alle nur denkbaren äußeren Einflüsse. Ich selbst sei nun vom Mißtrauen beeinflußt.

»La Gorda ist dauernd in diesem Zustand«, sagte er. »Sie lernt hervorragend, aber sie ist ein gewaltiger Quälgeist. Sie kann nicht anders, sie überläßt sich allem, was über sie kommt, einschließlich sehr guter Dinge natürlich, wie etwa scharfer Konzentration.«

Die neuen Seher, erklärte Don Juan, hätten nämlich herausgefunden, daß diese Übergangsphase der beste Zeitpunkt sei für ein gründliches Lernen. Es sei aber auch die Zeit, da der Krieger überwacht werden müsse und ihm Erklärungen gegeben werden sollten, damit er diese richtig einschätzen könne. Würden ihm keine Erklärungen gegeben, bevor er auf die linke Seite hinübergewechselt sei, dann könne er zwar ein großer Zauberer werden, aber ein armseliger Seher – wie die alten Tolteken es waren.

Besonders die Kriegerinnen verfallen dem Zauber der linken Seite, sagte er. Sie seien so gewandt, daß sie mühelos in die Bewußtheit der linken Seite eintreten könnten – oft früher, als gut für sie wäre.

Nach längerem Schweigen schlief Genaro ein. Don Juan fing an zu sprechen. Er sagte, daß die neuen Seher eine Reihe von Begriffen erfinden mußten, um die zweite Wahrheit über das Bewußtsein zu erklären. Sein Wohltäter hatte einige dieser Begriffe nach seinem eigenen Gutdünken abgewandelt, und auch er selbst habe dies getan, sagte er, getreu der Überzeugung der Seher, daß es gleichgültig sei, welche Begriffe man verwende, solange die Wahrheiten nur durch das *Sehen* verifiziert würden.

Ich war neugierig zu erfahren, welche Begriffe er verändert habe, aber ich konnte meine Frage nicht recht in Worte fassen. Er verstand mich in dem Sinne, als bezweifle ich sein Recht oder seine Fähigkeit, sie zu verändern. Und er erklärte, daß die Begriffe, die wir prägen, sofern sie in unserer Vernunft begründet seien, lediglich den Allerweltskonsensus des Alltagslebens ausdrücken könnten. Wenn Seher dagegen einen Begriff prägten, sei dieser niemals nur eine Redensart, denn er rühre vom *Sehen* her und begreife alles ein, was Seher überhaupt erreichen könnten.

Ich fragte ihn, warum er jene Begriffe verändert hätte.

»Es ist die Pflicht eines Nagual, immer nach besseren Möglichkeiten der Erklärung zu suchen«, antwortete er. »Die Zeit verändert

alles, und jeder neue Nagual muß zur Beschreibung seines *Sehens* neue Wörter, neue Ideen übernehmen.«
»Du willst damit sagen, daß ein Nagual Ideen aus der Welt des Alltagslebens übernimmt?« fragte ich.
»Nein. Ich will sagen, daß ein Nagual auf immer neue Weise über das *Sehen* spricht«, sagte er. »Du zum Beispiel, als der neue Nagual, müßtest sagen, daß das Bewußtsein die Wahrnehmung entstehen läßt. Du würdest dasselbe sagen wie mein Wohltäter, aber dennoch auf andere Weise.«
»Was, meinen die neuen Seher, ist denn die Wahrnehmung, Don Juan?«
»Sie sagen, daß Wahrnehmung so etwas wie Ausgerichtetsein ist; die Emanationen im Innern des Kokon richten sich aus an den Emanationen außerhalb, die zu ihnen passen. Die Ausrichtung ermöglicht es allen Lebewesen, Bewußtsein zu entwickeln. Dies behaupten die Seher, weil sie die Lebewesen als das sehen, was sie wirklich sind: als leuchtende Wesen, die aussehen wie Blasen weißlichen Lichts.«
Ich fragte ihn, auf welche Weise die Emanationen im Innern des Kokon mit jenen außerhalb zusammenpassen müßten, um Wahrnehmung zu ermöglichen.
»Die Emanationen im Innern und die Emanationen außerhalb«, sagte er, »sind stets dieselben Lichtfasern. Die lebenden Wesen sind winzige Blasen, bestehend aus diesen Fasern, mikroskopische Lichtpunkte, die den Emanationen anhaften.«
Und weiter erklärte er, daß die Leuchtkraft der Lebewesen durch jenen Teil der Emanationen des Adlers entsteht, den sie zufällig in ihrem leuchtenden Kokon tragen. Wenn Seher die Wahrnehmung *sehen*, so erleben sie, daß das Leuchten der Emanationen des Adlers, die sich außerhalb des Kokon dieser Geschöpfe befinden, das Leuchten der Emanationen im Innern des Kokon um so heller erstrahlen läßt. Das äußere Leuchten zieht das innere Leuchten an; es fängt es sozusagen ein und fixiert es. Diese Fixierung ist die Bewußtheit eines jeden Lebewesens.
Die Seher könnten auch *sehen*, sagte er, wie die Emanationen außerhalb des Kokon einen gewissen Druck auf jenen Teil der Emanationen ausübten, der sich im Innern befinde. Dieser Druck bestimme den Grad der Bewußtheit, den jedes Lebewesen habe.

Ich bat ihn, mir zu erklären, auf welche Weise die Emanationen außerhalb des Kokon einen Druck auf jene im Innern ausüben.
»Die Emanationen des Adlers sind mehr als nur Lichtfasern«, antwortete er. »Jede einzelne ist eine Quelle grenzenloser Energie. Du kannst es dir so vorstellen: da manche der Emanationen außerhalb des Kokon die gleichen sind wie jene im Innern, wirken ihre Energien wie ein anhaltender Druck. Aber der Kokon isoliert die Emanationen im Innern seines Geflechts und steuert auf diese Weise den Druck.
Ich sagte dir schon, daß die alten Seher wahre Meister im Umgang mit dem Bewußtsein waren«, fuhr er fort. »Jetzt kann ich hinzufügen, daß sie deshalb Meister dieser Kunst waren, weil sie gelernt hatten, die Struktur des menschlichen Kokon zu manipulieren. Sie hatten, wie ich dir sagte, das Geheimnis des Bewußt-Seins enträtselt. Damit will ich sagen: sie *sahen* und erkannten, daß im Bewußtsein ein Glutschimmer im Kokon der Lebewesen steckt. Mit Recht nannten sie ihn die Glut des Bewußtseins.«
Die alten Seher, erklärte er, *sahen*, daß das Bewußtsein des Menschen ein bernsteinheller Glutschimmer sei, viel intensiver leuchtend als der übrige Kokon. Diese Glut finde sich auf einem schmalen, senkrechten Band an der rechten Außenseite des Kokon und ziehe sich über seine ganze Länge hin. Es sei die Kunst der alten Seher gewesen, diese Glut zu verschieben, sie von ihrer ursprünglichen Stelle an der Oberfläche des Kokon über die ganze Breite nach innen wandern zu lassen. Er unterbrach sich und sah Genaro an, der noch immer schlief.
»Genaro pfeift auf all diese Erklärungen«, sagte er. »Er ist ein Mann der Tat. Mein Wohltäter stellte ihn dauernd vor unlösbare Probleme. Darum trat er unmittelbar in die linke Seite des Bewußtseins ein und hatte niemals Gelegenheit, viel zu fragen oder zu klagen.«
»Ist es nicht besser so, Don Juan?«
»Kommt darauf an. Für ihn ist es das Richtige. Für dich und für mich wäre es nicht befriedigend, weil wir, auf die eine oder andere Weise, zum Erklären berufen sind. Genaro oder mein Wohltäter gleichen eher den alten als den neuen Sehern: mit Hilfe der Glut des Bewußtseins können sie Kontrolle üben und tun, was immer ihnen beliebt.«

Er erhob sich von der Matte, auf der wir saßen, und streckte seine Arme und Beine. Ich drängte ihn, weiterzusprechen. Er lächelte und meinte, ich brauchte eine Pause, denn meine Konzentration habe nachgelassen.

Es klopfte an der Tür. Ich erwachte. Es war dunkel. Einen Augenblick lang konnte ich mich nicht erinnern, wo ich war. Etwas in mir war weit entfernt, als ob ein Teil von mir noch immer schliefe, und doch war ich hellwach. Durchs offene Fenster fiel genügend Mondlicht ein, daß ich sehen konnte.

Ich sah, wie Don Genaro aufstand und zur Tür ging. Mir wurde klar, daß ich mich in seinem Haus befand. Don Juan lag in tiefem Schlaf auf einer Matte am Boden. Ich hatte die bestimmte Ahnung, daß wir drei eingeschlafen waren, nachdem wir von einem Ausflug in die Berge zurückgekehrt waren.

Don Genaro zündete seine Petroleumlampe an. Ich folgte ihm hinaus in die Küche. Irgend jemand hatte ihm einen Topf warmen Eintopf und einen Stapel Tortillas gebracht.

»Wer hat dir Essen gebracht?« fragte ich. »Hast du hier eine Frau, die für dich kocht?«

Don Juan war mittlerweile in die Küche gekommen. Die beiden blickten mich an und lächelten. Aus irgendeinem Grund ängstigte mich ihr Lächeln. Ich wollte schon losschreien vor Angst, als Don Juan mich auf den Rücken schlug und mich in den Zustand gesteigerter Bewußtheit überwechseln ließ. Da erkannte ich, daß ich, vielleicht im Schlaf oder beim Aufwachen, in mein normales Alltagsbewußtsein zurückgeglitten war.

Das Gefühl, das ich nun – wieder im Zustand gesteigerter Bewußtheit – empfand, war eine Mischung aus Erleichterung und Ärger und schmerzender Traurigkeit. Ich war erleichtert, daß ich wieder ich selbst war, denn mittlerweile betrachtete ich diese unbegreiflichen Zustände als mein wahres Selbst. Dafür gab es einen einfachen Grund: in diesen Zuständen fühlte ich mich vollkommen; mir fehlte nichts. Ärger und Traurigkeit waren eine Reaktion auf meine Ohnmacht. Mehr denn je war ich mir der Begrenztheit meiner Existenz bewußt.

Ich bat Don Juan, mir zu erklären, wie es möglich sei, daß ich solche Empfindungen hatte. Im Zustand gesteigerter Bewußtheit konnte ich zurückblicken und mich an alles erinnern, was mit mir zu tun hatte; ich konnte mir Rechenschaft ablegen über alles, was ich in dem einen oder dem anderen Zustand getan hatte. Ich erinnerte mich sogar an meine Unfähigkeit, mich zu erinnern. Kaum war ich aber auf meine normale, alltägliche Bewußtseinsebene zurückgekehrt, konnte ich mich an nichts mehr erinnern, was ich im Zustand gesteigerter Bewußtheit getan hatte, und koste es mein Leben.

»Hör auf, hör nur auf«, sagte er. »Bis jetzt hast du dich an gar nichts erinnert. Gesteigerte Bewußtheit ist nur eine Zwischenphase. Dahinter liegt noch unendlich mehr, und du bist viele, viele Male dort gewesen. Jetzt aber kannst du dich nicht daran erinnern, und wenn dein Leben davon abhinge.«

Er hatte recht. Ich hatte keine Ahnung, wovon er sprach. Ich bat ihn um eine Erklärung.

»Die Erklärung kommt noch«, sagte er. »Sie braucht längere Zeit, aber wir kommen noch zu ihr. Sie braucht lange, weil ich dir ähnlich bin: ich möchte verstehen. Ich bin das Gegenteil meines Wohltäters, der nichts von Erklärungen hielt. Für ihn gab es nur die Tat. Er stellte uns einfach vor unglaubliche Probleme und überließ es uns selbst, sie zu lösen. Einige fanden niemals eine Lösung, und wir landeten ungefähr im gleichen Boot wie die alten Seher: nur Taten, und kein wirkliches Wissen.«

»Sind diese Erinnerungen irgendwo in meinem Geist eingeschlossen?« fragte ich.

»Nein. So einfach ist die Sache nicht«, antwortete er. »Die Taten der Seher sind etwas Komplizierteres als die bloße Aufteilung des Menschen in Körper und Geist. Du hast vergessen, was du getan oder erlebt hast, denn als du ausführtest, was du nun vergessen hast, hast du *gesehen.*«

Ich bat Don Juan, mir noch einmal zu verdeutlichen, was er eben gesagt hatte.

Geduldig erklärte er mir, daß sich alles, was ich vergessen hätte, in solchen Zuständen abgespielt habe, in denen mein alltägliches Bewußtsein erweitert und intensiviert war – ein Zustand, der bedeutete, daß dabei andere Regionen meines Gesamt-Selbst genutzt wurden.

»Was du vergessen hast, ist in diesen Regionen deines Gesamt-Selbst eingeschlossen«, sagte er. »Diese anderen Regionen nutzen – das heißt *sehen.*«

»Ich bin verwirrter denn je, Don Juan«, sagte ich.
»Ich kann dir keinen Vorwurf machen«, sagte er. »*Sehen* heißt, den Kern aller Dinge freilegen, es heißt, das Unbekannte erleben und einen flüchtigen Blick in das Unerkennbare tun. Insofern bringt es uns keinen Trost. Die Seher überstehen es meistens nicht, wenn sie herausfinden, daß unsere Existenz unvorstellbar komplex ist und daß unser Normal-Bewußtsein, mit seinen Beschränkungen, diesen Zustand noch verschlimmert.«
Er wiederholte mir noch einmal, daß ich eine absolute Konzentration erreichen müsse, daß es dabei entscheidend auf das Verstehen ankomme, und daß die neuen Seher den höchsten Wert auf klare, gefühlsfreie Einsichten gelegt hätten.
»Damals, als du die Sache mit la Gorda und mit deinem Eigendünkel zu verstehen glaubtest, hast du in Wirklichkeit gar nichts verstanden. Du hattest einen Gefühlsausbruch, das war alles. Das behaupte ich, weil du schon am nächsten Tag wieder auf dem hohen Roß deines Eigendünkels gesessen bist, als hättest du nie etwas eingesehen.
Genauso ging es den alten Sehern. Sie neigten zu Gefühlsreaktionen. Als es aber darum ging, zu verstehen, was sie *gesehen* hatten, da konnten sie es nicht. Um zu verstehen, braucht man nüchternen Ernst, keine Gefühle. Hüte dich vor denen, die über ihre Einsichten Tränen vergießen, denn sie haben nichts erkannt.
Der Pfad des Wissens enthält ungeahnte Gefahren für jene, die ihn nicht in Nüchternheit und mit Verständnis beschreiten«, fuhr er fort. »Ich versuche dir das System zu skizzieren, zu dem die alten Seher die Wahrheiten über das Bewußtsein anordneten. Es soll dir als Landkarte dienen – als eine Landkarte, die du durch dein *Sehen* überprüfen mußt, nicht aber mit deinen Augen.«
Nun entstand eine lange Pause. Er starrte mich an. Offensichtlich erwartete er eine Frage von mir.
»Jeder fällt auf den Irrtum herein, daß das *Sehen* mit den Augen geschähe«, fuhr er fort. »Aber wundere dich nicht, wenn du nach all den Jahren noch nicht erkannt hast, daß *Sehen* keine Sache der Augen ist. Es ist ganz normal, auf diesen Irrtum hereinzufallen.«
»Aber was ist *Sehen*?« fragte ich.
Sehen, erwiderte er, sei eine Ausrichtung. Ich erinnerte ihn daran, daß er vorhin gesagt hatte, die Wahrnehmung sei eine Aus-

richtung. Dazu erläuterte er, daß die Ausrichtung der üblicherweise benutzten Emanationen wohl die Wahrnehmung der alltäglichen Welt sei; das *Sehen* aber sei die Ausrichtung der niemals genutzten Emanationen. Wenn solch eine Ausrichtung stattfindet, dann *sieht* man. Solches *Sehen*, entstanden durch die Ausrichtung des nicht Üblichen, betrifft also niemals etwas, das man lediglich anschauen könnte. Trotz der Tatsache, daß ich unzählige Male *gesehen* hatte, so sagte er, sei es mir nie eingefallen, meine Augen aus dem Spiel zu lassen. Ich hätte einfach den üblichen Sprachgebrauch übernommen, wie *Sehen* nun einmal bezeichnet und beschrieben werde.

»Wenn Seher *sehen*, dann ist dabei etwas beteiligt, das alles erklärt, während die Neu-Ausrichtung stattfindet«, fuhr er fort. »Es ist eine Stimme, die ihnen zuflüstert, worum es geht. Wenn diese Stimme nicht da ist, dann ist das, was der Seher tut, kein *Sehen.*«

Nach kurzer Pause fuhr er fort und erläuterte mir die Stimme des *Sehens*. Es sei ebenso falsch, sagte er, das *Sehen* als Hören zu bezeichnen, denn es ginge um unendlich mehr als dies. Aber die Seher hätten sich nun einmal dafür entschieden, den Klang als Zeichen der Neu-Ausrichtung anzunehmen. Die Stimme des *Sehens* bezeichnete Don Juan als etwas höchst Geheimnisvolles und Unerklärliches.

»Meine persönliche Meinung ist, daß die Stimme des *Sehens* nur dem Menschen zukommt«, sagte er. »Dies geschieht vielleicht, weil Sprechen etwas ist, das nur der Mensch tut. Die alten Seher glaubten, es sei die Stimme einer übermächtigen, eng mit der Menschheit verbundenen Wesenheit, eines Beschützers der Menschen. Die neuen Seher entdeckten, daß diese Wesenheit, die sie die Form des Menschen nannten, gar keine Stimme hat. Die Stimme des *Sehens* ist etwas völlig Unbegreifliches für die neuen Seher; sie sagen, es sei die Glut des Bewußtseins, die auf den Emanationen des Adlers spielt wie ein Harfner auf seiner Harfe.«

Er war nicht bereit, dies weiter auszuführen, und meinte, es werde mir später, wenn er seine Erklärung fortsetzte, alles klar werden.

Solange Don Juan sprach, war ich so vollkommen konzentriert

gewesen, daß ich mich tatsächlich nicht entsinnen konnte, mich zum Essen an den Tisch gesetzt zu haben. Als Don Juan nun innehielt, bemerkte ich, daß sein Teller Eintopf beinah leergegessen war.
Genaro sah mich mit strahlendem Lächeln an. Vor mir auf dem Tisch stand ein Teller, und er war ebenfalls leer. Da war nur noch ein winziges Restchen Eintopf übrig, als hätte ich eben erst meine Mahlzeit beendet. Ich erinnerte mich gar nicht daran, gegessen zu haben, aber ich erinnerte mich auch nicht, daß ich an den Tisch gegangen wäre oder mich hingesetzt hätte.
»Wie hat der Eintopf geschmeckt?« fragte mich Genaro und schaute weg.
»Gut«, sagte ich, denn ich wollte nicht eingestehen, daß es mir schwer fiel, mich zu erinnern.
»Für meinen Geschmack war zuviel Chili drin«, sagte Genaro. »Und du ißt doch keine scharf gewürzten Sachen. Darum hab ich mir Sorgen gemacht, ob es dir auch bekommen würde. Du hättest nicht zweimal nachlangen sollen. Mir scheint, du bist ziemlich verfressen, wenn du in gesteigerter Bewußtheit bist, nicht wahr?«
Ich gestand zu, daß er vielleicht recht hatte. Er reichte mir einen großen Wasserkrug, mit dem ich meinen Durst löschen und meinen brennenden Gaumen lindern sollte. Als ich ihn bis zur Neige austrank, brachen die beiden in schallendes Gelächter aus.
Auf einmal erkannte ich, was hier vorging. Es war wie eine körperliche Erkenntnis. Es war ein gelblicher Lichtblitz, der mich traf, als sei ein Zündholz zwischen meinen Augen angerissen worden. Jetzt wußte ich, daß Genaro Spaß machte. Ich hatte überhaupt nicht gegessen. Ich war so vertieft in Don Juans Erklärung gewesen, daß ich alles andere vergessen hatte. Der Teller, der vor mir stand, war Genaros Teller.
Nach dem Essen fuhr Don Juan fort, mir die Glut der Bewußtheit zu erklären. Genaro saß neben mir und lauschte, als hätte er die Erklärung noch nie gehört.
Die Emanationen außerhalb des Kokon, so sagte Don Juan, die auch als allgemeine Emanationen bezeichnet würden, übten einen Druck auf die Emanationen im Innern des Kokon aus, und dieser Druck sei bei allen Lebewesen gleich stark. Doch die Folgen seien bei ihnen allen ganz verschieden, weil ihr Kokon auf

jede erdenkliche Weise auf diesen Druck reagieren könne. Und dennoch gebe es, innerhalb gewisser Grenzen, Gradabstufungen der Uniformität.

»Wenn der Seher also *sieht*«, fuhr er fort, »daß der Druck der allgemeinen Emanationen auf die stets in Bewegung befindlichen Emanationen im Innern einwirkt und deren Bewegung zum Stillstand bringt, dann weiß er, daß das leuchtende Wesen in diesem Moment durch Bewußtheit fixiert ist.

Wenn man nun sagt, daß die allgemeinen Emanationen auf jene im Innern des Kokon einwirken und ihre Bewegung zum Stillstand bringen, so heißt dies, daß die Seher etwas Unbeschreibliches *sehen*, dessen Bedeutung sie aber ohne Zweifel kennen. Es bedeutet, daß die Stimme des *Sehens* ihnen gesagt hat, daß die Emanationen im Innern des Kokon völlig in Ruhe sind und mit jenen außerhalb übereinstimmen.«

Die Seher, so sagte er, behaupteten natürlich, daß das Bewußtsein immer von außerhalb komme und daß das wahre Geheimnis gar nicht in uns liege. Da die Emanationen insgesamt von Natur aus dazu bestimmt seien, zu fixieren, was sich im Innern des Kokon befindet, bestehe der Trick der Bewußtheit nun darin, die fixierenden Emanationen verschmelzen zu lassen mit dem, was in uns ist. Die Seher behaupteten nun, daß wir, wenn wir dies geschehen ließen, zu dem würden, was wir in Wirklichkeit sind – fließend, immer in Bewegung, ewig.

Es entstand eine lange Pause. Don Juans Augen zeigten einen starken Glanz. Sie blickten mich an wie aus großer Tiefe. Ich hatte den Eindruck, als sei jedes seiner Augen ein unabhängiger Funken strahlender Helligkeit. Einen Moment schien er gegen eine unsichtbare Macht anzukämpfen, gegen ein Feuer aus dem Inneren, das ihn zu verzehren drohte. Es ging vorüber, und er sprach weiter.

»Der Grad der Bewußtheit«, fuhr er fort, »ist bei jedem Lebewesen abhängig davon, in welchem Maß es sich von dem Druck der allgemeinen Emanationen tragen zu lassen vermag.«

Nach längerer Unterbrechung nahm Don Juan seine Erklärung wieder auf. Die Seher, so sagte er, *sahen* nämlich, daß das Bewußtsein bereits vom Augenblick der Empfängnis an bereichert und erweitert wird – durch den schieren Vorgang des Lebendigseins. So etwa *sahen* die Seher, daß das Bewußtsein eines Insekts und das Bewußtsein eines Menschen sich seit dem Augenblick der Empfängnis in erstaunlich unterschiedlicher Weise, aber mit gleicher Folgerichtigkeit entwickeln.

»Entwickelt sich das Bewußtsein also seit dem Moment der Empfängnis oder seit dem Moment der Geburt?« fragte ich.

»Bewußtsein entwickelt sich seit dem Moment der Empfängnis«, erwiderte er. »Ich habe dir immer gesagt, daß sexuelle Energie etwas höchst Bedeutungsvolles ist und daß sie kontrolliert und sehr behutsam eingesetzt werden sollte. Aber du hast immer abgelehnt, was ich sagte, weil du meintest, ich verstünde Kontrolle im moralischen Sinn; ich verstand es aber immer im Sinne des Sparens und Umdirigierens von Energie.«

Don Juan schaute Genaro an. Genaro nickte zustimmend.

»Genaro wird dir erzählen, was unser Wohltäter, der Nagual Julian, über das Sparen und Umdirigieren der sexuellen Energie zu sagen pflegte«, sagte Don Juan zu mir.

»Der Nagual Julian pflegte zu sagen, daß Sex-Machen eine Frage von Energie ist«, fing Genaro an. »Er selbst zum Beispiel hatte nie Probleme mit dem Sex, denn er hatte zentnerweise Energie. Aber er brauchte nur einen Blick auf mich zu werfen, um festzustellen, daß mein Pimmel nur zum Pinkeln taugt. Er sagte, ich hätte nicht genug Energie, um Sex zu machen. Meine Eltern, sagte er, waren zu gelangweilt und zu müde, als sie mich machten; er sagte, ich sei das Ergebnis von sehr langweiligem Sex – *cojida aburrida*. Und so kam ich auf die Welt, gelangweilt und müde. Der Nagual Julian empfahl, Leute wie ich sollten besser keinen Sex machen; so könnten wir das bißchen Energie, das wir haben, aufspeichern.

Dasselbe sagte er zu Silvio Manuel und zu Emilito. Bei den anderen sah er, daß sie genug Energie hatten. Sie waren nicht das Ergebnis von langweiligem Sex. Er sagte ihnen, sie könnten mit ihrer sexuellen Energie machen, was sie wollten, aber er empfahl ihnen doch, sich zu kontrollieren und den Befehl des Adlers zu begreifen, daß Sex dazu da ist, um die Glut der Bewußtheit zu verschenken. Wir alle sagten, wir hätten verstanden.

Eines Tages, und ohne jede Vorwarnung, öffnete er mit Hilfe seines eigenen Wohltäters, des Nagual Elias, den Vorhang zur anderen Welt und stieß uns alle bedenkenlos hinein. Wir alle, außer

Silvio Manuel, wären dort beinah gestorben. Wir hatten keine Energie, um der Wirkung der anderen Welt standzuhalten. Keiner von uns, außer Silvio Manuel, hatte die Empfehlung des Nagual befolgt.«

»Was ist der Vorhang zur anderen Welt?« fragte ich Don Juan.

»Wie Genaro sagt – es ist ein Vorhang«, antwortete Don Juan. »Aber du schweifst vom Thema ab. Das tust du immer. Wir sprachen gerade über den Befehl des Adlers, was den Sex betrifft. Der Befehl des Adlers sagt, daß die sexuelle Energie eingesetzt werden soll, um Leben zu erzeugen. Durch sexuelle Energie verleiht der Adler Bewußtsein. Wenn also die Lebewesen Geschlechtsverkehr üben, tun die Emanationen im Innern ihres Kokon alles, um dem neuen empfindenden Wesen, das sie erzeugen, Bewußtsein zu schenken.«

Während des Geschlechtsakts, so sagte er, gerieten die in den Kokons beider Partner eingeschlossenen Emanationen in heftige Erregung, auf deren Höhepunkt sich zwei Teile der Glut des Bewußtseins vereinigten – je eines von beiden Partnern, das sich aus ihrem Kokon ablöse.

»Der Geschlechtsverkehr ist immer ein Schenken von Bewußtsein, auch falls dieses Geschenk nicht Wirklichkeit wird«, fuhr er fort. »Die Emanationen im Innern des Menschen kennen keinen Geschlechtsverkehr nur zum Spaß.«

Genaro beugte sich am Tisch zu mir herüber und sprach, eindringlich mit dem Kopf nickend, mit leiser Stimme:

»Der Nagual sagt dir die Wahrheit«, sagte er und zwinkerte mir zu. »Diese Emanationen haben tatsächlich keine Ahnung.«

Don Juan mußte gegen das Lachen kämpfen. Dann meinte er, der Mensch sei im Irrtum, wenn er das Mysterium der Existenz mißachte und einen so sublimen Akt, wie die Verleihung von Leben und Bewußtsein, für einen lediglich körperlichen Trieb halte, den man beliebig verbiegen könne.

Genaro machte obszöne Gebärden und ließ seine Hüften kreisen. Don Juan nickte und meinte, genau dies habe er ausdrücken wollen. Genaro dankte ihm feierlich für die Anerkennung dieses seines einzigen Beitrags zur Erklärung der Bewußtheit.

Die beiden überschlugen sich vor Lachen und meinten, ich wisse ja gar nicht, mit welchem Ernst ihr Wohltäter über die Erklärung

der Bewußtheit gesprochen habe, sonst könnte ich in ihr Lachen einstimmen.
Ich blieb ernst und fragte Don Juan, welche Bedeutung diese Gedanken für den normalen Menschen in seiner Alltagswelt hätten.
»Du meinst, was Genaro eben gemacht hat?« fragte er mit gespieltem Ernst.
Ihre Ausgelassenheit war immer ansteckend. Es dauerte lange, bis sie sich wieder beruhigten. Sie verfügten beide über ein solches Maß an Energie, daß ich mir neben ihnen alt und gebrechlich vorkam.
»Ich weiß es wirklich nicht«, antwortete Don Juan schließlich. »Alles, was ich weiß, gilt für die Krieger. Sie wissen, daß die einzige Energie, die wir besitzen, eine lebenspendende sexuelle Energie ist. Dieses Wissen macht, daß sie sich stets ihrer Verantwortung bewußt sind.
Wenn der Krieger genügend Energie haben will, um zu *sehen*, dann muß er mit seiner sexuellen Energie geizig haushalten. Das war die Lektion, die der Nagual Julian uns erteilte. Er stieß uns in das Unbekannte, und wir alle wären dort beinah umgekommen. Da wir aber alle *sehen* wollten, mußten wir uns hüten, unsere Glut der Bewußtheit zu verschwenden.«
Diese Überzeugung hatte ich von ihm schon öfter gehört. Und jedesmal gerieten wir in eine Auseinandersetzung. Ich fühlte mich immer genötigt, zu protestieren und Einwände gegen eine, wie mir schien, puritanische Auffassung der Sexualität zu erheben. Das tat ich auch jetzt wieder. Die beiden lachten unter Tränen.
»Was kann man gegen die natürliche Sinnlichkeit des Menschen tun?« fragte ich Don Juan.
»Nichts«, erwiderte Don Juan. »An der Sinnlichkeit des Menschen ist nichts verkehrt. Verkehrt ist aber die Unwissenheit des Menschen und seine Gleichgültigkeit gegen das Magische, das in seiner Natur liegt. Es ist ein Fehler, die lebenspendende Kraft der Sexualität unbekümmert zu vergeuden und keine Kinder zu bekommen, aber es ist ebenso ein Fehler, nicht zu wissen, daß man, indem man Kinder bekommt, die Glut der Bewußtheit schmälert.«
»Wieso wissen die Seher denn, daß man die Glut der Bewußtheit schmälert, indem man Kinder bekommt?« fragte ich.

»Sie *sehen*, daß die Glut der Bewußtheit bei den Eltern abnimmt, wenn sie ein Kind bekommen, während sie beim Kinde zunimmt. Bei manchen übersensiblen und zarten Menschen verschwindet die Glut der Bewußtheit beinah ganz. Während die Kinder ihr Bewußtsein vermehren, entsteht ein großer dunkler Fleck im leuchtenden Kokon der Eltern, genau an der Stelle, von der die Glut weggenommen wurde. Meistens in der Mitte des Kokon. Manchmal sind diese Flecken sogar zu *sehen*, wie sie den Körper überlagern.«

Ich fragte ihn, auf welche Weise man den Menschen zu einem ausgeglicheneren Verständnis für die Glut der Bewußtheit verhelfen könnte.

»Gar nicht«, sagte er. »Zumindest gibt es nichts, was die Seher tun könnten. Die Seher streben danach, frei zu sein, unvoreingenommene Zeugen und unfähig, Urteile abzugeben. Sonst müßten sie die Verantwortung auf sich nehmen, einen ausgeglicheneren Zyklus zu begründen. Dies kann niemand tun. Der neue Zyklus, falls er kommt, muß von selbst kommen.«

5. Die erste Aufmerksamkeit

Am nächsten Tag nahmen wir unser Frühstück bei Anbruch der Dämmerung ein, und dann ließ mich Don Juan auf eine andere Ebene der Bewußtheit überwechseln.
»Heute werden wir einen Original-Schauplatz aufsuchen«, sagte Don Juan zu Genaro.
»Um alles in der Welt«, sagte Genaro ernst. Er sah mich an und fügte leise, als wolle er es mich nicht hören lassen, hinzu: »Muß er denn nicht ... vielleicht ist es zuviel ...«
Augenblicklich steigerten sich meine Furcht und mein Argwohn ins Unerträgliche. Ich schwitzte und keuchte. Don Juan trat zu mir und versicherte, mit mühsam beherrschtem Schmunzeln, daß Don Genaro sich nur auf meine Kosten lustig mache und daß wir nur einen Platz aufsuchen wollten, wo vor Jahrtausenden die einstigen Seher lebten.
Während Don Juan auf mich einredete, warf ich zufällig einen Blick in Genaros Richtung. Er schüttelte langsam den Kopf. Es war eine fast unmerkliche Geste, als wolle er mich wissen lassen, daß Don Juan nicht die Wahrheit sprach. Ich geriet in einen Zustand hektischer Nervosität – beinah Hysterie – und beruhigte mich erst, als Genaro lachend herausplatzte.
Ich konnte nur staunen, wie leicht meine Stimmungen mich in unvorstellbare Höhen oder in bodenlose Tiefen führen konnten.
Don Juan, Genaro und ich verließen frühmorgens Genaros Haus und wanderten ein Stück weit in die zerklüfteten Hügel der Umgebung. Irgendwann machten wir halt und setzten uns auf eine riesige flache Felsplatte, inmitten eines sanft abschüssigen Maisfeldes gelegen, das offensichtlich vor kurzem abgeerntet worden war.
»Dies ist der Original-Schauplatz«, sagte Don Juan zu mir. »Hierher werden wir, im Verlauf meiner Erklärung, noch einige Male zurückkehren.«

»Hier passieren unheimliche Dinge in der Nacht«, sagte Genaro. »Der Nagual Julian fing hier sogar einen Verbündeten. Oder vielmehr, der Verbündete ...«
Don Juan gab ein unübersehbares Zeichen mit den Augenbrauen, und Genaro verstummte mitten im Satz. Er lächelte mir zu.
»Es ist zu früh für Gruselgeschichten«, sagte Genaro. »Warten wir, bis es dunkel ist.«
Er stand auf und begann, mit durchgebogenem Rückgrat, über die Felsplatte hin und her zu schleichen.
»Was sagte er eben über deinen Wohltäter, der hier einen Verbündeten fing?« fragte ich Don Juan. Er antwortete nicht sofort. Fasziniert beobachtete er Genaros Kunststücke.
»Er spielte auf ein schwieriges Manöver der Bewußtheit an«, erwiderte er schließlich, noch immer Genaro anstarrend.
Genaro vollendete eine Kreisbahn rund um die Felsplatte und kam zurück, um sich neben mich zu setzen. Er keuchte heftig, pfeifend, beinah atemlos.
Don Juan schien wie gebannt durch das, was Genaro getan hatte. Und wieder hatte ich das Gefühl, daß die beiden sich auf meine Kosten amüsierten, daß sie beide etwas im Schilde führten, wovon ich nichts ahnte.
Plötzlich begann Don Juan mit seiner Erklärung. Seine Stimme beschwichtigte mich. Nach großen Mühen, so sagte er, wären die Seher zu dem Schluß gelangt, daß das Bewußtsein erwachsener Menschen, durch das Wachstum gereift, nicht mehr als Bewußtsein bezeichnet werden könne, weil daraus etwas Stärkeres und Komplexeres entstanden sei, das die Seher als Aufmerksamkeit bezeichneten.
»Wieso wissen sie, daß das menschliche Bewußtsein entwickelt wird und daß es wächst?« fragte ich.
Zu einem bestimmten Zeitpunkt in der Entwicklung des Menschen, so sagte er, beginne ein Streifen der Emanationen im Innern des Kokon zu leuchten. Je mehr Erfahrung der Mensch ansammle, desto stärker das Leuchten. Manchmal steigere sich die Glut auf diesem Band der Emanationen so gewaltig, daß sie auf die Emanationen außerhalb des Kokon überspringe. Die Seher, die diese Steigerung beobachteten, hätten den Schluß gezogen, daß Bewußtheit der Rohstoff und Aufmerksamkeit das Endprodukt dieses Vorgangs sei.

»Und wie beschreiben die Seher Aufmerksamkeit?«
»Aufmerksamkeit, sagen die Seher, ist die Nutzung und Mehrung des Bewußtseins durch den Vorgang des Lebendigseins«, antwortete er.
Bei solchen Definitionen, meinte er, bestünde stets die Gefahr, die Dinge übermäßig zu vereinfachen, um sie verständlich zu machen. Wollte man zum Beispiel Aufmerksamkeit definieren, so liefe man Gefahr, ein magisches, wunderbares Geschehen als etwas Alltägliches darzustellen. Aufmerksamkeit sei aber die höchste Vollendung des Menschen. Sie entwickele sich aus dem Rohstoff der kreatürlichen Bewußtheit, bis sie schließlich die ganze Skala menschlicher Alternativen einbegreife. Die Seher aber hätten sie noch weiter entwickelt, bis sie schließlich die ganze Skala der menschlichen Möglichkeiten umfaßte.
Ich wollte wissen, ob die Seher diesen Alternativen und Möglichkeiten eine besondere Bedeutung beilegten.
Die menschlichen Alternativen, erwiderte Don Juan, seien all das, wofür wir als Menschen uns entscheiden könnten. Sie beträfen den Bereich des Alltäglichen, des Bekannten; dadurch bedingt seien sie sehr begrenzt an Zahl und Umfang. Die menschlichen Möglichkeiten hingegen beträfen das Unbekannte. Sie seien nichts, wofür wir uns entscheiden könnten, wohl aber etwas, das wir erreichen könnten. Ein Beispiel für menschliche Alternativen, sagte er, sei unsere Entscheidung, den menschlichen Körper als nur ein Objekt unter anderen aufzufassen. Ein Beispiel für die menschlichen Möglichkeiten sei die Errungenschaft der Seher, den Menschen als eiförmiges leuchtendes Wesen zu *sehen*. Mit dem Körper als einem Objekt bewege man sich im Reich des Bekannten. Mit dem Körper als einem leuchtenden Ei bewege man sich im Reich des Unbekannten; die menschlichen Möglichkeiten hätten daher einen beinah unerschöpflichen Spielraum.
»Die Seher sagen, daß es drei Arten von Aufmerksamkeit gibt«, fuhr Don Juan fort. »Und wenn sie dies sagen, so gilt es nur für den Menschen, nicht alle Lebewesen überhaupt. Diese drei Arten sind nicht einfach drei Formen von Aufmerksamkeit, sondern es sind drei Stufen der Vollendung. Es sind die erste, die zweite und dritte Aufmerksamkeit, und jede ist ein eigenes Reich, unabhängig und in sich abgeschlossen.«

Die erste Aufmerksamkeit beim Menschen, so erklärte er, sei das kreatürliche Bewußtsein, und dieses entwickele sich – durch Erfahrung – zu einer komplizierten, sehr sensiblen Fähigkeit, sich mit der alltäglichen Welt in ihren unzähligen Aspekten zu befassen. Mit anderen Worten, alles, was man sich vorstellen könne, sei Bestandteil der ersten Aufmerksamkeit.

»Die erste Aufmerksamkeit ist all das, was wir als Durchschnittsmenschen sind«, fuhr er fort. »Dank dieser absoluten Herrschaft über unser Leben ist die erste Aufmerksamkeit der wertvollste Aktivposten, den wir haben. Vielleicht ist sie sogar unser einziger Aktivposten.

Die neuen Seher kannten den wahren Wert der ersten Aufmerksamkeit und unterzogen sie – durch ihr *Sehen* – einer genauen Prüfung. Deren Ergebnisse prägten ihre ganze Auffassung und auch die Auffassung aller ihrer Nachfahren, obwohl diese meist gar nicht verstehen, was jene Seher wirklich *sahen.*«

Er betonte, daß die Schlußfolgerungen, die die neuen Seher aus dieser genauen Prüfung zogen, sehr wenig mit Vernunft oder Rationalität zu tun hätten, denn um die erste Aufmerksamkeit prüfen und erklären zu können, müsse man sie *sehen.* Und dies könnten eben nur die Seher. Wichtig sei aber, zu untersuchen, was die Seher in der ersten Aufmerksamkeit *sähen.* Denn dies biete der ersten Aufmerksamkeit die einzige Gelegenheit, ihr eigenes Wirken zu erkennen.

»Im Sinne dessen, was die Seher *sehen*, ist die erste Aufmerksamkeit die zu ultra-hellem Leuchten entwickelte Glut der Bewußtheit«, fuhr er fort. »Aber es ist eine Glut, die sozusagen an der Oberfläche des Kokon fixiert ist. Es ist eine Glut, die das Bekannte umfaßt.

Die zweite Aufmerksamkeit dagegen ist ein besonderer, komplizierterer Zustand der Glut der Bewußtheit. Sie betrifft das Unbekannte. Sie stellt sich ein, wenn die sonst ungenutzten Emanationen im Kokon des Menschen eingesetzt werden.

Der Grund, weshalb ich die zweite Aufmerksamkeit als einen besonderen Zustand bezeichne, liegt darin, daß man, um diese ungenutzten Emanationen einzusetzen, auf ungewöhnliche und komplizierte Techniken angewiesen ist, die höchste Disziplin und Konzentration verlangen.«

Schon früher einmal, als er mich die Kunst des *Träumens* lehrte, hatte er mir gesagt, daß die Konzentration, deren man bedarf, um sich bewußt zu werden, daß man einen Traum hat, eine Vorform der zweiten Aufmerksamkeit sei. Diese Konzentration, sagte er, sei eine Form von Bewußtheit, die nichts mit jener Art Bewußtheit zu tun habe, wie wir es im alltäglichen Leben anwenden.

Die zweite Aufmerksamkeit, so sagte er, bezeichne man auch als die Bewußtheit der linken Seite; dies sei das weiteste Feld, das man sich nur denken könne – tatsächlich sei es schier grenzenlos.

»Nicht um alles in der Welt möchte ich mich dorthin verirren«, fuhr er fort. »Es ist ein bodenloser Sumpf, so verworren und phantastisch, daß ernsthafte Seher sich nur unter genau festgelegten Bedingungen dort hineinwagen.

Das größte Problem dabei ist, daß der Eintritt in die zweite Aufmerksamkeit ganz leicht, und ihre Verlockung beinah unwiderstehlich ist.«

Die alten Seher, sagte er, hätten – als wahre Meister der Bewußtheit – ihr Wissen auf ihre eigene Glut der Bewußtheit angewandt und diese ins Unermeßliche anwachsen lassen. Sie hätten das Ziel verfolgt, alle Emanationen ihres Kokon, ein Band um das andere, aufleuchten zu lassen. Dies sei ihnen auch gelungen, aber seltsamerweise habe ihr Erfolg, jeweils ein Band aufstrahlen zu lassen, sie im bodenlosen Sumpf der zweiten Aufmerksamkeit steckenbleiben lassen.

»Die neuen Seher korrigierten diesen Irrtum«, fuhr er fort, »und sie trieben die Beherrschung des Bewußtseins bis ins Extrem und ließen die Glut der Bewußtheit auf einen Schlag über die Grenzen des leuchtenden Kokon hinausgreifen.

Die dritte Aufmerksamkeit ist erreicht, wenn sich die Glut der Bewußtheit in das Feuer von innen verwandelt – eine Glut, die nicht nur jeweils ein Band entzündet, sondern gleichzeitig alle Emanationen des Adlers im Innern des menschlichen Kokon.«

Don Juan äußerte seinen Respekt vor dieser selbstbewußten Tat der neuen Seher – dem Eintritt in die dritte Aufmerksamkeit schon bei Lebzeiten und im Bewußtsein der eigenen Individualität.

Er fand es nicht der Mühe wert, über jene Fälle zu sprechen, da

Menschen oder andere Lebewesen zufällig, und ohne sich dessen bewußt zu sein, in das Unbekannte und in das Unerkennbare eintreten. Er bezeichnete dies als die Gabe des Adlers. Auch für die Seher, so betonte er, sei es ein Geschenk, in die dritte Aufmerksamkeit einzutreten, doch für sie habe dies eine andere Bedeutung. Es sei eher so etwas wie eine Belohnung für eine vollbrachte Leistung.

Im Augenblick des Sterbens, fügte er hinzu, würden alle Menschen in das Unerkennbare eintreten, und manche von ihnen sogar die dritte Aufmerksamkeit erreichen – doch immer nur kurze Momente, und nur, um sich als Nahrung für den Adler zu reinigen.

»Es ist die höchste Vollendung des Menschen«, sagte er, »diese Stufe der Aufmerksamkeit zu erreichen, während er noch die Kraft des Lebens hat, und ohne sich in ein körperloses Bewußtsein zu verwandeln, das wie ein Lichtflimmern zum Schnabel des Adlers aufschwebt, um verschlungen zu werden.«

Während ich Don Juans Erklärung lauschte, hatte ich wieder alles um mich her aus dem Blick verloren. Genaro war anscheinend aufgestanden und fortgegangen, jedenfalls war er nirgends zu sehen. Seltsamerweise stellte ich fest, daß ich nun selbst auf der Steinplatte kauerte, während Don Juan, der neben mir hockte, mich mit leichtem Druck auf die Schulter niederhielt. Ich streckte mich auf dem Stein aus und schloß die Augen. Von Westen her wehte eine sanfte Brise.

»Schlaf nicht ein«, sagte Don Juan. »Um keinen Preis darfst du auf diesem Felsen einschlafen.«

Ich richtete mich auf. Don Juan starrte mich an.

»Entspanne dich einfach«, sagte er. »Laß den inneren Dialog absterben.«

Unter Aufbietung all meiner Konzentration versuchte ich zu befolgen, was er gesagt hatte, als mich plötzlich schlotternde Angst befiel. Anfangs wußte ich nicht, was es war; ich glaubte, ich hätte schon wieder einen Anfall von Mißtrauen. Dann aber wurde mir blitzartig klar, daß bereits später Nachmittag war. Was mir wie eine Stunde des Gesprächs erschienen war, hatte den ganzen Tag lang gedauert.

Gepackt von diesem Widersinn, sprang ich auf, auch wenn ich mir

nicht vorstellen konnte, was mit mir passiert sei. Ich empfand ein sonderbares Gefühl, als hätte mein Körper das Bedürfnis, draufloszurennen. Don Juan sprang auf und hielt mich mit aller Macht zurück. Wir stürzten beide auf die weiche Erde hinunter, und dort hielt er mich mit eisernem Griff fest. Ich hatte nicht geahnt, daß Don Juan so kräftig sei.
Mein Körper zitterte heftig. Meine bebenden Arme schlugen in alle Richtungen aus. Ich hatte so etwas wie einen epileptischen Anfall. Und doch war etwas in mir so unbeteiligt, daß ich fasziniert beobachten konnte, wie mein Körper zitterte, sich verrenkte und verkrampfte.
Endlich ließen die Krämpfe nach. Don Juan gab mich frei. Er keuchte vor Anstrengung. Er schlug vor, wir sollten wieder auf den Felsen klettern und dort sitzenbleiben, bis ich wieder in Ordnung wäre.
Ich mußte ihn natürlich wieder mit meiner üblichen Frage bestürmen: Was war mit mir geschehen? Er antwortete, ich sei, während er zu mir sprach, über eine gewisse Grenze hinausgeschossen und sehr tief in die linke Seite hineingelangt. Er selbst und Genaro seien mir dorthin gefolgt. Und dann sei ich hinausgeschossen, genau so, wie ich hineingeschossen sei.
»Ich habe dich noch rechtzeitig aufgefangen«, sagte er. »Sonst wärst du ganz herausgefallen, bis in dein normales Selbst.«
Ich war ganz verwirrt. Wir drei, so erklärte er mir, hätten mit der Bewußtheit gespielt. Und ich sei anscheinend erschrocken und vor ihnen davongelaufen.
»Genaro ist der Meister der Bewußtheit«, fuhr Don Juan fort. »Silvio Manuel ist der Meister des Willens. Beide wurden sie erbarmungslos ins Unbekannte gestoßen. Mein Wohltäter verfuhr mit ihnen, wie sein Wohltäter mit ihm selbst verfahren war. Genaro und Silvio Manuel ähneln in mancher Hinsicht mehr den alten Sehern. Sie wissen, was sie tun können, aber ihnen liegt nichts daran, zu erfahren, wie sie es tun. Heute nutzte Genaro die Gelegenheit, deiner Glut der Bewußtheit einen Stoß zu versetzen, und wir alle landeten im schicksalhaften Reich des Unbekannten.«
Ich bat ihn zu sagen, was im Unbekannten geschehen sei.
»Daran wirst du dich selbst erinnern müssen«, sagte eine Stimme nah an meinem Ohr.

Ich war so überzeugt davon, daß es die Stimme des *Sehens* war, daß es mich gar nicht erschreckte. Ich gehorchte nicht einmal dem Impuls, mich umzudrehen.

»Ich bin die Stimme des *Sehens*, und ich sage dir, daß du ein Schlappschwanz bist«, sprach die Stimme wieder und kicherte.

Ich drehte mich um. Hinter mir saß Genaro. Ich war so überrascht, daß ich noch hysterischer lachte als die beiden.

»Es wird dunkel«, sagte Genaro zu mir. »Wie ich dir heute früh versprochen habe, werden wir hier eine Party feiern.«

Don Juan wandte ein, wir sollten Schluß machen für diesen Tag, denn ich sei ein Knallkopf von der Sorte, die manchmal vor Angst krepieren.

»Nein, er ist in Ordnung«, sagte Genaro und klopfte mir die Schulter.

»Frag ihn doch«, sagte Don Juan zu Genaro. »Er wird dir selbst sagen, daß er ein Knallkopf ist.«

»Bist du wirklich so'n Knallkopf?« fragte Genaro mich stirnrunzelnd.

Ich antwortete nicht. Die beiden kugelten sich vor Lachen. Genaro rollte auf die Erde hinunter.

»Er sitzt gefangen«, sagte Genaro zu Don Juan und deutete auf mich, nachdem Don Juan rasch hinuntergesprungen war, um ihm auf die Beine zu helfen. »Er wird niemals sagen, daß er ein Knallkopf ist. Dafür ist er zu eingebildet. Aber ihm schlottern die Hosen vor Angst, was passieren könnte, weil er nicht zugegeben hat, daß er ein Knallkopf ist.«

Ich sah die beiden an und dachte bei mir, daß nur Indianer mit solcher Ausgelassenheit lachen können. Aber ich war auch überzeugt, daß ein gewaltiges Stück Bosheit in ihnen steckte. Sie trieben ihren Spaß mit mir, dem Nicht-Indianer.

Don Juan erfaßte sofort meine Empfindung.

»Laß deinem Eigendünkel nicht die Zügel schießen«, sagte er. »Du bist in keiner Hinsicht etwas Besonderes. Das ist niemand, weder Indianer noch Nicht-Indianer. Der Nagual Julian und sein Wohltäter erreichten in Freuden ein hohes Alter, indem sie sich über uns totlachten.«

Genaro kletterte gewandt auf die Felsplatte zurück und setzte sich neben mich.

»Ich an deiner Stelle wäre so verlegen, daß ich weinen würde«, sagte er. »Weine, wein doch. Flenn dich aus, dann wirst du dich besser fühlen.«
Zu meiner Verwunderung fing ich leise an zu weinen. Dann wurde ich plötzlich so zornig, daß ich vor Wut aufschrie. Erst danach fühlte ich mich besser.
Don Juan tätschelte mir sanft den Rücken. Solche Wut, sagte er, sei meistens sehr klärend – ähnlich wie Furcht oder Humor. Es sei eben mein heftiger Charakter, daß ich nur auf Wut reagiere.
Solch ein plötzlicher Umschwung in der Glut der Bewußtheit, fügte er hinzu, mache uns schwach. Die beiden hätten versucht, mich zu stärken, mich zu stützen. Genaro sei es offenbar gelungen, indem er mich wütend machte.
Inzwischen war die Dämmerung angebrochen. Genaro deutete plötzlich auf ein Flimmern in der Luft. Im Zwielicht sah es aus wie ein großer Falter, der um den Platz gaukelte, wo wir saßen.
»Sei ganz behutsam, du, mit deinem exaltierten Wesen«, sagte Don Juan zu mir. »Sei nicht so eifrig. Laß dich von Genaro führen. Wende nicht den Blick von dieser Stelle.«
Der flimmernde Punkt war eindeutig ein Falter. Ich konnte ihn deutlich in allen Einzelheiten unterscheiden. Ich verfolgte seinen verschlungenen, matten Flug, bis ich jedes Staubkörnchen auf seinen Flügeln *sehen* konnte.
Irgend etwas riß mich aus meiner völligen Selbstvergessenheit. Ich spürte hinter mir das Flirren eines lautlosen Geräusches, falls so etwas möglich wäre. Ich drehte mich um und entdeckte eine ganze Schar von Leuten auf der jenseitigen Kante der Felsplatte – eine Kante, die etwas höher war als jene, auf der wir saßen. Ich nahm an, es mußten Leute aus der Gegend sein, die Argwohn gegen uns geschöpft hatten, weil wir uns den ganzen Tag dort herumgetrieben hatten, und nun auf den Felsen heraufkletterten, um sich auf uns zu stürzen. Ich erkannte ihre Absichten augenblicklich.
Don Juan und Genaro glitten von dem Felsen hinunter und befahlen mir, mich zu beeilen. Unverzüglich verließen wir den Ort und schauten auch nicht zurück, um uns zu vergewissern, ob die Männer uns folgten. Don Juan und Genaro weigerten sich zu sprechen, während wir zu Genaros Haus zurückkehrten. Don Juan brachte mich sogar mit wütendem Knurren zum Schweigen

und legte den Finger an die Lippen. Genaro kam nicht mit ins Haus, sondern ging weiter, während Don Juan mich hineinzerrte.

»Wer waren diese Leute, Don Juan?« fragte ich ihn, nachdem wir beide im Hause in Sicherheit waren und er die Laterne angezündet hatte.

»Es waren keine Leute«, antwortete er.

»Ach komm, Don Juan, mach mir nichts vor«, sagte ich. »Es waren Männer; ich habe sie mit eigenen Augen gesehen.«

»Natürlich hast du sie mit deinen eigenen Augen gesehen«, erwiderte er, »aber das besagt nichts. Deine Augen haben dich getäuscht. Das waren keine Leute, und sie sind dir gefolgt. Genaro mußte sie von dir fortlocken.«

»Was waren sie denn, wenn es keine Menschen waren?«

»Oh, das ist ja das Geheimnis«, sagte er. »Es ist ein Geheimnis der Bewußtheit, und wir können es nicht auf rationale Weise lüften, indem wir darüber reden. Das Geheimnis kann nur miterlebt werden.«

»Dann laß es mich erleben«, sagte ich.

»Aber das hast du doch, zweimal an diesem Tage«, sagte er. »Du erinnerst dich nicht. Du wirst dich aber erinnern, wenn du erneut die Emanationen entzündest, die glühten, als du das Geheimnis der Bewußtheit miterlebtest, von dem ich spreche. Inzwischen laß uns zu unserer Erklärung der Bewußtheit zurückkehren.«

Er faßte noch einmal zusammen, daß Bewußtheit mit einem anhaltenden Druck einsetze, den die Emanationen insgesamt auf die in dem Kokon eingeschlossenen ausübten. Dieser Druck bewirke den ersten Akt der Bewußtheit; er bringe die Bewegung der eingeschlossenen Emanationen zum Stillstand, die darum kämpften, den Kokon aufzubrechen – die darum kämpften, zu sterben.

»Ein Seher weiß um die Wahrheit, daß alle Lebewesen darum kämpfen, zu sterben«, fuhr er fort. »Was den Tod aufhält, ist die Bewußtheit.«

Die neuen Seher, so erzählte Don Juan, seien tief beunruhigt gewesen durch die Tatsache, daß die Bewußtheit den Tod verhindere und ihn dennoch herbeiführe, weil sie die Nahrung des Adlers sei. Und weil sie dies nicht erklären konnten – denn es sei unmöglich, unsere Existenz rational zu verstehen –, hätten die

Seher erkannt, daß ihr Wissen aus widersprüchlichen Lehrsätzen bestehe.
»Warum entwickelten sie solch ein System der Widersprüche?« fragte ich.
»Sie entwickelten überhaupt nichts«, sagte er. »Durch ihr *Sehen* fanden sie unbezweifelbare Wahrheiten. Diese Wahrheiten wurden zu einem System scheinbarer Widersprüche geordnet, das ist alles.
Zum Beispiel müssen die Seher methodisch denkende, rationale Menschen sein, wahre Vorbilder der Nüchternheit, und gleichzeitig müssen sie sich all dieser Eigenschaften enthalten, um völlig frei und offen für die Wunder und Mysterien des Lebens zu sein.«
Sein Beispiel verblüffte mich, aber nicht allzu sehr. Ich verstand, was er meinte. Er selbst hatte meine Rationalität gefördert, nur um sie zu zerschmettern und ihre völlige Preisgabe von mir zu verlangen. Ich sagte ihm, wie gut ich ihn in diesem Punkt verstünde.
»Nur ein Gefühl äußerster Nüchternheit kann die Widersprüche überbrücken«, sagte er.
»Würdest du sagen, Don Juan, daß die Kunst solch eine Brücke sein kann?«
»Nenne die Brücke zwischen den Widersprüchen wie immer du willst – Kunst, Zuneigung, Nüchternheit, Liebe oder sogar Freundlichkeit.«
Don Juan setzte seine Erklärung fort und sagte, die neuen Seher hätten, als sie die erste Aufmerksamkeit überprüften, erkannt, daß alle organischen Lebewesen, außer dem Menschen, bestrebt seien, ihre entflammten, eingeschlossenen Emanationen zu beruhigen, damit diese Emanationen sich ihren Gegenstücken draußen angleichen könnten. Der Mensch mache dies nicht; vielmehr erstelle seine erste Aufmerksamkeit ein Inventar der Emanationen des Adlers im Inneren seines Kokon.
»Was ist ein Inventar, Don Juan?« fragte ich.
»Der Mensch weiß um die Emanationen, die er in seinem Kokon trägt«, antwortete er. »Kein anderes Geschöpf tut dies. In dem Augenblick, da der Druck der allgemeinen Emanationen die Emanationen im Innern fixiert, beginnt die erste Aufmerksamkeit sich selbst zu beobachten. Sie bemerkt alles an sich, oder

versucht es wenigstens, wie sehr sie auch irren mag. Diesen Vorgang bezeichnen die Seher als Aufstellung eines Inventars.
Ich will damit nicht behaupten, daß der Mensch sich bewußt dafür entscheidet, ein Inventar aufzustellen, oder daß er sich weigern könnte, dies zu tun. Der Befehl des Adlers schreibt vor, das Inventar anzulegen. Was allerdings dem freien Willen unterliegt, ist die Art, wie dieser Befehl ausgeführt wird.«
Es gefalle ihm nicht besonders, meinte er, die Emanationen als Befehle zu bezeichnen, aber das seien sie nun einmal: Befehle, denen sich niemand widersetzen könne; selbst das Ausweichen vor dem Befehl sei noch ein Befolgen.
»Was das Inventar der ersten Aufmerksamkeit betrifft«, fuhr er fort, »so stellen die Seher es auf, weil sie nicht ungehorsam sein können. Aber sobald sie es aufgestellt haben, werfen sie es von sich. Der Adler befiehlt uns nicht, unser Inventar anzubeten; er befiehlt lediglich, es aufzustellen, mehr nicht.«
»Wie *sehen* die Seher, daß ein Mensch sein Inventar aufstellt?« fragte ich.
»Die Emanationen im Innern des menschlichen Kokon werden nicht mit der Absicht beruhigt, sie mit den Emanationen außerhalb in Übereinstimmung zu bringen«, erklärte er. »Dies weiß man, wenn man *gesehen* hat, was andere Geschöpfe tun. Nach der Beruhigung vereinigen sich manche sogar mit den allgemeinen Emanationen und folgen deren Bewegung. Die Seher können zum Beispiel *sehen,* wie sich das Licht der Emanationen eines Skarabäus zu großem Umfang ausdehnt. Die Menschen aber beruhigen ihre Emanationen und reflektieren dann über sie. Ihre Emanationen stellen sich auf sich selber ein.«
Die Menschen, sagte er, führten den Befehl, ein Inventar anzulegen, bis zum logischen Extrem aus und mißachteten alles andere. Sobald sie sich ganz in ihr Inventar vertieft hätten, könnten zwei Dinge geschehen: Sie könnten die Impulse der allgemeinen Emanationen ignorieren, oder sie könnten diese auf ganz besondere Weise nutzen.
Am Ende führe das Ignorieren dieser Impulse, nachdem das Inventar aufgestellt sei, zu einem einzigartigen Zustand, den wir als Vernunft bezeichnen. Werde jedoch jeder Impuls auf besondere Weise genutzt, so führe dies in einen Zustand, den wir als Selbstversunkenheit bezeichnen.

Die Vernunft des Menschen erscheine dem Seher als ungewöhnlich homogene, matte Glut, die selten, wenn überhaupt, auf den anhaltenden Druck der allgemeinen Emanationen reagiere – eine Glut, die die eiförmige Schale härter, aber auch brüchiger mache.
Don Juan merkte dazu an, daß die Vernunft bei der menschlichen Gattung großzügig sein sollte, was sie aber sehr selten sei. Die meisten Menschen neigten eher zur Versenkung in sich selbst.
Die Bewußtheit aller Lebewesen, versicherte er mir, sei mit einem gewissen Maß an Selbst-Reflexion verbunden, damit sie in Wechselbeziehungen treten könnten. Aber einzig die erste Aufmerksamkeit des Menschen weise ein solches Maß an Selbstversunkenheit auf. Im Gegensatz zu Vernunftmenschen, die die Impulse der allgemeinen Emanationen ignorierten, nutzten selbstversunkene Persönlichkeiten alle diese Impulse und verwandelten sie in eine Kraft, mit der sie die in ihrem Kokon eingeschlossenen Emanationen erregten.
Nachdem die Seher all dies beobachtet hätten, so sagte er, zogen sie daraus einen praktischen Schluß. Sie *sahen*, daß Vernunftmenschen meist ein längeres Leben beschieden sei, weil sie, indem sie die Impulse der Emanationen insgesamt ignorierten, die natürliche Erregung im Innern ihres Kokon beruhigten. Die selbstversunkenen Persönlichkeiten hingegen verkürzten ihr Leben, indem sie den Impuls der allgemeinen Emanationen nutzten, um die Erregung noch zu steigern.
»Was *sehen* die Seher, wenn sie selbstversunkene Menschen erblicken?« fragte ich.
»Sie *sehen* sie als unregelmäßige Ausbrüche weißen Lichts, gefolgt von Pausen der Dunkelheit«, sagte er.
Don Juan verstummte. Auch ich wußte keine Fragen mehr zu stellen, oder vielleicht war ich zu müde, um noch etwas zu fragen. Da ertönte ein lauter Knall, der mich hochschrecken ließ. Die Haustür flog auf, und Genaro stürzte atemlos herein. Er sank auf die Matte nieder. Er war tatsächlich schweißgebadet.
»Ich war gerade dabei, die erste Aufmerksamkeit zu erklären«, sagte Don Juan zu ihm.
»Die erste Aufmerksamkeit funktioniert nur im Reich des Bekannten«, sagte Genaro. »Im Unbekannten ist sie keine zwei rostige Peseten wert.«

»Das ist nicht ganz richtig«, entgegnete Don Juan. »Die erste Aufmerksamkeit funktioniert sehr gut im Unbekannten. Sie blokkiert es; sie leugnet es so heftig, daß es schließlich kein Unbekanntes mehr für die erste Aufmerksamkeit gibt.
Das Aufstellen eines Inventars macht uns unverletzlich. Das ist der Grund, warum das Inventar überhaupt eingeführt wurde.«
»Wovon sprecht ihr da?« fragte ich Don Juan.
Er antwortete nicht. Er schaute Genaro an, als warte er auf eine Frage.
»Aber falls ich die Tür öffne«, sagte Genaro, »könnte die erste Aufmerksamkeit es dann aufnehmen mit dem, was hereinkäme?«
»Deine und meine nicht, aber die seine wohl«, sagte Don Juan und deutete auf mich. »Versuchen wir es.«
»Obwohl er noch immer im Zustand gesteigerter Bewußtheit ist?« fragte Genaro Don Juan.
»Das macht keinen Unterschied«, antwortete Don Juan.
Genaro stand auf und ging zur Haustür und riß sie auf. Im gleichen Moment sprang er zurück. Herein fuhr ein kalter Windstoß. Don Juan stellte sich neben mich, Genaro ebenfalls. Beide sahen mich verwundert an.
Ich wollte die Haustür schließen. Die Kälte war mir unangenehm. Aber als ich einen Schritt zur Tür machte, sprangen Don Juan und Genaro vor und schirmten mich ab.
»Bemerkst du etwas im Zimmer?« fragte mich Genaro.
»Nein, nichts«, sagte ich, der Wahrheit entsprechend.
Außer dem kalten Wind, der durch die offene Tür hereinstrich, war nichts zu bemerken.
»Unheimliche Wesen sind hereingekommen, als ich die Tür öffnete«, sagte er. »Merkst du denn nichts?«
Da war irgend etwas in seiner Stimme, das mir verriet, daß er diesmal nicht Spaß machte.
Wir drei gingen, die beiden zu meinen Seiten, aus dem Haus. Don Juan nahm die Petroleumlampe, und Genaro verschloß die Haustür. Wir stiegen – durch die Beifahrertür – ins Auto. Sie schoben mich voran. Und dann fuhren wir nach Don Juans Haus in der benachbarten Stadt.

6. Anorganische Wesen

Am nächsten Tag bat ich Don Juan immer wieder, mir unseren überstürzten Aufbruch aus Genaros Haus zu erklären. Er weigerte sich, den Zwischenfall auch nur zu erwähnen. In Genaro fand ich auch keine Hilfe. Jedesmal, wenn ich ihn fragte, zwinkerte er mir zu und grinste wie ein Narr.

Am Nachmittag kam Don Juan in den hinteren Patio seines Hauses, wo ich mich mit seinen Lehrlingen unterhielt. Sofort verschwanden die jungen Lehrlinge alle – wie auf ein Stichwort.

Don Juan nahm mich am Arm, und wir begannen durch die Galerie zu spazieren. Er sagte nichts; eine Weile schlenderten wir einfach umher, ganz als wären wir auf dem Marktplatz.

Don Juan blieb stehen und wandte sich mir zu. Er umkreiste mich und betrachtete meinen Körper von oben bis unten. Ich wußte, er *sah* mich. Es befiel mich eine merkwürdige Müdigkeit, eine Schlaffheit, die ich nicht empfunden hatte, bevor seine Augen mich streiften. Unvermittelt fing er an zu sprechen.

»Der Grund, warum Genaro und ich nicht sprechen wollten über das, was gestern abend passierte«, sagte er, »war, daß du während der Zeit, als du im Unbekannten weiltest, sehr viel Angst hattest. Genaro hatte dich hineingestoßen, und dort begegneten dir gewisse Wesen.«

»Was für Wesen, Don Juan?«

»Wesen, die ich dir jetzt noch nicht erklären kann, falls dies überhaupt möglich ist«, sagte er. »Du hast nicht genug überschüssige Energie, um in das Unbekannte einzutreten und es zu verstehen. Als die neuen Seher das System der Wahrheiten über das Bewußtsein aufstellten, *sahen* sie, daß die erste Aufmerksamkeit alle Glut der Bewußtheit, die ein Mensch hat, verzehrt, ohne ein Fünkchen davon freizulassen. Genau dies ist jetzt dein Problem. Deshalb empfahlen die Seher, der Krieger solle, da er doch ins Unbekannte eingehen muß, seine Energie sparen. Woher aber soll er Energie bekommen, wenn ihm alle genommen wird? Er bekommt sie, so sagen die neuen Seher, durch das Austilgen unnötiger Gewohnheiten.«

Er machte eine Pause und ermunterte mich, Fragen zu stellen. Ich fragte, welche Wirkung das Austilgen unnötiger Gewohnheiten auf die Glut der Bewußtheit hätte?

Er antwortete, es löse das Bewußtsein von der Selbst-Reflexion ab und gewähre ihm die Freiheit, sich auf etwas anderes einzustellen.

»Das Unbekannte ist immer gegenwärtig«, fuhr er fort, »aber es liegt außerhalb der Möglichkeiten unseres normalen Bewußtseins. Das Unbekannte ist der überflüssige Teil des Durchschnittsmenschen. Und überflüssig ist es, weil der Durchschnittsmensch nicht genügend freie Energie hat, um es zu erfassen.

Nach all den Jahren, die du auf dem Pfad der Krieger wandelst, hast du genügend freie Energie, um das Unbekannte zu erfassen, aber nicht genug Energie, um es zu verstehen – oder dich auch nur daran zu erinnern.«

Er erklärte mir, daß ich dort, auf jener flachen Felsplatte, sehr tief in das Unbekannte eingedrungen sei. Aber ich hätte mich in meiner Exaltiertheit gehenlassen und Angst bekommen, was so ziemlich das Schlimmste sei, was einem passieren könne. Darum sei ich aus der linken Seite hinausgeschossen, wie eine Fledermaus aus der Hölle – und hätte dabei leider eine Legion unheimlicher Wesen nachgezogen.

Ich hielt Don Juan entgegen, daß er sich nicht deutlich ausdrücke, und er solle endlich herausrücken und mir genau sagen, was er mit dieser Legion unheimlicher Wesen meine.

Er nahm mich am Arm, und wir schlenderten weiter.

»Im Zusammenhang unserer Erklärung des Bewußtseins«, sagte er, »werde ich dir das alles, oder beinah alles, sagen. Laß uns fürs erste noch eine Weile über die alten Seher sprechen. Genaro ist ihnen sehr ähnlich, wie ich dir sagte.«

Dann führte er mich in das große Zimmer. Dort setzten wir uns, und er begann mit seiner Erklärung.

»Die neuen Seher waren einfach entsetzt über das Wissen, das die alten Seher im Lauf der Zeit angesammelt hatten«, sagte Don Juan. »Das ist verständlich. Die neuen Seher wußten, daß dieses Wissen nur zur Vernichtung führen konnte. Aber sie waren auch fasziniert – besonders von den praktischen Techniken.«

»Wieso wußten die neuen Seher von diesen Praktiken?«
»Sie sind das Vermächtnis der alten Tolteken«, sagte er. »Die neuen Seher erlernen sie im Lauf ihres Lebens. Sie wenden sie kaum an, aber diese Praktiken sind ein Teil ihres Wissens.«
»Was sind das für Praktiken, Don Juan?«
»Es sind sehr unklare Formeln, Beschwörungen, langwierige Techniken, bei denen es um die Nutzung einer ganz geheimnisvollen Kraft geht. Zumindest galt sie den alten Tolteken als geheimnisvoll, denn sie verschleierten sie und stellten sie noch schrecklicher dar, als sie wirklich ist.«
»Was ist diese geheimnisvolle Kraft?« fragte ich.
»Es ist eine Kraft, die in allem, was existiert, gegenwärtig ist«, sagte er. »Die alten Seher machten nie den Versuch, das Geheimnis dieser Kraft zu enträtseln; vielmehr nahmen sie es zum Anlaß, ihre geheimen Praktiken zu ersinnen. Sie sahen diese Kraft als etwas Heiliges an. Doch die neuen Seher überprüften sie genauer, und sie nannten sie den *Willen*, den *Willen* der Emanationen des Adlers, oder die *Absicht.*«
Nun erzählte Don Juan, daß die alten Tolteken ihr Geheimwissen in fünf jeweils paarweise Kategorien unterteilt hatten: die Erde und die dunklen Regionen, Feuer und Wasser, das Obere und das Untere, das Laute und das Leise, das sich Bewegende und das Ruhende. Er spekulierte, es müsse einst Tausende verschiedener Techniken gegeben haben, die im Lauf der Zeit immer komplizierter wurden.
»Das Geheimwissen von der Erde«, fuhr er fort, »bezog sich auf alles, was sich am Boden befindet. Es gab besondere Klassen von Bewegungen, Wörtern, Heilsalben, Tränken, die den Menschen, den Tieren, den Insekten, Bäumen, kleinen Pflanzen, Steinen und dem Ackerboden zugeordnet wurden.
Dies waren die Techniken, die den alten Sehern ihren Ruf des Schrecklichen eintrugen. Und sie nutzten ihr Geheimwissen von der Erde, um zu hegen oder zu vernichten, was sich auf dem Boden findet.
Das Gegenstück zur Erde war das, was sie als die dunklen Regionen bezeichneten. Diese Praktiken waren bei weitem die gefährlichsten. Sie bezogen sich auf Wesen ohne organisches Leben. Lebendige Kreaturen, die auf der Erde hausen und sie zusammen mit allen organischen Lebewesen bevölkern.

Eine der wertvollsten Entdeckungen der alten Seher, zumindest für sie selbst, war zweifellos die Erkenntnis, daß das organische Leben nicht die einzige Form von Leben ist, die es auf dieser Erde gibt.«
Ich begriff nicht recht, was er damit meinte. Ich erwartete, daß er seine Aussage verdeutliche.
»Die organischen Lebewesen sind nicht die einzigen Geschöpfe, die Leben haben«, sagte er und hielt abermals inne, um mir Zeit zu lassen, seine Worte zu überdenken.
Ich konterte mit einem langen Vortrag über die Definition von Leben und Lebendigsein. Ich redete von Fortpflanzung, Stoffwechsel und Wachstum, biologischen Prozessen, die den lebendigen Organismus von unbelebten Dingen unterscheiden.
»Du führst das Organische an«, sagte er. »Aber es ist nur ein Einzelfall. Du solltest bei dem, was du sagen willst, nicht nur eine einzige Kategorie anführen.«
»Aber wie könnte es anders sein?«
»Lebendig zu sein, heißt für die Seher, Bewußtsein zu haben«, antwortete er. »Für den Durchschnittsmenschen heißt Bewußtsein zu haben, ein Organismus zu sein. Dies ist der Punkt, in dem die Seher sich von anderen unterscheiden. Bewußtsein zu haben bedeutet für sie, daß die Emanationen, die Bewußtheit bedingen, in einem Behältnis eingeschlossen sind.
Organische Lebewesen haben einen Kokon, der die Emanationen einschließt. Aber es gibt auch andere Geschöpfe, deren Behältnis für den Seher nicht wie ein Kokon aussieht. Und doch tragen sie die Emanationen der Bewußtheit in sich und haben andere Charakteristika des Lebens als Fortpflanzung und Stoffwechsel.«
»Welche zum Beispiel, Don Juan?«
»Zum Beispiel emotionale Abhängigkeit, Traurigkeit, Freude, Zorn und so weiter. Das Beste habe ich dabei vergessen: Liebe. Eine Art Liebe, die der Mensch nicht einmal erahnen kann.«
»Ist das dein Ernst, Don Juan?« fragte ich besorgt.
»Mein unbelebter Ernst«, antwortete er mit ausdruckslosem Gesicht – und brach in schallendes Lachen aus.
»Richten wir uns nach dem, was die Seher *sehen*«, fuhr er fort, »so ist das Leben etwas ganz Ungeheuerliches.«
»Falls diese Wesen Leben haben, wieso geben sie sich dem Menschen nicht zu erkennen?« fragte ich.

»Das tun sie doch, dauernd. Und nicht nur den Sehern, sondern auch den Durchschnittsmenschen. Die Schwierigkeit liegt nur darin, daß alle Energie, über die wir verfügen, durch die erste Aufmerksamkeit verzehrt wird. Nicht nur verbraucht das Inventar des Menschen alle Energie, es härtet auch den Kokon, so daß er unelastisch wird. Unter solchen Bedingungen ist eine Verständigung zwischen uns und den Wesen kaum möglich.«

Er erinnerte mich an die unzähligen Male, da ich, im Verlauf meiner Lehrzeit bei ihm, solche anorganischen Wesen aus unmittelbarer Anschauung kennengelernt hätte. Darauf entgegnete ich, daß ich doch beinah jedes dieser Vorkommnisse hinwegerklärt hätte. Einmal hatte ich sogar die Hypothese aufgestellt, daß seine Lehren, unter Verwendung halluzinogener Pflanzen, beim Lehrling die Zustimmung zu einer primitiven Interpretation der Welt erzwingen wollten. Nun erklärte ich ihm, ich hätte damals nicht wörtlich von einer primitiven Interpretation gesprochen, sondern den Sachverhalt in anthropologischer Terminologie als eine »für Jäger- und Sammlergesellschaften angemessene Weltanschauung« bezeichnet.

Don Juan lachte, bis er nach Atem ringen mußte.

»Ich weiß nicht, wann es schlimmer ist mit dir – in deinem normalen Bewußtseinszustand oder in gesteigerter Bewußtheit«, sagte er. »Im normalen Zustand bist du nicht mißtrauisch, aber langweilig vernünftig. Du gefällst mir am besten, finde ich, wenn du weit in die linke Seite eingetaucht bist, trotz der Tatsache, daß du dann fürchterlich ängstlich bist, wie zum Beispiel gestern.«

Bevor ich Zeit fand, etwas zu erwidern, stellte er fest, er werde nun das, was die alten Seher taten, gleichsam kontrapunktisch mit den Errungenschaften der neuen Seher vergleichen, um mir dadurch eine umfassendere Vorstellung von den Schwierigkeiten zu vermitteln, die mir bevorstünden.

Dann fuhr er fort, mir die Praktiken der alten Seher zu erläutern. Eine weitere ihrer wichtigen Entdeckungen bezog sich, wie er sagte, auf die nächste Kategorie geheimen Wissens: Feuer und Wasser. Sie hätten nämlich entdeckt, daß Flammen eine ganz besondere Eigenschaft haben; sie könnten den Menschen körperlich transportieren, ähnlich wie das Wasser.

Don Juan bezeichnete dies als hervorragende Entdeckung. Ich

wandte ein, es gebe doch Grundgesetze der Physik, nach denen so etwas unmöglich und ausgeschlossen sei. Er forderte mich auf, mit meinen Schlußfolgerungen zu warten, bis er mir alles erklärt haben würde. Er meinte, ich solle meine übermäßige Rationalität im Zaum halten, weil sie dauernd meine Zustände gesteigerter Bewußtheit beeinträchtige. Statt auf äußere Einflüsse zu reagieren, sei ich meinen inneren Impulsen hilflos ausgeliefert.

Und weiter erklärte er, daß die alten Tolteken, auch wenn sie offenkundig *sahen*, nicht verstanden, was sie da *sahen*. Sie nutzten einfach ihre Entdeckungen und machten sich nicht die Mühe, sie zu einem größeren Bild zusammenzufügen. Was ihre Kategorie Feuer und Wasser betraf, so unterteilten sie das Feuer in Hitze und Flamme, und das Wasser in Nässe und Flüssigkeit. Nun setzten sie Hitze und Nässe miteinander in Beziehung und nannten sie die geringeren Eigenschaften. Flamme und Flüssigkeit galten ihnen als höhere, magische Eigenschaften, und sie nutzten sie als Mittel der körperlichen Fortbewegung im Reich des nicht-organischen Lebens. Zwischen dem Wissen um diese Art von Leben und ihren Feuer-und-Wasser-Techniken gerieten die alten Seher in einen trügerischen Sumpf ohne Ausweg.

Die neuen Seher, so versicherte mir Don Juan, waren ebenfalls überzeugt, daß die Entdeckung der nicht-organischen Lebewesen ein ganz außerordentlicher Sachverhalt sei, aber nicht so, wie die alten Seher dies verstanden. Die Entdeckung, daß sie selbst in Wechselbeziehung zu anderen Lebensformen standen, gab den alten Sehern ein falsches Gefühl der Unverletzbarkeit, das ihren Untergang beschleunigte.

Ich bat ihn, mir die Feuer-und-Wasser-Techniken ausführlicher zu erklären. Er meinte dazu, das Wissen der alten Seher sei so kompliziert wie nutzlos gewesen, und er wolle es mir nur flüchtig skizzieren.

Dann faßte er die Techniken des Oben und Unten zusammen. Das Obere bezog sich auf ein Geheimwissen über Wind, Regen, Wetterleuchten, Wolken, Donner, das Tageslicht und die Sonne. Das Wissen vom Unteren bezog sich auf Nebel, Wasser, unterirdische Quellen, Sümpfe, Blitzstrahlen, Erdbeben, die Nacht, Mondlicht und den Mond.

Das Laute und das Leise waren Kategorien eines Geheimwissens, das sich auf die Manupulation von Geräusch und Stille bezog. Das sich Bewegende und das Ruhende waren Praktiken im Zusammenhang mit rätselhaften Aspekten von Bewegung und Bewegungslosigkeit.

Ich bat ihn, mir ein Beispiel für diese Techniken zu geben, die er mir skizziert hatte. Er antwortete, er habe mir im Lauf der Jahre schon Dutzende solcher Demonstrationen gegeben. Ich aber konnte nur wiederholen, daß ich alles, was er mit mir machte, rational hinwegerklärt hätte.

Er antwortete nicht. Entweder schien er verärgert über mich, weil ich dauernd Fragen stellte, oder er suchte ernstlich nach einem guten Beispiel. Nach einiger Zeit lächelte er und sagte, nun sei ihm das richtige Beispiel eingefallen.

»Die Technik, die ich meine, muß im seichten Wasser eines Baches praktiziert werden«, sagte er. »Es gibt einen, gleich in der Nähe von Genaros Haus.«

»Was muß ich tun?«

»Du mußt einen Spiegel von mittlerer Größe besorgen.«

Diese Forderung überraschte mich. Ich warf ein, die alten Tolteken hätten doch gewiß keine Spiegel gekannt.

»Nein, das nicht«, gab er lächelnd zu. »Das ist die Zutat meines Wohltäters zu dieser Technik. Die alten Seher brauchten nichts anderes als eine spiegelnde Fläche.«

Die Technik bestand, wie er erklärte, im Eintauchen einer glänzenden Fläche in das seichte Wasser eines Baches. Als Fläche eigne sich jeder flache Gegenstand, der einigermaßen Bilder widerspiegeln könne.

»Ich möchte, daß du einen festen Rahmen aus Blech zusammenfügst, für einen Spiegel von mittlerer Größe«, sagte er. »Er muß wasserdicht sein, darum mußt du ihn mit Pech versiegeln. Du mußt ihn selbst machen, mit deinen eigenen Händen. Wenn du ihn fertig hast, bring ihn her, und wir fangen an.«

»Was wird passieren, Don Juan?«

»Sei nicht so ängstlich. Du selbst hast mich gebeten, dir ein Beispiel für die Praktiken der alten Tolteken zu zeigen. Auch ich habe damals meinen Wohltäter gebeten. Ich glaube, jeder stellt irgendwann diese Bitte. Mein Wohltäter sagte, auch er habe darum gebeten. Sein Wohltäter, der Nagual Elias, zeigte ihm ein solches Beispiel; mein Wohltäter zeigte mir das gleiche Beispiel, und jetzt werde ich es dir zeigen.

Damals, als mein Wohltäter mir dieses Beispiel zeigte, wußte ich nicht, wie er es machte. Jetzt weiß ich es. Eines Tages wirst auch du wissen, wie die Technik funktioniert; du wirst verstehen, was hinter alledem steckt.«
Ich glaubte, Don Juan verlange von mir, nach Los Angeles zurückzufahren und dort den Rahmen für einen Spiegel zu bauen. Ich wandte ein, es werde mir unmöglich sein, mich an diese Aufgabe zu erinnern, wenn ich nicht mehr im Zustand gesteigerter Bewußtheit sei.
»Zwei Dinge an deinem Einwand müssen zurechtgerückt werden«, sagte er. »Zum einen ist es dir ganz unmöglich, in gesteigerter Bewußtheit zu bleiben, denn du könntest gar nicht funktionieren, würden nicht ich oder Genaro oder einer der Krieger aus dem Nagualszug dich jede Minute des Tages umsorgen, wie ich es jetzt tue. Zum anderen liegt Mexiko doch nicht auf dem Mond. Auch hier gibt es Eisenwarenläden. Wir können nach Oaxaca fahren und alles einkaufen, was du brauchst.«

Am nächsten Tag fuhren wir in die Stadt, und ich kaufte alle nötigen Teile für den Rahmen. Für ein kleines Handgeld durfte ich ihn selbst in einer Mechanikerwerkstatt zusammenbauen. Don Juan befahl mir, den fertigen Rahmen in den Kofferraum meines Wagens zu legen. Er würdigte ihn keines Blickes.
Am Spätnachmittag machten wir uns auf den Weg nach Genaros Haus, wo wir früh am anderen Morgen eintrafen. Ich suchte Genaro. Er war nicht da. Das Haus schien verlassen.
»Warum behält Genaro dieses Haus?« fragte ich Don Juan. »Er wohnt doch bei dir, nicht wahr?«
Don Juan antwortete nicht. Er warf mir einen sonderbaren Blick zu und ging, um die Petroleumlampe anzuzünden. Ich blieb in der völligen Dunkelheit des Zimmers zurück. Ich spürte eine starke Müdigkeit, die ich zurückführte auf die lange, kurvenreiche Fahrt durch die Berge. Ich wollte mich hinlegen. In der Dunkelheit konnte ich nicht sehen, wohin Genaro die Matten gelegt hatte. Aber ich stolperte direkt über einen Stapel. Dann wußte ich, warum Genaro dieses Haus unterhielt; er sorgte für die männlichen Lehrlinge Pablito, Nestor und Benigno, die dort wohnten, wenn sie sich in ihrem normalen Bewußtseinszustand befanden.

Plötzlich war ich ganz heiterer Laune; ich war auch nicht mehr müde. Don Juan kam mit der Laterne herein. Ich erzählte ihm von meiner Erkenntnis, doch er meinte, sie sei nicht so wichtig, und ohnehin würde ich mich nicht lange daran erinnern.

Er bat mich, ihm den Spiegel zu zeigen. Er schien erfreut und bemerkte, wie leicht und doch stabil er sei. Er stellte fest, daß ich Metallschrauben benutzt hatte, um einen Aluminiumrahmen mit einem Stück Blech zu verbinden, das ich als Rückwand für einen Spiegel von achtzehn mal vierzehn Zoll Breite genommen hatte.

»Ich machte damals einen hölzernen Rahmen für meinen Spiegel«, sagte er. »Dieser hier sieht viel besser aus als meiner. Mein Rahmen war zu schwer, und dabei doch zerbrechlich.

Ich will dir nun erklären, was wir tun werden«, fuhr er fort, nachdem er mit der Begutachtung meines Spiegels fertig war. »Oder, was wir zu tun versuchen werden, sollte ich vielleicht sagen. Wir beide werden diesen Spiegel auf die Wasserfläche des Bachs hinter dem Haus halten. Der Bach ist breit genug und auch seicht genug für unsere Absichten.

Der Zweck der Sache ist, daß wir die Flüssigkeit des Wassers einen Druck auf uns ausüben lassen werden, um uns hinwegtragen zu lassen.«

Bevor ich noch etwas sagen oder Fragen stellen konnte, erinnerte er mich daran, daß ich schon früher einmal das Wasser eines ähnlichen Bachs benutzt und dabei außerordentliche Wahrnehmungsleistungen vollbracht hätte. Er spielte an auf die Nachwirkungen der Einnahme halluzinogener Pflanzen, die ich mehrmals erlebt hatte, während ich im Bewässerungsgraben hinter seinem Haus in Nordmexiko untergetaucht lag.

»Spare dir deine Fragen auf, bis ich dir erklärt habe, was die Seher über das Bewußtsein herausfanden«, sagte er. »Dann wirst du alles, was wir tun, in einem anderen Licht sehen. Zuerst aber laß uns anfangen mit unserem Vorhaben.«

Wir gingen zu dem nahegelegenen Bach, und er wählte eine Stelle mit flachen, herausragenden Steinen. Das Wasser dort, sagte er, sei flach genug für unseren Zweck.

»Was glaubst du, wird geschehen?« fragte ich in einer Anwandlung von quälender Besorgnis.

»Ich weiß nicht. Ich weiß nur, was wir versuchen werden. Wir

werden den Spiegel sehr behutsam, aber sehr fest in die Hände nehmen. Wir werden ihn sachte auf die Wasseroberfläche senken und ihn dann eintauchen. Dann werden wir ihn über den Grund halten. Ich habe es schon ausprobiert. Es gibt hier genügend Schlamm, so daß wir unsere Finger unter den Spiegel schieben und ihn festhalten können.«
Er befahl mir, mich auf einem flachen Stein in der Mitte des sanften Wasserlaufs hinzuhocken, und hieß mich den Spiegel mit beiden Händen fassen, direkt an den Ecken der einen Seite. Er hockte sich mir gegenüber und faßte den Spiegel auf dieselbe Weise, wie ich es tat. Wir senkten den Spiegel hinab und hielten ihn dann, die Arme beinah bis zu den Ellbogen eintauchend, ins Wasser.
Er befahl mir, mich von allen Gedanken freizumachen und die Fläche des Spiegels anzustarren. Der Trick dabei wäre, so wiederholte er immer wieder, überhaupt nichts zu denken. Ich blickte aufmerksam in den Spiegel. Die sachte Strömung verzerrte ganz leicht das Spiegelbild von Don Juans und meinem Gesicht – oder umgekehrt, die Spiegelung von Don Juans Gesicht und meinem wurde in der sachten Strömung leicht verzerrt. Nachdem ich einige Minuten unverwandt in den Spiegel gestarrt hatte, schien es mir, als würde das Spiegelbild seines und meines Gesichts allmählich viel klarer. Und die Fläche des Spiegels wurde größer, bis sie beinah einen halben Quadratmeter maß. Die Strömung schien stillzustehen, und der Spiegel wirkte klar, als befände er sich über dem Wasser. Noch merkwürdiger war die Schärfe unserer Spiegelbilder. Es war, als sei mein Gesicht vergrößert, nicht nur im Format, sondern auch in der Tiefenschärfe. Ich konnte sogar die Poren in der Haut über meiner Stirn erkennen.
Don Juan flüsterte mir leise zu, ich solle nicht in seine oder meine Augen starren, sondern meinen Blick umherwandern lassen, ohne ihn auf einen bestimmten Teil unserer Spiegelbilder zu richten.
»Blicke starr, aber ohne zu starren!« befahl er mir immer wieder in eindringlichem Flüsterton.
Ich tat, wie er mich geheißen, ohne daß ich aufhören konnte, über diesen scheinbaren Widerspruch nachzugrübeln. Im gleichen Moment wurde etwas von mir in diesem Spiegel eingefangen, und der Widerspruch machte auf einmal Sinn. »Es ist möglich, starr zu

blicken, ohne zu starren«, dachte ich, und im selben Moment, als dieser Gedanke sich formulierte, tauchte ein weiterer Kopf neben Don Juans und meinem auf. Er befand sich an der unteren Seite des Spiegels, zu meiner Linken.
Ich zitterte am ganzen Körper. Don Juan flüsterte mir zu, ich solle Ruhe bewahren und keine Furcht oder Überraschung zeigen. Wieder befahl er mir, hinzublicken, ohne den Neuankömmling anzustarren. Es kostete mich eine unvorstellbare Anstrengung, nicht einen Aufschrei zu tun und den Spiegel loszulassen. Mein Körper zitterte vom Kopf bis zu den Zehen. Wieder befahl Don Juan mir flüsternd, mich zusammenzureißen. Immer wieder stieß er mich mit der Schulter an.
Allmählich bekam ich meine Furcht unter Kontrolle. Ich blickte auf den dritten Kopf und erkannte allmählich, daß es kein menschlicher Kopf und auch kein Tierkopf war. Tatsächlich war es überhaupt kein Kopf. Es war eine Gestalt, die keine innere Bewegung aufwies. Als mir dieser Gedanke in den Sinn kam, erkannte ich augenblicklich, daß ich dies nicht selbst gedacht hatte. Auch kam mir diese Erkenntnis nicht als Gedanke. Ich empfand einen Augenblick ungeheure Angst, und dann wurde mir etwas Unbegreifliches einsichtig. Die Gedanken waren eine Stimme in meinem Ohr!
»Ich *sehe*«, schrie ich auf englisch, aber kein Ton wurde laut. »Ja, du *siehst*«, sagte die Stimme in meinem Ohr auf spanisch.
Ich spürte, ich war von einer Macht umschlossen, größer als ich selbst. Ich hatte keine Schmerzen, nicht einmal Angst. Ich empfand nichts. Ich wußte jenseits allen Zweifels, denn die Stimme sagte es mir, daß ich durch keinerlei Willens- oder Kraftanstrengung aus dem Griff dieser Macht ausbrechen konnte. Ich wußte, ich starb. Ganz automatisch hob ich die Augen, um Don Juan anzusehen, und in dem Moment, als unsere Blicke sich trafen, ließ die Kraft von mir ab. Ich war frei. Don Juan lächelte mir zu, als wisse er genau, was ich durchgemacht hatte.
Dann erkannte ich, daß ich aufrecht stand. Don Juan hielt den Spiegel schräg und ließ das Wasser abtropfen.
Schweigend gingen wir zum Haus zurück.

»Die alten Tolteken waren einfach fasziniert von ihren Entdekkungen«, sagte Don Juan.

»Ich kann verstehen, warum«, sagte ich.
»Ich auch«, entgegnete Don Juan.
Die Macht, die mich eingehüllt hatte, war so stark gewesen, daß sie mich noch Stunden später unfähig machte, etwas zu sagen oder auch nur zu denken. Sie hatte mich, bei völligem Fehlen eigenen Willens, erfrieren lassen. Und nur langsam und schrittweise taute ich auf.
»Ohne absichtliches Eingreifen unsererseits«, fuhr Don Juan fort, »hat sich diese alte toltekische Technik für dich in zwei Teile gespalten. Der erste genügte schon, dich vertraut zu machen mit dem, was da stattfindet. Mit dem zweiten werden wir zu erreichen versuchen, was die alten Seher anstrebten.«
»Was hat stattgefunden dort draußen, Don Juan?« fragte ich.
»Dazu gibt es zwei Auffassungen. Zuerst will ich dir die Auffassung der alten Seher erklären. Sie glaubten, daß die reflektierende Fläche eines unter Wasser getauchten glänzenden Gegenstandes die Kraft des Wassers vermehre. Dabei taten sie nichts anderes, als ins Wasser zu starren, und die reflektierende Oberfläche diente ihnen als Hilfsmittel, um den Vorgang zu beschleunigen. Sie glaubten, unsere Augen wären der Schlüssel zum Eintritt in das Unbekannte; indem sie ins Wasser starrten, ließen sie ihre Augen den Weg eröffnen.«
Die alten Seher hätten nämlich beobachtet, so sagte Don Juan, daß die Nässe des Wassers lediglich befeuchte oder naß mache, während die Flüssigkeit des Wassers sich bewege. Sie sei unterwegs, so meinten sie, auf der Suche nach anderen Ebenen in der Tiefe dort unten. Sie glaubten, das Wasser sei uns nicht nur zur Erhaltung des Lebens geschenkt worden, sondern auch als Bindeglied, als Pfad zu den anderen Ebenen in der Tiefe.
»Gibt es viele Ebenen in der Tiefe?« fragte ich.
»Die alten Seher zählten sieben Ebenen«, antwortete er.
»Und du, kennst du sie selbst, Don Juan?«
»Ich bin ein Seher des neuen Zyklus, und folglich habe ich eine andere Auffassung«, sagte er. »Ich zeige dir nur, was die alten Seher taten, und ich erzähle dir, was sie dachten.«
Er beteuerte, daß die Praktiken der alten Seher, nur weil er selbst eine andere Auffassung habe, mitnichten untauglich wären. Ihre Deutungen seien falsch gewesen, aber ihre Wahrheiten hätten für sie praktischen Wert gehabt. Hinsichtlich ihrer Wasserpraktiken,

sagte Don Juan, waren sie davon überzeugt, daß es dem Menschen möglich sei, sich körperlich von der Flüssigkeit des Wassers transportieren zu lassen – an jeden Ort zwischen dieser unserer Ebene und den anderen sieben Ebenen in der Tiefe; oder sich in dieser, unserer Ebene überallhin versetzen zu lassen, und zwar dem Lauf der Gewässer folgend, in beiden Richtungen. Also benutzten sie Wasserläufe, um sich in unsere Ebene transportieren zu lassen, und sie benutzten das Wasser tiefer Seen und Tümpel, um sich in die Tiefe transportieren zu lassen.

»Mit dieser Technik, die ich dir zeigen werde, wollten sie zweierlei erreichen«, fuhr er fort. »Einerseits benützten sie die Flüssigkeit des Wassers, um sich auf die erste Ebene in der Tiefe transportieren zu lassen. Andererseits nutzten sie diese für eine direkte Begegnung mit einem Lebewesen aus dieser ersten Ebene. Die kopfähnliche Figur im Spiegel war eines jener Geschöpfe, das heraufkam, um nach uns zu sehen.«

»Sie existieren also wirklich!« rief ich aus.

»Aber gewiß«, antwortete er.

Die alten Seher, sagte er, hätten zwar Schaden gelitten durch ihr irrtümliches Festhalten an ihren Techniken, aber was sie dabei gefunden hätten, sei sehr wertvoll. So hätten sie etwa herausgefunden, daß der sicherste Weg, einem dieser Geschöpfe zu begegnen, über einen Wasserlauf oder eine Wasserfläche führt. Die Größe dieses Gewässers sei unerheblich. Ein Meer könne den gleichen Zweck erfüllen wie ein Tümpel. Er, Don Juan, habe sich für einen seichten Bach entschieden, weil er sich nicht gerne naß mache. Dieselben Ergebnisse hätten wir auch in einem See oder in einem großen Fluß erreichen können.

»Das andere Leben kommt, wenn der Mensch es ruft, um herauszufinden, was los ist«, fuhr er fort. »Diese toltekische Technik wirkt wie ein Klopfen an ihrer Tür. Die glänzende Fläche am Grund des Wassers dient, wie die alten Seher sagten, als Köder und als Fenster. Also begegnen sich Menschen und solche Geschöpfe an einem Fenster.«

»Ist es das, was mir dort passierte?« fragte ich.

»Die alten Seher würden sagen, du bist von der Kraft des Wassers angezogen worden – und von der Kraft der ersten Ebene, plus dem magnetischen Einfluß dieses Geschöpfes am Fenster.«

»Aber ich hörte eine Stimme, die sagte, daß ich sterbe.«

»Die Stimme hatte recht. Du warst im Sterben, und du wärst gestorben, falls ich nicht dagewesen wäre. Dies ist die Gefahr, wenn man die Techniken der Tolteken praktiziert. Sie sind ungeheuer wirksam, aber meistens sind sie tödlich.«
Beschämt gestand ich ihm, daß ich erschüttert sei. Diese Gestalt im Spiegel zu sehen und die Empfindung einer Macht, die mich von überall einhüllte, das sei einfach zuviel für mich gewesen an diesem Tag.
»Ich will dich nicht beunruhigen«, sagte er, »aber bis jetzt ist ja noch nichts passiert. Falls wir das, was mir einst passierte, als Anhaltspunkt nehmen können für das, was dir passieren wird, solltest du dich auf den Schock deines Lebens gefaßt machen. Besser, du schlotterst jetzt in den Stiefeln, als daß du morgen stirbst vor Angst.«
Meine Angst war so schlimm, daß ich nicht einmal die Fragen formulieren konnte, die mir in den Sinn kamen. Ich mußte mehrmals kräftig schlucken. Don Juan lachte, bis er hustete. Sein Gesicht wurde purpurrot. Als ich meine Stimme wiederfand, löste jede meiner Fragen erneut einen hustenden Lachanfall aus.
»Du hast gar keine Ahnung, welch ein Spaß dies alles für mich ist«, meinte er schließlich. »Ich lache nicht über dich. Nur über die Situation. Mein Wohltäter ließ mich dieselben Sachen durchmachen, und wenn ich dich so sehe, dann kann ich nicht anders – ich sehe mich selbst.«
Ich sagte ihm, daß mir furchtbar übel sei. Das sei gut, meinte er, denn es sei ganz natürlich, zu erschrecken, und es sei falsch und sinnlos, die Furcht unterdrücken zu wollen. Die alten Seher, sagte er, seien dadurch in die Falle geraten, daß sie ihr Erschrecken zu unterdrücken suchten, während sie eigentlich besinnungslos vor Angst hätten sein sollen. Da sie weder ihre Aktivitäten aufgeben noch sich von ihren tröstlichen Ideenkonstruktionen trennen wollten, hätten sie statt dessen ihre Angst kontrolliert.
»Was werden wir noch mit dem Spiegel machen?« fragte ich.
»Dieser Spiegel wird uns gute Dienste leisten bei einer direkten Begegnung zwischen dir und dem Geschöpf, das du gestern nur kurz erblickt hast.«
»Was geschieht bei solch einer direkten Begegnung?«
»Nun, es geschieht, daß eine Lebensform, die menschliche Form, einer anderen Lebensform begegnet. In diesem Fall, würden die

alten Seher sagen, war es ein Geschöpf aus der ersten Ebene der Flüssigkeit des Wassers.«

Die alten Seher, erklärte er, hätten vermutet, daß die sieben Ebenen dort unten Ebenen der Flüssigkeit des Wassers seien. Eine Quelle habe für sie eine unglaublich große Bedeutung gehabt, weil sie glaubten, daß die Flüssigkeit des Wassers in diesem Fall ihre Richtung umkehre und einen Weg aus der Tiefe zur Oberfläche bahne. Sie sahen darin ein Mittel, das es Geschöpfen aus anderen Ebenen, diesen anderen Lebensformen, ermöglichte, in unsere Ebene heraufzukommen, um uns zu betrachten, uns zu beobachten.

»In dieser Hinsicht hatten sich die alten Seher nicht geirrt«, fuhr er fort. »Sie trafen den Nagel genau auf den Kopf. Denn es ist wahr, daß solche Wesen, die die alten Seher als Verbündete bezeichneten, in der Nähe von Wasserlöchern auftreten.«

»War das Geschöpf im Spiegel ein Verbündeter?« fragte ich.

»Gewiß. Aber keiner, der von Nutzen sein könnte. Die Überlieferung der Verbündeten, von der ich dir bereits erzählt habe, geht direkt auf die alten Seher zurück. Sie vollbrachten Wunder mit Hilfe ihrer Verbündeten, aber was immer sie vollbrachten, es nützte ihnen nichts, als der wirkliche Feind kam – ihre Mitmenschen.«

»Nachdem diese Geschöpfe Verbündete sind, müssen sie wohl sehr gefährlich sein«, sagte ich.

»So gefährlich wie wir Menschen. Nicht mehr, nicht weniger.«

»Können sie uns töten?«

»Nicht unmittelbar. Aber sie können uns gewiß zu Tode erschrekken. Sie können ganz herüberkommen über die Grenze, oder sie begnügen sich damit, nur ans Fenster zu kommen. Wie du inzwischen erkannt hast, blieben auch die alten Tolteken nicht vor dem Fenster stehen. Sie entdeckten unheimliche Wege, um dort hinein zu gelangen.

Die zweite Phase jener Technik, die Don Juan mir zeigte, verlief ganz ähnlich wie die erste, nur daß ich doppelt so lange brauchte, um mich zu entspannen und meinen inneren Aufruhr zu beruhigen. Als mir dies gelungen war, wurde das Spiegelbild von Don Juans und meinem Gesicht sofort klar. Etwa eine Stunde lang blickte ich zwischen seinem Spiegelbild und dem meinen hin und her. Ich erwartete, der Verbündete werde jeden Moment erscheinen, aber nichts geschah. Mein Nacken schmerzte. Mein Rücken wurde steif, und meine Beine waren schon taub. Ich wollte mich auf den Stein knien, um meine Rückenschmerzen zu lindern. Don Juan flüsterte mir zu, daß meine Beschwerden sofort verschwinden würden, wenn der Verbündete auftauchte.

Er hatte völlig recht. Der Schock, eine runde Figur am Rande des Spiegels auftauchen zu sehen, verscheuchte alle meine Beschwerden.

»Was tun wir jetzt?« flüsterte ich.

»Entspanne dich und richte deinen Blick aus, aber auf nichts Bestimmtes, auch nicht für einen Moment«, antwortete er. »Beobachte alles, was im Spiegel erscheint. Blicke, ohne zu starren.«

Ich gehorchte. Mit flüchtigen Blicken streifte ich alles, was im Rahmen des Spiegels zu sehen war. In meinen Ohren tönte ein eigenartiges Summen. Don Juan flüsterte, ich solle, falls ich mich von einer unheimlichen Macht eingehüllt fühlte, meine Augen im Uhrzeigersinn rollen; auf gar keinen Fall, so betonte er, sollte ich den Kopf heben und ihn anschauen.

Nach einer Weile bemerkte ich, daß der Spiegel mehr als das Spiegelbild unserer Gesichter und der runden Figur zurückwarf. Seine Fläche hatte sich verdunkelt. Punkte von intensiv violettem Licht tauchten auf. Sie wurden größer. Da waren auch jettschwarze Punkte. Dann wurde daraus so etwas wie das flache Bild eines wolkigen Nachthimmels im Mondlicht. Plötzlich rückte, wie im Film, die ganze Fläche scharf ins Bild. Die neue Einstellung war ein atemberaubender, dreidimensionaler Ausblick in die Tiefen.

Ich wußte, daß es mir unmöglich sein würde, die ungeheure Anziehung dieses Bildes abzuwehren. Es fing schon an, mich in sich hineinzuziehen.

Don Juan flüsterte eindringlich, ich solle meine Augen rollen, falls mir mein Leben lieb wäre. Diese Bewegung brachte mir sofort Erleichterung. Ich konnte wieder unsere Spiegelbilder von jenem des Verbündeten unterscheiden. Dann verschwand der Verbündete und tauchte am anderen Rand des Spiegels wieder auf.

Don Juan befahl mir, den Spiegel mit aller Kraft festzuhalten. Er

ermahnte mich, Ruhe zu bewahren und keine plötzliche Bewegung zu machen.
»Was wird jetzt passieren?« flüsterte ich.
»Der Verbündete wird versuchen, herauszukommen«, erwiderte er.
Kaum hatte er es gesagt, da spürte ich einen mächtigen Ruck. Irgend etwas riß an meinen Armen. Der Ruck kam von unter dem Spiegel her. Es war wie ein Sog, der einen einheitlichen Druck auf den ganzen Rahmen ausübte.
»Halte den Spiegel fest, aber paß auf, daß er nicht zerbricht«, befahl Don Juan. »Stemme dich gegen den Sog. Gib acht, daß der Verbündete den Spiegel nicht zu tief sinken läßt.«
Die Kraft, die uns hinunterzog, war gewaltig. Ich glaubte, meine Finger würden brechen oder an den Steinen am Boden zerquetscht werden. Irgendwann verloren Don Juan und ich beide das Gleichgewicht und mußten von unseren flachen Steinen ins Wasser hinabsteigen. Das Wasser war ziemlich seicht, aber der Verbündete rüttelte mit so beängstigender Kraft von allen Seiten her an dem Spiegel, daß es uns vorkam, als stünden wir in einem reißenden Fluß. Das Wasser wirbelte schäumend um unsere Füße, doch die Bilder im Spiegel blieben ungetrübt.
»Paß auf!« schrie Don Juan. »Da kommt es!«
Das Ziehen schlug um in ein Stoßen von unten. Irgend etwas packte den Rand des Spiegels; nicht den äußeren Rand des Rahmens, den wir festhielten, den inneren Rand des Glases. Es war, als sei die Glasfläche tatsächlich ein offenes Fenster, und irgend etwas oder irgend jemand schicke sich eben an, hindurchzuklettern.
Don Juan und ich mühten uns verzweifelt, den Spiegel hinunterzudrücken, sobald er nach oben gestoßen wurde, oder ihn heraufzuziehen, sobald er hinuntergezogen wurde. In gebückter Haltung bewegten wir uns langsam vom Ausgangspunkt bachabwärts. Das Wasser wurde tiefer, und der Grund war mit glatten Steinen bedeckt.
»Los, wir ziehen den Spiegel aus dem Wasser und schütteln ihn ab«, sagte Don Juan mit rauher Stimme.
Das lärmende Rütteln hielt unvermindert an. Es war, als hätten wir mit bloßen Händen einen großen, wild zappelnden Fisch gefangen.

Mir kam die Idee, daß dieser Spiegel so etwas wie eine Luke sei. Tatsächlich versuchte eine sonderbare Gestalt, durch diese Luke zu steigen. Mit voller Wucht lehnte sie sich auf den Rand der Luke, und sie war so groß, daß sie das Spiegelbild von Don Juans Gesicht und meinem verdrängte. Ich sah uns nicht mehr. Ich konnte nur noch eine unförmige Masse erkennen, die sich hochzustemmen versuchte.
Der Spiegel lag nicht mehr am Boden auf. Meine Finger wurden nicht mehr gegen die Steine gedrückt. Der Spiegel hing in mittlerer Tiefe, in der Schwebe gehalten durch die widerstreitenden Kräfte, die der Verbündete und wir mit unserem Ziehen und Stoßen ausübten. Don Juan sagte, er werde nun seine Hände unter den Spiegel schieben, und ich solle sie ganz schnell fassen, damit wir mehr Hebelkraft hätten, den Spiegel mit unseren Unterarmen herauszuziehen. Als er losließ, kippte der Spiegel zur Seite. Rasch griff ich nach seinen Händen, aber ich griff ins Leere. Ich zauderte eine Sekunde zu lange, und der Spiegel glitt uns aus den Händen. »Pack ihn! Pack ihn!« schrie Don Juan.
Ich erwischte den Spiegel, kurz bevor er auf den Steinen aufschlug. Ich zog ihn aus dem Wasser, aber nicht schnell genug. Das Wasser war zäh wie Leim. Während ich den Spiegel herauszog, zog ich auch ein wenig von einer schweren, gummiartigen Substanz heraus, die mir den Spiegel einfach aus den Händen und zurück ins Wasser riß.
Mit außerordentlicher Behendigkeit fing Don Juan den Spiegel auf und zog ihn mühelos schräg aus dem Wasser.

Noch nie im Leben hatte ich einen solchen Anfall von Schwermut gehabt. Es war eine Traurigkeit ohne erkennbaren Grund. Ich verknüpfte sie mit der Erinnerung an die Tiefen, die ich im Spiegel gesehen hatte. Es war eine Mischung aus reiner Sehnsucht nach diesen Tiefen und absoluter Furcht vor ihrer beklemmenden Einsamkeit.
Don Juan stellte fest, daß es im Leben des Kriegers ganz natürlich sei, ohne offenkundigen Grund traurig zu sein. Die Seher behaupteten, daß das leuchtende Ei, als Energiefeld, seine letzte Bestimmung spüre, sobald die Schranken des Bekannten durchbrochen seien. Schon ein flüchtiger Blick in die Ewigkeit außerhalb des Kokon genüge, um die Behaglichkeit unseres Inventars

zu stören. Die daraus folgende Schwermut sei manchmal so stark, daß sie den Tod herbeiführen könne.
Das beste Mittel, um diese Schwermut loszuwerden, sagte er, bestünde darin, sich darüber lustig zu machen. In spöttischem Ton meinte er, meine erste Aufmerksamkeit gebe sich alle Mühe, die Ordnung wiederherzustellen, die durch meinen Kontakt mit dem Verbündeten gestört worden sei. Da es unmöglich sei, sie mit rationalen Mitteln wiederherzustellen, versuche meine erste Aufmerksamkeit es, indem sie ihre ganze Kraft auf die Traurigkeit konzentriere.
Dies ändere aber nichts an der Tatsache, so sagte ich ihm, daß meine Schwermut real sei. Daß ich mich ihr überließ, daß ich Trübsal blies und deprimiert war, habe nichts mit dem Gefühl des Alleinseins zu tun, das ich bei der Erinnerung an jene Tiefen empfunden hätte.
»Endlich fängst du an, etwas zu begreifen«, sagte er. »Du hast recht. Es gibt nichts Einsameres als das Alleinsein. Und nichts ist für uns behaglicher, als ein Mensch zu sein. Tatsächlich ist dies schon wieder ein Widerspruch: wie kann der Mensch die Bindungen seines Menschseins behalten und sich gleichwohl mit Freuden und absichtlich in die absolute Einsamkeit der Ewigkeit vorwagen? Wenn du erst dieses Rätsel gelöst hast, wirst du bereit sein für die endgültige Reise.«
Jetzt wußte ich mit absoluter Gewißheit den Grund für meine Traurigkeit. Es war ein oft wiederkehrendes Gefühl bei mir, das ich stets vergaß, bis ich wieder dasselbe erkannte: die Winzigkeit des Menschseins gegenüber der Unermeßlichkeit jenes Ding-an-sich, das ich im Spiegel reflektiert gesehen hatte.
»Der Mensch ist wirklich ein Nichts, Don Juan«, sagte ich.
»Ich weiß genau, was du meinst«, sagte er. »Sicher, wir sind nichts. Aber genau dies macht die elementare Herausforderung aus, daß wir, ein Nichts, tatsächlich der Einsamkeit der Ewigkeit entgegentreten können.«
Er wechselte unvermittelt das Thema und ließ mich, meine nächste Frage unausgesprochen, mit offenem Mund stehen. Er fing an, unsere Kraftprobe mit dem Verbündeten zu erörtern. Vor allem, so sagte er, sei dieser Kampf mit dem Verbündeten kein Scherz gewesen. Es war, wie er meinte, eigentlich keine Frage auf Leben und Tod, aber es sei auch kein Picknick gewesen.

»Ich habe mich für diese Technik entschieden«, fuhr er fort, »weil mein Wohltäter sie mir zeigte. Als ich ihn bat, mir ein Beispiel für die Techniken der alten Seher zu zeigen, wälzte er sich vor Lachen beinah am Boden. Meine Bitte erinnerte ihn so sehr an sein eigenes Erlebnis. Auch sein Wohltäter, der Nagual Elias, hatte ihm eine grausame Demonstration dieser Technik erteilt.«

Nachdem Don Juan selbst den Rahmen seines Spiegels aus Hildholz angefertigt hatte, so sagte er, hätte er eigentlich von mir verlangen sollen, es ebenso zu machen, aber er wollte wissen, was passiere, wenn der Rahmen stabiler war als der seine oder der seines Wohltäters. Beide Male sei der Rahmen gebrochen, und beide Male sei der Verbündete hervorgekommen.

Bei seiner eigenen Kraftprobe, erklärte er, habe der Verbündete den Rahmen zerbrochen. Er und sein Wohltäter hätten zwei Holzstücke in der Hand behalten, während der Spiegel versank und der Verbündete herauskletterte.

Sein Wohltäter wußte, mit welchen Schwierigkeiten er zu rechnen hatte. Im reflektierten Bild eines Spiegels, sagte er, seien die Verbündeten nicht wirklich beängstigend, denn man *sähe* nur eine Figur, eine Art feste Masse. Doch einmal herausgekommen, seien sie nicht nur fürchterlich anzusehen, sondern auch eine wirkliche Plage. Und sobald die Verbündeten aus ihrer Ebene herauskämen, sagte er, sei es sehr schwierig für sie, wieder dorthin zurückzukehren. Dasselbe gelte auch für die Menschen. Wenn Seher sich auf die Ebene dieser Geschöpfe vorwagten, sei es wahrscheinlich, daß man nie wieder von ihnen höre.

»Mein Spiegel wurde durch die Macht des Verbündeten zertrümmert«, sagte er. »Es gab kein Fenster mehr, und der Verbündete konnte nicht mehr zurückkehren. Also verfolgte er mich. Er rannte tatsächlich hinter mir her, um seine eigene Achse kugelnd. Ich krabbelte mit höchster Geschwindigkeit auf allen vieren und brüllte vor Angst. Ich raste wie ein Besessener bergauf und bergab. Der Verbündete war immer nur Zentimeter von mir entfernt.«

Sein Wohltäter, so erzählte Don Juan, sei hinterhergerannt, aber er sei damals schon alt gewesen und habe nicht so schnell laufen können. Er hatte aber die gute Idee, Don Juan nachzurufen, er solle ein Ausweichmanöver machen und ihm selbst Zeit lassen, die nötigen Vorbereitungen zu treffen, um den Verbündeten los-

zuwerden. Er rief, daß er ein Feuer anfachen wolle, und Don Juan solle im Kreis herumlaufen, bis alles bereit wäre. Dann machte er sich daran, trockenes Reisig zu sammeln, während Don Juan, besinnungslos vor Angst, um einen Hügel rannte.
Don Juan gestand, daß ihm, während er dort im Kreis herumlief, der Gedanke gekommen sei, sein Wohltäter könnte sich womöglich über die ganze Geschichte amüsieren. Er wußte, sein Wohltäter war ein Krieger, der in jeder denkbaren Situation seinen Spaß zu finden wußte. Warum also nicht in dieser? Einen Moment, so erzählte er, wurde er so wütend auf seinen Wohltäter, daß sogar der Verbündete aufhörte, ihn zu jagen. Mit deutlichen Worten warf Don Juan seinem Wohltäter Arglist vor. Sein Wohltäter antwortete nicht, sondern blickte nur, mit einer Gebärde des Entsetzens, an Don Juan vorbei nach dem Verbündeten, der über den beiden aufragte. Don Juan vergaß seinen Zorn und rannte weiter im Kreise.
»Mein Wohltäter war wirklich ein teuflischer Alter«, sagte Don Juan lachend. »Er hatte gelernt, innerlich zu lachen. Man sah es seinem Gesicht nicht an, und darum konnte er so tun als weinte oder tobte er vor Wut, während er in Wirklichkeit lachte. An diesem Tag, als der Verbündete mich im Kreis herumhetzte, stand mein Wohltäter einfach da und verteidigte sich gegen meine Vorwürfe. Ich hörte nur Bruchstücke seiner langen Rede, jedesmal, wenn ich an ihm vorbeilief. Als er damit fertig war, hörte ich Bruchstücke einer anderen langen Erklärung: daß er viel Holz sammeln müsse, daß der Verbündete sehr groß sei, daß das Feuer so groß sein müsse wie der Verbündete selbst, daß das Manöver vielleicht keinen Erfolg haben werde.
Nur meine irrsinnige Angst ließ mich weitermachen. Schließlich mußte ihm klargeworden sein, daß ich nahe daran war, vor Erschöpfung tot umzufallen; er fachte das Feuer an, und mit dessen Flammen schirmte er mich gegen den Verbündeten ab.«
Und dann, erzählte Don Juan, seien er und sein Wohltäter die ganze Nacht bei dem Feuer geblieben. Am schlimmsten war es für ihn, als sein Wohltäter gehen mußte, um mehr dürre Zweige zu sammeln, und ihn allein zurückließ. Er fürchtete sich so sehr, daß er bei Gott gelobte, er werde den Pfad des Wissens verlassen und Farmer werden.
»Am anderen Morgen, als ich meine ganze Energie erschöpft

hatte, gelang es dem Verbündeten, mich ins Feuer zu stoßen, und ich holte mir schlimme Verbrennungen«, fügte Don Juan hinzu.
»Was wurde aus dem Verbündeten?« fragte ich.
»Mein Wohltäter hat mir nie gesagt, was aus ihm geworden ist«, erwiderte er. »Aber ich habe das Gefühl, daß er immer noch ziellos herumirrt und den Rückweg zu finden versucht.«
»Und was wurde aus deinem Gelübde an Gott?«
»Mein Wohltäter sagte, ich solle mir keine Sorgen machen. Es sei ein gutes Gelübde gewesen, nur sei leider niemand da, um sich solche Gelübde anzuhören, weil es keinen Gott gebe. Es gebe nur die Emanationen des Adlers, und ihnen etwas zu geloben, sei ganz unmöglich.«
»Was wäre passiert, wenn der Verbündete dich gefangen hätte?« fragte ich.
»Vielleicht wäre ich vor Angst gestorben«, sagte er. »Wenn ich gewußt hätte, was es bedeutete, von ihm gefangen zu werden, dann hätte ich mich vielleicht fangen lassen. Damals war ich ein sorgloser Mensch. Wenn ein Verbündeter dich fängt, stirbst du entweder am Herzschlag, oder du kämpfst mit ihm. Dann, nach einer kurzen Prügelei von gespielter Wildheit, schwindet die Energie des Verbündeten. Es gibt nichts, was ein Verbündeter uns antun könnte, und umgekehrt. Wir sind durch eine Kluft geschieden.
Die alten Seher glaubten, daß der Verbündete in dem Moment, da seine Energie dahinschwindet, dem Menschen seine Kraft überläßt. Kraft, oje! Die alten Seher hatten so viele Verbündete, daß sie ihnen aus den Ohren wuchsen, und doch konnte die Kraft ihrer Verbündeten gar nichts verhindern.«
Und wieder seien es die neuen Seher gewesen, erklärte Don Juan, die diese Verwirrung klärten. Sie hätten herausgefunden, daß es einzig auf Makellosigkeit ankomme – und das heißt, befreite Energie. Tatsächlich habe es unter den alten Sehern etliche gegeben, die von ihren Verbündeten gerettet wurden, aber dies habe nichts mit der Kraft der Verbündeten zu tun gehabt, irgend etwas zu verhindern. Vielmehr sei es die Makellosigkeit dieser Männer gewesen, die ihnen erlaubte, die Energie jener anderen Lebensformen zu nutzen.
Den neuen Sehern, sagte Don Juan, verdankten wir auch die

bisher wichtigste Erkenntnis über die Verbündeten: nämlich, was sie für den Menschen nützlich oder nutzlos machte. Nutzlose Verbündete – und ihre Zahl sei verblüffend – seien diejenigen, die Emanationen in ihrem Innern hätten, für die es in uns Menschen keine Entsprechung gebe. Sie seien so verschieden von uns, daß sie uns durchaus nicht nützen könnten. Andere Verbündete – und deren gebe es erstaunlich wenige – seien uns ähnlich, das heißt, sie besäßen einige Emanationen, die mit den unseren übereinstimmten.

»Wie kann der Mensch sie benützen?« fragte ich.

»›Benützen‹ ist vielleicht nicht das richtige Wort«, sagte er. »Ich würde sagen, was zwischen Sehern und Verbündeten stattfindet, ist so etwas wie ein gerechter Tausch von Energie.«

»Wie findet dieser Energietausch statt?« fragte ich.

»Durch ihre übereinstimmenden Emanationen«, sagte er. »Diese Emanationen gehören natürlich zur linksseitigen Bewußtheit des Menschen; zu der Seite, die der Mensch niemals benutzt. Aus diesem Grund sind sie auch gänzlich ausgeschlossen von der Welt der rechtsseitigen Bewußtheit, von der Seite der Rationalität.«

Die übereinstimmenden Emanationen, sagte er, lieferten beiden, den Menschen und den Verbündeten, eine gemeinsame Basis. Bei einiger Vertrautheit werde dann eine tiefere Bindung hergestellt, die es beiden Lebensformen erlaube, voneinander zu profitieren. Die Seher strebten nach den ätherischen Eigenschaften der Verbündeten; diese eigneten sich hervorragend als Pfadfinder und Beschützer. Die Verbündeten strebten nach dem größeren Energiefeld des Menschen, mit dessen Hilfe sie sich sogar materialisieren könnten.

Erfahrene Seher, so erklärte er, könnten diese gemeinsamen Emanationen regulieren und sie zu völliger Übereinstimmung bringen; genau in diesem Moment finde der Austausch statt. Diesen Vorgang hätten die alten Seher nicht verstanden, und daher entwickelten sie komplizierte Blick-Techniken, um in jene Tiefen hinabzusteigen, die ich im Spiegel *gesehen* hätte.

»Die alten Seher verfügten über ein sehr raffiniertes Werkzeug, das ihnen bei diesem Abstieg zustatten kam«, fuhr er fort. »Es war ein Seil aus besonderem Garn, das sie sich um die Hüfte schlangen. Es hatte ein weiches, in Harz getauchtes Ende, das

sich wie ein Stöpsel in den Nabel fügte. Die Seher hatten einen oder mehrere Gehilfen, die sie an dem Seil hielten, während sie sich in ihre Blick-Technik verloren. Direkt in die Spiegelung eines tiefen, klaren Weihers oder Sees zu blicken, ist natürlich viel überwältigender und gefährlicher als das, was wir mit dem Spiegel machten.«
»Aber sind sie tatsächlich, also körperlich hinabgestiegen?« fragte ich.
»Du würdest staunen, wessen der Mensch fähig ist, besonders wenn er sein Bewußtsein kontrolliert«, erwiderte er. »Die alten Seher waren irregeleitet. Bei ihren Ausflügen in die Tiefen fanden sie Wunder. Den Verbündeten zu begegnen, war für sie etwas ganz Gewöhnliches.
Inzwischen ist dir natürlich klar, daß es nur eine bildliche Ausdrucksweise ist, wenn man von den Tiefen spricht. Es gibt keine Tiefen, es gibt nur ein Handhaben der Bewußtheit. Doch zu dieser Erkenntnis sind die alten Seher niemals vorgedrungen.«
Ich erzählte Don Juan, ich sei aufgrund dessen, was er über sein Erlebnis mit dem Verbündeten gesagt hatte, wie auch aufgrund meines subjektiven Eindrucks, als ich die rüttelnde Kraft des Verbündeten im Wasser spürte, zu dem Schluß gelangt, daß Verbündete sehr aggressiv wären.
»Nicht wirklich«, sagte er. »Nicht daß sie nicht genügend Energie hätten, um aggressiv zu sein, aber sie haben eine andere Art von Energie. Sie sind eher wie elektrischer Strom. Organische Wesen sind eher wie Hitzewellen.«
»Aber wieso jagte er dich so lange umher?« fragte ich.
»Das ist kein Geheimnis«, sagte er. »Sie werden von Emotionen angezogen. Kreatürliche Angst ist das, was sie am meisten anzieht; sie löst jene Art Energie aus, die es ihnen am meisten angetan hat. Die Emanationen in ihrem Innern werden durch kreatürliche Angst gebündelt. Da meine Angst so überwältigend war, hatte der Verbündete es auf sie abgesehen – oder vielmehr, meine Angst köderte den Verbündeten und ließ ihn nicht mehr los.«
Die alten Seher seien es gewesen, sagte er, die herausfanden, daß die Verbündeten kreatürliche Angst mehr als alles andere schätzen. Sie seien sogar soweit gegangen, ihre Verbündeten absichtlich damit zu füttern, indem sie andere Leute zu Tode erschreck-

ten. Die alten Seher seien überzeugt gewesen, daß Verbündete menschliche Gefühle hätten, doch die neuen Seher hätten etwas anderes *gesehen.* Sie hätten *gesehen*, daß die Verbündeten durch die von den Emotionen freigesetzte Energie angezogen werden. Ebenso wirksam sei Liebe, aber auch Haß oder Traurigkeit.
Hätte er Liebe für diesen Verbündeten empfunden, fügte Don Juan hinzu, dann hätte der Verbündete ihn ebenfalls verfolgt, wenngleich die Jagd in einer anderen Stimmung erfolgt wäre. Ich fragte ihn, ob der Verbündete aufgehört hätte, ihn zu verfolgen, wenn er seine Angst unter Kontrolle gebracht hätte. Das Kontrollieren der Angst, antwortete er, sei ein Trick der alten Seher gewesen. Sie hätten ihre Angst in solchem Maß zu kontrollieren gewußt, daß sie sie Stück für Stück verausgaben konnten. Sie hätten die Verbündeten mit ihrer Angst geködert, indem sie ihnen diese, nach und nach, wie Speise verabreichten, ja, sie hätten die Verbündeten regelrecht versklavt.
»Diese alten Seher waren furchteinflößende Männer«, fuhr Don Juan fort. »Ich sollte nicht in der Vergangenheitsform sprechen – sie sind noch heute furchterregende Männer. Sie haben es darauf abgesehen, Herrschaft auszuüben, jeden und alles in ihre Gewalt zu bekommen.«
»Auch heute noch, Don Juan?« fragte ich und bat ihn, mir dies ausführlicher zu erklären.
Er aber wechselte das Thema und meinte, ich hätte die Chance verpaßt, mir tatsächlich einen maßlosen Schreck einjagen zu lassen. Zweifellos, sagte er, habe die Art, wie ich den Rahmen des Spiegels mit Pech versiegelt hatte, das Wasser gehindert, hinter das Glas einzusickern. Dies hielt er für den entscheidenden Faktor, der den Verbündeten davon abgehalten habe, den Spiegel zu zerschmettern.
»Schade«, sagte er, »vielleicht hätte der Verbündete dir sogar gefallen. Übrigens war es nicht derselbe wie am Tag vorher. Der zweite war dir vollkommen ähnlich.«
»Hast auch du selbst Verbündete, Don Juan?« fragte ich.
»Wie du weißt, habe ich die Verbündeten meines Wohltäters«, sagte er. »Ich kann nicht sagen, daß ich ihnen dasselbe Gefühl entgegenbrächte wie mein Wohltäter. Er war ein heiterer, aber tief mitfühlender Mensch, der großzügig alles verschenkte, was er besaß, auch seine Energie. Er liebte seine Verbündeten. Er hatte

nichts dagegen, wenn die Verbündeten seine Energie nutzten, um sich zu materialisieren. Vor allem einen hatte er, der sogar eine groteske menschliche Gestalt annehmen konnte.«
Nachdem Don Juan selbst keine Vorliebe für die Verbündeten habe, so sagte er, sei es ihm niemals gelungen, mir eine rechte Anschauung von ihnen zu geben, wie sein Wohltäter es bei ihm machte, während er sich von seiner Schußwunde in der Brust erholte. Am Anfang, sagte er, sei ihm sein Wohltäter als ein sehr seltsamer Mann vorgekommen. Mit knapper Not den Klauen eines kleinen Tyrannen entronnen, mußte Don Juan befürchten, gleich in die nächste Falle gestolpert zu sein. Er hatte vorgehabt, ein paar Tage zu warten, bis seine Kräfte wiederhergestellt wären, und dann wegzulaufen, während der Alte nicht zu Hause war. Aber der alte Mann hatte wahrscheinlich seine Gedanken gelesen, denn eines Tages flüsterte er Don Juan vertraulich ins Ohr, er müsse so schnell wie möglich gesund werden, damit sie beide dem Zwingherrn und Folterknecht des Alten entspringen könnten. Darauf riß der Alte, zitternd vor Angst und Schwäche, die Tür auf, und ein gespenstischer, fischgesichtiger Mann trat ins Zimmer, als habe er hinter der Tür gelauscht. Er war grünlichgrau, hatte nur ein einziges starres Auge und war so groß wie die Tür. Don Juan sei, wie er sagte, so überrascht und erschrocken gewesen, daß er in Ohnmacht fiel und hinterher Jahre brauchte, um sich von dem Bann dieser Angst zu befreien.
»Sind deine Verbündeten dir nützlich, Don Juan?« fragte ich.
»Das ist schwer zu sagen«, sagte er. »In gewisser Weise liebe ich die Verbündeten, die mein Wohltäter mir geschenkt hat. Sie sind fähig, es mit unvorstellbarer Zuneigung zu entgelten. Aber sie sind mir unbegreiflich. Sie wurden mir als Gefährten beigegeben, für den Fall, daß ich jemals allein in dieser Unermeßlichkeit stranden sollte, die da heißt – die Emanationen des Adlers.«

7. Der Montagepunkt

Nach meiner Kraftprobe mit den Verbündeten unterbrach Don Juan seine Erklärung über die Beherrschung des Bewußtseins für mehrere Monate. Eines Tages nahm er sie wieder auf. Dies wurde ausgelöst durch ein merkwürdiges Ereignis.

Don Juan befand sich im Norden Mexikos. Ich war gerade in dem Haus eingetroffen, das er dort unterhielt, und er hatte mich sofort in gesteigerte Bewußtheit überwechseln lassen. Und ich hatte mich augenblicklich daran erinnert, daß es für Don Juan stets ein Mittel der inneren Erneuerung war, nach Sonora zurückzukehren. Er hatte mir erklärt, daß ein Nagual, als Anführer mit ungeheurer Verantwortung, einen physischen Bezugspunkt brauche, einen Platz, wo er sich in einen Zusammenfluß der Energien einschalten könne. Die Wüste von Sonora sei für ihn ein solcher Platz.

Beim Eintritt in den Zustand gesteigerter Bewußtheit war mir aufgefallen, daß sich noch eine andere Person im Halbdunkel des Hauses versteckte. Ich fragte Don Juan, ob Genaro bei ihm sei. Er erwiderte, er sei allein, und was ich bemerkt hätte, sei einer seiner Verbündeten, und zwar jener, der das Haus hütete.

Don Juan machte eine sonderbare Gebärde. Er verzog das Gesicht, als sei er überrascht oder erschrocken. Und sofort erschien die beängstigende Gestalt eines seltsamen Mannes in der Tür zu dem Zimmer, in dem wir uns befanden. Die Gegenwart dieses seltsamen Mannes machte mir solche angst, daß mir regelrecht schwindlig wurde. Und bevor ich mich von meiner Furcht erholen konnte, stürzte sich der Mann mit furchterregender Wildheit auf mich. Als er mich an den Unterarmen packte, spürte ich einen Schlag, so etwas wie eine elektrische Entladung.

Ich war sprachlos, von einem Schrecken gelähmt, den ich nicht abschütteln konnte. Don Juan lächelte mir zu. Ich stöhnte und stammelte bei dem Versuch, meinen Hilferuf zu artikulieren, während mich ein noch stärkerer Schlag traf.

Der Mann umklammerte mich mit festerem Griff und versuchte, mich rückwärts auf den Boden zu werfen. Ohne Unruhe in der Stimme forderte mich Don Juan auf, mich zusammenzunehmen und nicht gegen meine Furcht anzukämpfen, sondern mich mit ihr treiben zu lassen. »Habe Angst, ohne verängstigt zu sein«, sagte er. Don Juan kam zu mir herüber, und ohne sich in meinen Kampf einzumischen, flüsterte er mir ins Ohr, ich solle mich ganz auf den Mittelpunkt meines Körpers konzentrieren.
In all den Jahren hatte er immer wieder von mir verlangt, ich solle meinen Körper auf ein Hunderstel Zentimeter ausmessen und seinen genauen Mittelpunkt feststellen, in der Länge wie in der Breite. Dieser Punkt, sagte er, sei bei uns allen das wahre Zentrum der Energie.
Kaum hatte ich meine Aufmerksamkeit auf diesen Mittelpunkt gerichtet, ließ der Mann mich los. Im gleichen Moment wurde mir bewußt, daß das, was ich für ein menschliches Wesen gehalten hatte, in Wirklichkeit nur etwas war, das wie ein Mensch aussah. In dem Augenblick, als er für mich seine menschliche Gestalt verlor, verwandelte sich der Verbündete in einen amorphen Klecks trüben Lichts. Er schwebte davon. Ich ging hinterher – getrieben von einer mächtigen Kraft, die mich dem trüben Licht zu folgen zwang.
Don Juan trat mir in den Weg. Behutsam führte er mich auf die Veranda seines Hauses und hieß mich auf eine stabile Kiste niedersitzen, die ihm als Bank diente.
Ich war furchtbar verstört durch dieses Erlebnis, aber noch verstörter durch die Tatsache, daß meine lähmende Furcht so schnell und so restlos verschwunden war.
Ich äußerte irgend etwas über meinen plötzlichen Stimmungsumschwung. Don Juan sagte, daß meine flüchtigen Schwankungen gar nicht so sonderbar seien und daß es keine Furcht mehr gäbe, sobald die Glut der Bewußtheit eine gewisse Schwelle im Kokon des Menschen überschritten habe.
Dann begann er mit seiner Erklärung. Er skizzierte kurz noch einmal die Wahrheiten über das Bewußtsein, die er mir dargestellt hatte: daß es keine objektive Welt gäbe, sondern nur ein Universum von Energiefeldern, welche die Seher als Emanationen des Adlers bezeichneten. Daß der Mensch aus den Emanationen des Adlers geschaffen und im wesentlichen eine Blase leuchtender

Energie sei; jeder von uns sei von einem Kokon umhüllt, der einen kleinen Teil dieser Emanationen einschließe. Daß Bewußtheit durch einen konstanten Druck entstehe, den die Emanationen außerhalb unseres Kokon, genannt die allgemeinen Emanationen, auf jene im Innern unseres Kokon ausübten. Daß Bewußtsein zu Wahrnehmung führe, und zwar dann, wenn die Emanationen im Innern unseres Kokon sich an den entsprechenden allgemeinen Emanationen ausrichteten.

»Die nächste Wahrheit besagt«, fuhr er fort, »daß Wahrnehmung stattfinden kann, weil es in uns eine Wirkkraft gibt, genannt der Montagepunkt, der innere und äußere Emanationen für eine solche Ausrichtung auswählt. Diejenige Ausrichtung, die wir als unsere Welt wahrnehmen, ist abhängig von der jeweiligen Stelle, an der sich der Montagepunkt auf unserem Kokon befindet.«

Dies alles wiederholte er mehrmals und ließ mir Zeit, es zu begreifen. Dann sagte er, daß ich, um alle diese Wahrheiten über das Bewußtsein bestätigt zu finden, Energie brauchen würde.

»Ich sagte dir einmal«, fuhr er fort, »daß die Auseinandersetzung mit den kleinen Tyrannen dem Seher hilft, ein raffiniertes Manöver durchzuführen: dieses Manöver besteht darin, den eigenen Montagepunkt zu verschieben.«

Wenn ich einen Verbündeten wahrgenommen hätte, so sagte er, bedeute dies, daß ich meinen Montagepunkt aus seiner üblichen Position verschoben hätte. Mit anderen Worten, meine Glut der Bewußtheit habe eine gewisse Schwelle überschritten, und folglich meine Angst ausgelöscht. All dies habe geschehen können, weil ich genügend überschüssige Energie hätte.

Später an diesem Abend, von einem Ausflug in die Berge der Umgebung zurückgekehrt, der Bestandteil von Don Juans Lehren für die rechte Seite gewesen war, ließ er mich wieder in den Zustand gesteigerter Bewußtheit überwechseln und setzte dann seine Erklärung fort. Bevor er mir die Beschaffenheit jenes Montagepunktes erklären könne, sagte er, müsse er mir zuerst einmal eine Darstellung der ersten Aufmerksamkeit geben.

Die neuen Seher, so führte er aus, hätten bislang unbemerkte Funktionsweisen der ersten Aufmerksamkeit erkannt, und als sie nun versuchten, diese Erkenntnis anderen zu vermitteln, ersannen sie ein System, in das sie die Wahrheiten über das Bewußtsein einordneten. Don Juan beteuerte, daß nicht jeder Seher dazu berufen sei, solche Erklärungen zu geben. Sein Wohltäter, der Nagual Julian, habe zum Beispiel nicht viel von Erklärungen gehalten. Doch der Wohltäter des Nagual Julian, der Nagual Elias, den kennenzulernen Don Juan das Glück hatte, habe sehr viel davon gehalten. Mit Hilfe der ausführlichen und langen Erklärungen des Nagual Elias, der spärlichen Erklärungen des Nagual Julian, und seines eigenen *Sehens*, sei Don Juan schließlich, wie er sagte, zum Verständnis und auch zur Bestätigung jener Wahrheiten gelangt.

Und er erklärte: Damit unsere Aufmerksamkeit sich auf die Welt, die wir wahrnehmen, konzentrieren könne, müsse sie zuerst gewisse Emanationen hervorheben, die aus jenem schmalen Band der Emanationen, in dem das menschliche Bewußtsein sitzt, ausgewählt würden. Die vernachlässigten Emanationen seien uns zwar zugänglich, blieben aber latent und uns zeit unseres Lebens unbekannt.

Die neuen Seher bezeichneten, wie er sagte, diese hervorgehobenen Emanationen als die rechtsseitige, normale Bewußtheit, das Tonal, diese Welt, das Bekannte, die erste Aufmerksamkeit. Der Durchschnittsmensch nenne sie Realität, Rationalität, gesunden Menschenverstand.

Die hervorgehobenen Emanationen machten nun einen großen Teil des Bandes menschlicher Bewußtheit aus, aber nur einen sehr kleinen Teil des ganzen Spektrums der im Innern des menschlichen Kokon vorhandenen Emanationen. Die vernachlässigten Emanationen im menschlichen Band könne man sich als eine Art Vorhof zum Unbekannten vorstellen, wobei das Unbekannte selbst aus der Masse derjenigen Emanationen bestehe, die nicht Bestandteil des menschlichen Bandes seien und auch nie hervorgehoben würden. Diese bezeichneten die Seher, wie er sagte, als die linksseitige Bewußtheit, das *Nagual*, die andere Welt, das Unbekannte, die zweite Aufmerksamkeit.

»Diese Hervorhebung gewisser Emanationen«, fuhr Don Juan fort, »wurde schon von den alten Sehern entdeckt und praktiziert. Sie erkannten, daß ein Nagual-Mann oder eine Nagual-Frau, dank ihrer überschüssigen Energie, die Hervorhebung der gewöhnlich genutzten Emanationen aufheben und den Schwerpunkt auf benachbarte verschieben können. Diese Verschiebung, die man sich auch als einen Stoß vorstellen kann, nennt man den Nagualschlag.«

Die alten Seher, sagte Don Juan, nutzten diese Verschiebung ganz praktisch, um ihre Lehrlinge in Knechtschaft zu halten. Mit diesem Schlag ließen sie ihre Lehrlinge in einen Zustand der höchsten, schärfsten und auch beeinflußbarsten Bewußtheit überwechseln. Und während sie hilflos in einem Zustand solcher Gefügigkeit waren, unterwiesen die alten Seher sie in ihren irregeleiteten Techniken, die ihre Lehrlinge zu finsteren Männern machten, genau wie die Lehrer es waren.

Die neuen Seher setzen dieselbe Technik ein, aber statt sie solch schmutzigen Zwecken dienstbar zu machen, nutzen sie sie, um die Lehrlinge zur Erfahrung der menschlichen Möglichkeiten hinzuleiten.

Der Nagualschlag, erklärte Don Juan, müsse an einer ganz bestimmten Stelle ausgeführt werden, und zwar am Montagepunkt, dessen Sitz von Mensch zu Mensch verschieden sei. Auch müsse der Schlag von einem Nagual geführt werden, der *sieht*. Die Stärke eines Nagual zu haben, ohne zu *sehen*, versicherte er mir, sei genauso vergeblich wie zu *sehen*, ohne die Stärke eines Nagual zu haben. In beiden Fällen sei das Ergebnis ein ganz gewöhnlicher Schlag. Ein Seher könne immer wieder auf die richtige Stelle schlagen, habe aber nicht die Kraft, die Bewußtheit zu verschieben, während ein nicht-*sehender* Nagual nicht einmal die richtige Stelle treffen werde.

Die alten Seher, sagte er, hätten auch entdeckt, daß der Montagepunkt sich nicht auf dem physischen Leib des Menschen befinde, sondern in der leuchtenden Schale, im Kokon selbst. Der Nagual erkenne diesen Punkt an seinem intensiven Leuchten, und er versetze ihm eher einen Stoß als einen Schlag. Die Wucht dieses Stoßes bewirke eine Delle im Kokon, und dies fühle sich an wie ein Schlag auf das rechte Schulterblatt, ein Schlag, der alle Luft aus der Lunge treibe.

»Gibt es verschiedene Arten von Dellen?« fragte ich.

»Es gibt nur zwei Arten«, antwortete er. »Die eine ist eine Einbuchtung und die andere ist ein Spalt; jede hat ihre eigene Wirkung. Die Einbuchtung ist eine zeitweilige Erscheinung und bewirkt eine vorübergehende Verschiebung. Der Spalt dagegen ist eine tiefgreifende und anhaltende Erscheinung und bewirkt eine dauerhafte Verschiebung.«

Ein durch Selbst-Reflexion gehärteter Kokon, so erklärte er, werde in der Regel durch den Nagualschlag überhaupt nicht beeinflußt. In manchen Fällen aber sei der Kokon des Menschen so geschmeidig, daß schon die kleinste Krafteinwirkung eine schüsselförmige Vertiefung hervorrufe – in unterschiedlichem Umfang, von einer kleinen Delle bis zu einem Drittel des Kokon. Oder sie erzeuge einen Spalt, der sich über die ganze Breite oder Länge der eiförmigen Schale hinziehe und dem Kokon ein Aussehen verleihe, als sei er in sich zusammengerollt.

Manche leuchtenden Schalen kehren, nachdem sie eingedellt wurden, sofort in ihre ursprüngliche Form zurück. Andere bleiben Stunden, gar Tage eingedellt, kehren aber von selbst in die Ausgangslage zurück. Wieder andere behalten eine feste, unveränderliche Delle, die eines erneuten Nagualschlags auf eine benachbarte Stelle bedarf, um die ursprüngliche Form des leuchtenden Kokon wiederherzustellen. Und einige wenige verlieren niemals ihre einmal empfangene Delle. Wie viele Schläge der Nagual ihnen auch versetzen mag, sie gewinnen nie wieder ihre eiförmige Gestalt.

Und weiter erläuterte Don Juan, daß diese Dellen auf die erste Aufmerksamkeit einwirken, indem sie die Glut der Bewußtheit verschieben. Die Delle drückt die Emanationen im Innern der leuchtenden Schale zusammen, und der Seher nimmt wahr, wie die erste Aufmerksamkeit unter der Krafteinwirkung dieses Drucks ihren Schwerpunkt verlagert. Indem die Delle die Emanationen im Innern des Kokon verschiebt, läßt sie die Glut der Bewußtheit auf andere Emanationen fallen – Emanationen aus solchen Bereichen, die der ersten Aufmerksamkeit normalerweise unzugänglich sind.

Ich fragte ihn, ob die Glut der Bewußtheit nur auf der Oberfläche des leuchtenden Kokon zu *sehen* sei. Er antwortete nicht gleich. Er schien in Gedanken versunken. Nach etwa zehn Minuten gab er mir eine Antwort auf meine Frage. Normalerweise, sagte er, sei die Glut der Bewußtheit an der Oberfläche des Kokon zu *sehen*, und zwar bei allen lebenden Wesen. Nachdem aber der Mensch die Fähigkeit der Aufmerksamkeit entwickelt habe, erstrecke sich die Glut der Bewußtheit bei ihm in die Tiefe. Mit anderen Worten, sie verlagere sich von der Oberfläche des Kokon auf eine ganze Reihe von Emanationen im Innern des Kokon.

»Die alten Seher wußten, was sie taten, wenn sie sich mit der Bewußtheit beschäftigten«, fuhr er fort. »Sie erkannten, daß sie, wenn sie dem Kokon des Menschen eine Delle zufügten, die Glut der Bewußtheit – da sie bereits auf den Emanationen im Innern des Kokon glüht – zwingen konnten, sich auf andere, benachbarte Emanationen auszubreiten.«

»Wie du die Sache darstellst, klingt es wie ein physikalischer Vorgang«, sagte ich. »Wie aber kann eine Delle in etwas entstehen, das nur eine Glut ist?«

»Auf irgendeine unerklärliche Weise. Es geschieht ungefähr so, daß ein Leuchten in einer Delle ein Leuchten in der anderen hervorruft«, antwortete er. »Du machst den Fehler, daß du am Inventar der Vernunft festhältst. Die Vernunft befaßt sich nicht mit dem Menschen als Energie. Die Vernunft befaßt sich mit Instrumenten, die Energie erzeugen, aber die Vernunft ist niemals ernstlich auf die Idee verfallen, daß wir etwas Besseres sein könnten als Instrumente: wir sind Organismen, die Energie erzeugen. Wir sind Energie-Blasen. Die Vorstellung, daß eine Energie-Blase eine Delle in einer anderen Energie-Blase hervorruft, ist also gar nicht abwegig!«

Das von der Delle hervorgerufene Leuchten der Bewußtheit, sagte er, könne man mit Recht als zeitweiligen Zustand gesteigerter Bewußtheit ansprechen, denn es hebe Emanationen hervor, die den gewöhnlich genutzten Emanationen so nah benachbart seien, daß es praktisch kaum einen Unterschied mache. Und doch führe diese Verschiebung zu gesteigerten Fähigkeiten des Verstehens, der Konzentration – und vor allem des Vergessens. Die Seher, so sagte er, könnten sich die Steigerung solcher Fähigkeiten zunutze machen. Sie hätten nämlich *gesehen*, daß nach dem Nagualschlag nur diejenigen Emanationen aufleuchten, die an jene angrenzen, die wir alltäglich nutzen. Die entfernteren bleiben unverändert. Und daraus folgerten die Seher, daß der Mensch, wenn er sich im Zustand gesteigerter Bewußtheit befindet, genauso funktionieren kann wie in der Welt des Alltagslebens. Daher waren die Seher zunehmend auf die Kräfte eines Nagual-Mannes oder einer Nagual-Frau angewiesen. Denn diese

Zustände halten nur so lange an, wie die Delle bestehen bleibt – danach sind alle in diesem Zustand gemachten Erfahrungen vergessen.

»Warum müssen wir vergessen?« fragte ich.

»Weil diejenigen Emanationen, die für größere Klarheit sorgen, nicht mehr hervorgehoben werden, sobald der Krieger aus seinem Zustand gesteigerter Bewußtheit heraustritt«, antwortete er. »Was er auch erlebt haben mag, ohne diese Hervorhebung verschwindet es.«

Eine der Aufgaben, welche die neuen Seher für ihre Schüler ersannen, so erzählte Don Juan, bestand darin, daß sie diese zwangen, sich im nachhinein an diese Emanationen zu erinnern, die nur im Zustand gesteigerter Bewußtheit genutzt wurden, und das heißt, sie aufs neue hervorzuheben.

Er erinnerte mich daran, wie Genaro mir stets empfohlen hatte, ich solle lernen, mit der Fingerspitze statt mit dem Bleistift zu schreiben, um nicht so viele Notizen anzusammeln. In Wirklichkeit meinte Genaro, wie Don Juan mir erklärte, ich solle, während ich mich im Zustand gesteigerter Bewußtheit befand, irgendwelche ungenutzten Emanationen nutzen, um auf diese Weise Gespräche und Erfahrungen zu speichern. Dann könnte ich mich eines Tages an alles erinnern, indem ich die dabei genutzten Emanationen wieder hervorhöbe.

Und weiter erklärte er, daß ein Zustand gesteigerter Bewußtheit nicht nur als Glut zu sehen sei, die sich tiefer in die eiförmige Schale des Menschen erstrecke, sondern auch als ein intensives Leuchten an der Oberfläche des Kokon. Dies aber sei nichts im Vergleich mit dem Leuchten, das durch totale Bewußtheit hervorgerufen werde, und das als weißglühende Eruption in dem gesamten leuchtenden Ei zu *sehen* sei. Es sei eine Licht-Explosion von solchen Ausmaßen, daß die Grenzen der Schale sich auflösten und die inneren Emanationen sich in unvorstellbare Weiten ausdehnten.

»Sind solche Fälle die Ausnahme, Don Juan?«

»Gewiß. Sie widerfahren nur Sehern. Weder andere Menschen noch sonstige Lebewesen können so aufstrahlen. Seher, die in voller Absicht die totale Bewußtheit erreichen, sind ein denkwürdiger Anblick. Das ist der Augenblick, da sie in ihrem Inneren brennen. Das Feuer von innen verzehrt sie. Und in voller Be-

wußtheit verschmelzen sie mit den allgemeinen Emanationen und schweben auf in die Ewigkeit.«
Nach etlichen Tagen in Sonora fuhr ich Don Juan zurück in die Stadt im Süden Mexikos, wo er und sein Krieger-Zug lebten.
Der nächste Tag war heiß und dunstig. Ich war faul und irgendwie verstimmt. Am Nachmittag herrschte in dieser Stadt eine bedrükkende Stille. Don Juan und ich saßen auf bequemen Sesseln in dem großen Zimmer. Ich erzählte ihm, daß solch ein Leben in den ländlichen Regionen Mexikos nicht mein Geschmack sei. Ich hätte das unangenehme Gefühl, daß die Stille in dieser Stadt erzwungen sei. Das einzige Geräusch, das ich hörte, waren kreischende Kinderstimmen in der Ferne. Ich konnte nie feststellen, ob sie beim Spiel jauchzten oder vor Schmerzen schrien.
»Wenn du hier bist, bist du immer im Zustand gesteigerter Bewußtheit«, sagte Don Juan. »Das ist ein großer Unterschied. Aber wie dem auch sei, du solltest dich daran gewöhnen, in einer Stadt wie dieser zu leben. Eines Tages wirst du es tun.«
»Warum sollte ich in einer solchen Stadt leben müssen?«
»Ich habe dir erklärt, daß die neuen Seher das Ziel hatten, frei zu sein. Und Freiheit hat ganz verheerende Konsequenzen. Unter anderem die Konsequenz, daß der Krieger absichtlich nach Veränderung streben muß. Du ziehst es vor, so zu leben, wie du es tust. Du schmeichelst deiner Vernunft, indem du dein Inventar durchgehst und es mit den Inventaren deiner Freunde vergleichst. Solche Manöver lassen dir wenig Zeit, dich selbst und dein Schicksal zu prüfen. All dies wirst du aufgeben müssen. Umgekehrt müßtest du, wenn du nichts anderes kennengelernt hättest als die Todesruhe dieser Stadt, früher oder später die andere Seite der Münze kennenlernen.«
»Ist es das, was ihr hier macht, Don Juan?«
»Unser Fall liegt etwas anders, denn wir sind am Ende unseres Weges angelangt. Wir suchen nichts mehr. Was wir hier tun, ist etwas, das nur Krieger begreifen. Wir leben von Tag zu Tag und tun nichts. Wir warten. Ich muß es noch einmal wiederholen: Wir wissen, daß wir warten, und wir wissen, worauf wir warten. Wir warten auf die Freiheit!
Und jetzt, wo du dies weißt«, fügte er grinsend hinzu, »laß uns zu unserem Gespräch über die Bewußtheit zurückkehren.«
In der Regel wurden wir, solange wir in diesem Zimmer saßen,

von niemandem gestört, und Don Juan bestimmte immer die Länge unserer Diskussionen. Diesmal aber hörten wir ein höfliches Klopfen an der Tür, und Genaro trat ein und setzte sich. Ich hatte Genaro nicht mehr gesehen seit dem Tag, als wir in großer Hast sein Haus verließen. Ich umarmte ihn.
»Genaro hat dir etwas zu sagen«, sagte Don Juan. »Ich sagte dir doch, er ist der Meister der Bewußtheit. Jetzt kann ich dir auch verraten, was dies bedeutet. Er versteht es, den Montagepunkt tiefer in das leuchtende Ei hineingleiten zu lassen, nachdem dieser Punkt durch den Nagualschlag aus seiner üblichen Position gestoßen wurde.«
Genaro, so sagte er, habe meinen Montagepunkt unzählige Male angestoßen, nachdem ich in den Zustand gesteigerter Bewußtheit eingetreten sei. An jenem Tag, als wir zu dem großen flachen Felsen hinausgingen, um miteinander zu sprechen, habe Genaro meinen Montagepunkt auf dramatische Weise zur linken Seite gleiten lassen – auf so dramatische Weise, daß es etwas gefährlich wurde.
Don Juan hielt inne und schien bereit, Genaro die Initiative zu überlassen. Er nickte, als wolle er Genaro auffordern, etwas zu sagen. Genaro stand auf und kam neben mich.
»Die Flamme ist sehr wichtig«, sagte er leise. »Erinnerst du dich an den Tag, als ich dich die Spiegelung des Sonnenlichts auf einem Stück Quarz anschauen ließ – damals, als wir auf diesem großen flachen Felsen saßen?«
Als Genaro es erwähnte, erinnerte ich mich. An jenem Tag – Don Juan machte gerade eine Pause im Gespräch – hatte mich Genaro auf die Brechung des Lichts in einem polierten Quarzbrocken aufmerksam gemacht, den er aus der Tasche zog und auf den flachen Stein legte. Das schimmernde Quarzstück hatte sofort meine Aufmerksamkeit gefesselt. Danach erinnerte ich mich nur noch, daß ich auf dem flachen Stein kauerte, während Don Juan mit besorgtem Gesichtsausdruck neben mir stand.
Ich wollte Genaro eben erzählen, daß ich mich erinnerte, als er zu sprechen anfing. Er brachte seinen Mund an mein Ohr und deutete auf eine der beiden Benzinlampen im Zimmer.
»Schau dir die Flamme an«, sagte er. »In ihr ist keine Hitze. Sie ist reine Flamme. Sie kann dich in die Tiefen des Unbekannten tragen.«

Noch während er sprach, spürte ich einen sonderbaren Druck; es war ein Gefühl körperlicher Schwere. Meine Ohren summten; meine Augen tränten so stark, daß ich kaum die Umrisse der Möbel ausmachen konnte. Meine Sicht war völlig verschwommen. Obwohl ich die Augen offen hatte, konnte ich das intensive Licht der Benzinlampen nicht sehen. Alles um mich her war dunkel. Da waren hellgrün phosphoreszierende Streifen, die auf dunklen, ziehenden Wolken leuchteten. Und dann kehrte meine Sehschärfe, so plötzlich wie sie ausgesetzt hatte, wieder zurück.
Ich konnte nicht feststellen, wo ich war. Mir war, als schwebte ich wie ein Ballon. Ich war allein. Angst überfiel mich, und mein Verstand versuchte eine Erklärung zu konstruieren, die mir im Augenblick sinnvoll erschien: Genaro habe mich hypnotisiert – mit Hilfe der Flamme der Benzinlampe. Ich war beinah befriedigt. Ich schwebte ruhig dahin und versuchte, mich nicht zu beunruhigen. Ich glaubte, ich könne vermeiden, mich zu beunruhigen, indem ich mich auf die bevorstehenden Stadien des Erwachens konzentrierte.
Als erstes bemerkte ich, daß ich gar nicht ich selbst war. Ich konnte nichts ansehen, weil ich nichts hatte, womit ich hätte sehen können. Als ich meinen Körper betrachten wollte, da war mir wohl, als bemerkte ich ihn, und doch war es, als blickte ich in den unendlichen Weltraum hinaus. Da waren unheimliche Wolken strahlenden Lichts, und Massen von Schwärze; beides in Bewegung. Deutlich sah ich ein Wellengekräusel bernsteinfarbenen Leuchtens mir entgegenströmen – wie eine gewaltige, langsame Meereswoge. Dann wußte ich, daß ich eine Boje war, schwebend im Raum, und daß die Woge mich überrollen und mitreißen würde. Ich nahm es als unvermeidlich hin. Aber kurz bevor die Woge mich erreichte, geschah etwas ganz Unerwartetes – ein Wind wehte mich aus der Bahn der Welle fort.
Die Macht dieses Windes trug mich mit ungeheurer Geschwindigkeit dahin. Ich fuhr durch einen gewaltigen Tunnel von hellen bunten Lichtern. Meine Sicht verschwamm vollständig, und dann war mir, als erwachte ich, als hätte ich einen Traum gehabt, einen hypnotischen Traum, den Genaro mir eingegeben habe. Im nächsten Moment befand ich mich wieder bei Don Juan und Genaro im Zimmer.

Den größten Teil des folgenden Tages verschlief ich. Am Spätnachmittag setzten Don Juan und ich uns wieder zusammen, um unser Gespräch fortzusetzen. Genaro hatte mich kurz vorher aufgesucht, war aber nicht bereit gewesen, sich über mein Erlebnis zu äußern.

»Gestern abend stieß Genaro wieder deinen Montagepunkt an«, sagte Don Juan. »Aber vielleicht war der Stoß zu mächtig.«

Eifrig berichtete ich Don Juan vom Inhalt meiner Vision. Er lächelte, offenkundig gelangweilt.

»Dein Montagepunkt bewegte sich aus seiner normalen Position«, sagte er. »Und dies ließ dich Emanationen wahrnehmen, die für gewöhnlich nicht wahrgenommen werden. Klingt ganz einfach, nicht wahr? Und doch ist es eine großartige Errungenschaft, die die neuen Seher zu ergründen suchen.«

Aus zwei Gründen, erklärte er, ziehe der Mensch es vor, immer wieder dieselben Emanationen wahrzunehmen. Erstens, und vor allem, weil man uns gelehrt habe, daß diese Emanationen wahrnehmbar sind, und zweitens, weil unser Montagepunkt diese Emanationen auswähle und so vorbereite, daß sie genutzt werden könnten.

»Jedes Lebewesen«, fuhr er fort, hat einen Montagepunkt, der die hervorzuhebenden Emanationen auswählt. Die Seher können *sehen*, ob lebende Wesen die gleiche Sicht der Welt haben, indem sie *sehen*, ob die Emanationen, die deren Montagepunkte ausgewählt haben, die gleichen sind.«

Eine der wichtigsten Errungenschaften der neuen Seher, so betonte er, sei die Entdeckung gewesen, daß die Lokalisierung des Montagepunktes an einer bestimmten Stelle auf dem Kokon aller Lebewesen kein unabänderliches Merkmal, sondern nur durch Gewohnheit auf diese Stelle festgelegt sei. Daher auch die große Bedeutung, die die neuen Seher neuen Verhaltensweisen, neuen Praktiken beilegten. Sie seien verzweifelt bemüht, neue Gepflogenheiten, neue Gewohnheiten zu finden.

»Der Nagualschlag ist so wichtig«, fuhr er fort, »weil er diesen Punkt in Bewegung bringt. Er verändert dessen Lage. Manchmal bewirkt er sogar einen bleibenden Spalt. Dann wird der Montagepunkt völlig verdrängt, und das Bewußtsein verändert sich in dramatischer Weise. Um aber zu erkennen, daß dieser Punkt von innen her bewegt werden kann, ist es Voraussetzung, die Wahrheiten über das Bewußtsein richtig zu verstehen. Die traurige Wahrheit ist, daß der Mensch immer etwas versäumt, was ihn bereichern könnte. Er weiß einfach nichts über seine Möglichkeiten.«

»Wie kann man diese Veränderung von innen her erreichen?« fragte ich.

»Diese Erkenntnis, sagen die neuen Seher, ist eine Technik«, sagte er. »Sie sagen, man muß sich vor allem bewußt werden, daß die Welt, wie wir sie wahrnehmen, eine Folge der Tatsache ist, daß unser Montagepunkt an einer bestimmten Stelle auf unserem Kokon sitzt. Sobald man das begriffen hat, kann man den Montagepunkt – infolge neuer Gepflogenheiten – beinahe willentlich verschieben.«

Ich begriff nicht, was er unter Gepflogenheiten verstand. Ich bat ihn, mir zu erklären, was er meinte.

»Der Montagepunkt des Menschen erscheint an einer bestimmten Stelle des Kokon, weil der Adler es so befiehlt«, sagte er. »Aber der genaue Sitz dieses Punktes ist durch Gewohnheit bestimmt, durch wiederholte Handlungen. Zuerst lernen wir, daß er an dieser Stelle sitzen kann, und dann befehlen wir selbst ihm, an dieser Stelle zu sitzen. Unser Befehl wird zum Befehl des Adlers, und der Punkt wird an dieser Stelle fixiert. Bedenke dies sehr genau; unser Befehl wird zum Befehl des Adlers. Die alten Seher mußten teuer für diese Erkenntnis bezahlen. Wir werden später darauf zurückkommen.«

Er stellte noch einmal fest, daß die alten Seher sich ausschließlich darauf konzentriert hätten, Tausende höchst komplizierter Techniken der Zauberei zu entwickeln. Niemals aber erkannten sie, so fuhr er fort, daß ihre raffinierten Methoden, so grotesk sie waren, keinen anderen Wert hatten, als die Fixierung ihres Montagepunktes aufzubrechen und ihn in Bewegung zu bringen.

Ich bat ihn, mir noch einmal zu erklären, was er gesagt hatte.

»Ich sagte dir schon einmal, daß die Zauberei irgendwie eine Sackgasse ist«, antwortete er. »Damit wollte ich sagen, daß solche Praktiken keinen unmittelbaren Wert haben. Ihr Wert ist ein mittelbarer, denn ihre eigentliche Funktion ist, den Montagepunkt sich verschieben zu lassen, indem sie die erste Aufmerksamkeit zwingen, ihre Kontrolle über diesen Punkt zu lockern.

Die neuen Seher dagegen erkannten, welche Rolle diese Zaubertechniken in Wirklichkeit spielten, und beschlossen, direkt an die Sache heranzugehen und ihren Montagepunkt – unter Vermeidung all der unsinnigen Rituale und Beschwörungen – sich verschieben zu lassen. Und doch sind Rituale und Beschwörungen irgendwann im Leben eines Kriegers notwendig. Ich selbst habe dich in alle möglichen Verfahren der Zauberei eingeführt, aber nur zu dem Zweck, deine erste Aufmerksamkeit aus dem Einflußbereich der Selbst-Versenkung fortzulocken, die deinen Montagepunkt starr fixiert hält.«

Er fügte noch an, daß die zwanghafte Verstrickung der ersten Aufmerksamkeit in Selbst-Versenkung oder Vernunft eine stark bindende Kraft sei und daß Rituale, eben weil sie auf Wiederholung beruhten, die erste Aufmerksamkeit zwingen könnten, ihre Energie von der Betrachtung des inneren Inventars abzulenken – wodurch der Montagepunkt seine starre Fixierung verliere.

»Was geschieht mit Leuten, deren Montagepunkt seine starre Fixierung verliert?« fragte ich.

»Falls sie keine Krieger sind, glauben sie, den Verstand zu verlieren«, sagte er lächelnd. »Genau wie du einmal glaubtest, du würdest verrückt. Wenn sie aber Krieger sind, wissen sie, daß sie verrückt geworden sind, aber sie warten geduldig ab. Bei gesundem Verstand zu sein, weißt du, bedeutet, daß der Montagepunkt unbeweglich ist. Wenn er sich verschiebt, bedeutet es buchstäblich, daß man ver-rückt ist.«

Zwei Möglichkeiten, sagte er, stünden dem Krieger offen, der seinen Montagepunkt verschoben habe. Die eine sei, anzuerkennen, daß man krank ist. Dann könne man sich verrückt benehmen und emotional auf die sonderbaren Welten reagieren, welche die Verschiebung des Montagepunktes einen erleben lasse. Die andere sei, gelassen und ungerührt zu bleiben, in der Gewißheit, daß der Montagepunkt immer wieder in seine Ausgangslage zurückkehrt.

»Wie aber, wenn der Montagepunkt nicht in seine Ausgangslage zurückkehrt?« fragte ich.

»Dann sind die Betreffenden verloren«, sagte er. »Sie sind entweder verrückt, denn ihr Montagepunkt kann nie mehr die Welt zusammensetzen, wie wir sie kennen; oder sie sind Seher ohnegleichen, die ihre Reise zum Unbekannten angetreten haben.«

»Was entscheidet darüber, ob das eine oder das andere geschieht?«
»Energie! Makellosigkeit! Makellose Krieger verlieren nicht den Verstand. Sie bleiben gelassen. Wie oft habe ich dir gesagt, daß makellose Krieger zuweilen erschreckende Welten sehen, und doch können sie im nächsten Moment einen Witz erzählen und mit ihren Freunden lachen, oder auch mit Fremden.«
Ich erzählte ihm, wie schon mehrmals in der Vergangenheit, daß ich krank zu werden glaubte, weil ich – als Nachwirkung der Einnahme halluzinogener Pflanzen – eine Reihe von auflösenden sensorischen Erfahrungen durchgemacht hätte. Ich erlebte Zustände einer völligen räumlichen und zeitlichen Spaltung, sehr beunruhigende Entgleisungen der geistigen Konzentration, sogar Visionen oder Halluzinationen von anderen Orten und Menschen, die ich anzustarren pflegte, als ob sie tatsächlich existierten. Ich mußte annehmen, ich sei im Begriff, den Verstand zu verlieren.
»Nach gewöhnlichen Maßstäben warst du tatsächlich im Begriff, den Verstand zu verlieren«, sagte er. »Doch nach Auffassung der Seher hättest du, falls du ihn wirklich verloren hättest, dabei nicht viel verloren. Der Verstand ist für den Seher nichts anderes als die Selbst-Betrachtung des menschlichen Inventars. Wenn du diese Selbst-Betrachtung verlierst, ohne dabei deinen Halt zu verlieren, lebst du in Wirklichkeit ein unendlich viel stärkeres Leben, als wenn du sie behalten hättest.«
Mein Fehler, meinte er, seien meine emotionalen Reaktionen, die mich an der Einsicht hinderten, daß die Wunderlichkeit meiner Sinneserfahrungen durch das tiefe Hineingleiten meines Montagepunktes in das menschliche Band der Emanationen bedingt sei.
Ich sagte ihm, daß ich nicht verstehen könne, was er mir da erklärte, denn die Struktur, die er als menschliches Emanationen-Band bezeichne, sei für mich unvorstellbar. Ich hätte es mir vorgestellt wie ein Band, das sich über die Oberfläche einer Kugel zieht.
Er gab zu, daß es irreführend sei, von einem Band zu sprechen, und dann versuchte er mir durch ein Gleichnis zu veranschaulichen, was er meinte. Die leuchtende Form des Menschen, sagte er, sei wie eine Kugel Weichkäse, mit einer dicken Schicht einer

dunkleren Käsesorte eingelagert. Er sah mich an und kicherte. Er wußte, daß ich Käse nicht ausstehen konnte.
Er warf ein Diagramm auf eine kleine Tafel. Er zeichnete eine eiförmige Figur und unterteilte sie der Länge nach in vier Streifen, wobei er meinte, er werde diese Trennlinien gleich wieder löschen, denn er habe sie nur eingezeichnet, um mir zu veranschaulichen, wo das Band auf dem Kokon des Menschen lokalisiert sei. Dann zeichnete er ein breites Band auf die Linie zwischen dem ersten und dem zweiten Streifen und wischte die Trennlinien aus. Das Band, erklärte er, sei wie eine Scheibe Schmelzkäse, eingelagert in eine Kugel Weichkäse.
»Wenn diese Weichkäsekugel nun durchsichtig wäre«, fuhr er fort, »könnte man sie als perfektes Modell des menschlichen Kokon auffassen. Der Schmelzkäse durchzieht das ganze Innere der Weichkäsekugel. Es ist eine Schicht, die von der einen Seite der Oberfläche zur anderen reicht.
Der Montagepunkt des Menschen liegt nun weiter oben, ungefähr im obersten Viertel der Eiform, an der Oberfläche des Kokon. Wenn nun der Nagual auf diesen Punkt intensiver Leuchtkraft einen Druck ausübt, bewegt sich der Punkt in die Schmelzkäse-Scheibe hinein. Gesteigerte Bewußtheit stellt sich ein, wenn das starke Leuchten des Montagepunktes die schlafenden Emanationen weit im Innern der Schicht Schmelzkäse hervorhebt. Zu *sehen*, wie das Leuchten des Montagepunkts in die Scheibe hineingleitet, vermittelt den Eindruck, als verschiebe er sich auf der Oberfläche des Kokon nach links.«
Er wiederholte diesen Vergleich drei- oder viermal, aber ich verstand nicht, und er mußte mir die Sache noch ausführlicher erklären. Die Durchsichtigkeit der leuchtenden Eiform, so sagte er, erwecke den Eindruck einer Bewegung nach links, während die Bewegung des Montagepunktes in Wirklichkeit einzig in die Tiefe führe, zum Mittelpunkt des leuchtenden Eies, über die Breite des menschlichen Bandes.
Ich wandte ein, dies höre sich an, als ob die Seher beim *Sehen* ihre Augen benützten.
»Der Mensch ist nicht das Unerkennbare«, sagte er. »Das Leuchten des Menschen kann man *sehen*, beinah als blickte man nur mit seinen Augen.«
Die alten Seher, erklärte er weiter, hätten die Bewegung des

Montagepunktes *gesehen*, aber es sei ihnen nie in den Sinn gekommen, daß es eine Bewegung in die Tiefe sein könne. Statt dessen vertrauten sie auf ihr *Sehen* und prägten die Bezeichnung ›Verschiebung nach links‹, die die neuen Seher beibehielten, wohl wissend, daß es irrig sei, von einer Verschiebung nach links zu sprechen.

Er selbst, so sagte er, habe im Verlauf meiner Lehrzeit bei ihm meinen Montagepunkt unzählige Male in Bewegung versetzt, wie auch eben, im gegenwärtigen Augenblick. Da die Verschiebung des Montagepunktes stets in die Tiefe führte, hätte ich nie das Gefühl meiner Identität verloren, trotz der Tatsache, daß ich dabei immer Emanationen nutzte, die ich noch nie zuvor genutzt hätte.

»Wenn der Nagual diesen Punkt anstößt«, fuhr er fort, »landet der Punkt irgendwo auf dem menschlichen Band. Aber wo, das ist völlig gleichgültig, denn wo er auch landen mag, es ist immer jungfräulicher Boden.

Der große Test, den die neuen Seher für ihre Krieger-Lehrlinge entwickelten, besteht darin, den Weg, den der Montagepunkt unter dem Einfluß des Nagual genommen hat, zurückzuverfolgen. Dieses Zurückverfolgen, wenn es abgeschlossen ist, nennt man die wiedererlangte Ganzheit des Selbst.«

Die neuen Seher behaupteten nun, sagte er, daß die Glut der Bewußtheit, sobald sie – im Laufe unserer Entwicklung – auf das menschliche Band der Emanationen fällt und einige von ihnen auswählt, um sie hervorzuheben, in einen ewigen Kreislauf gerate. Je stärker der Montagepunkt gewisse Emanationen hervorhebe, desto stabiler werde seine Position. Im gleichen Sinn könne man sagen, daß unser Befehl zum Befehl des Adlers wird. Wenn sich unser Bewußtsein zur ersten Aufmerksamkeit weiterentwikkele, dann werde der Befehl selbstverständlich so mächtig, daß es einen echten Sieg bedeute, diesen Teufelskreis zu durchbrechen und den Montagepunkt in Bewegung zu setzen.

Der Montagepunkt, sagte Don Juan, sei auch dafür verantwortlich, daß sich die Wahrnehmungen der ersten Aufmerksamkeit in Bündeln organisierten. Ein Beispiel für ein solches Bündel von Emanationen, die gemeinsam hervorgehoben würden, sei der menschliche Körper, wie wir ihn wahrnähmen. Ein anderer Teil unseres gesamten Wesens, nämlich unser leuchtender Kokon, er-

fahre keine Hervorhebung durch die erste Aufmerksamkeit und falle daher dem Vergessen anheim. Denn der Montagepunkt bewirke nicht nur, daß wir Emanationen in Bündeln wahrnehmen, sondern auch, daß wir andere Emanationen vergessen.
Als ich Don Juan bat, mir diesen Bündelungsvorgang genauer zu erklären, erwiderte er, daß der Montagepunkt ein Leuchten ausstrahle, das Bündel von eingeschlossenen Emanationen zusammenfasse. Diese Bündel richteten sich dann, und zwar bündelweise, an den allgemeinen Emanationen aus. Die Zusammenfassung erfolge auch dann, wenn der Krieger es mit Emanationen zu tun habe, die sonst niemals genutzt würden. Doch einmal hervorgehoben, könnten wir sie genauso wahrnehmen, wie wir die Bündel der ersten Aufmerksamkeit wahrnähmen.
»Es war eine der Sternstunden der neuen Seher«, fuhr er fort, »als sie herausfanden, daß das Unbekannte nichts anderes ist als die von der ersten Aufmerksamkeit vernachlässigten Emanationen. Ein unermeßlicher Bereich, aber dennoch ein Bereich, wo diese Bündelung geschehen kann. Das Unerkennbare dagegen ist eine Ewigkeit, in der unser Montagepunkt überhaupt nichts mehr zu bündeln vermag.«
Der Montagepunkt, erklärte er, sei wie ein leuchtender Magnet, der überall dort, wohin er sich innerhalb des menschlichen Emanationen-Bandes bewege, Emanationen auswähle und sie zusammenfasse. Diese Entdeckung sei der große Moment der neuen Seher gewesen, denn sie ließ das Unbekannte in einem neuen Licht erscheinen. Die neuen Seher hätten nämlich bemerkt, sagte Don Juan, daß gewisse zwanghafte Visionen des Sehers – und gerade die allerunglaublichsten – zusammenfallen mit einer Verschiebung des Montagepunktes an eine Stelle des menschlichen Bandes, die seiner üblichen Position diametral gegenüberliege.
»Dies sind Visionen von der dunklen Seite des Menschen«, beteuerte er.
»Warum nennst du es die dunkle Seite des Menschen?«
»Weil sie düster und unheilverkündend ist«, sagte er. »Es ist nicht nur das Unbekannte, sondern das Was-niemand-wissen-will.«
»Wie aber steht es mit den Emanationen, die im Innern des Kokon, aber außerhalb des menschlichen Bandes liegen?« fragte ich. »Sind sie wahrnehmbar?«

»Ja, aber auf ganz unbeschreibliche Weise«, sagte er. »Sie sind nicht das menschliche Unbekannte, wie es die ungenutzten Emanationen im Band des Menschen sind, sondern sie sind das ganz unermeßliche Unbekannte, wo es überhaupt keine Spur des Menschlichen gibt. Dies ist tatsächlich ein Bereich von so überwältigender Weite, daß es auch den besten Sehern schwerfiele, diesen zu beschreiben.«

Ich beharrte noch einmal auf meiner Auffassung, daß das Geheimnis doch eher in uns selbst liege.

»Das Geheimnis ist außerhalb von uns«, sagte er. »In uns haben wir nur Emanationen, die bestrebt sind, den Kokon aufzubrechen. Und diese Tatsache leitet uns auf mancherlei Weise in die Irre, ganz gleich, ob wir Durchschnittsmenschen oder Krieger sind. Nur die neuen Seher sind dem gewachsen. Sie bemühen sich, zu *sehen.* Und durch die Verschiebung ihres Montagepunktes gelangen sie zu der Erkenntnis, daß das Geheimnis im Wahrnehmen selbst liegt. Nicht so sehr in dem, was wir wahrnehmen, sondern in dem, was uns wahrzunehmen befähigt.

Die neuen Seher glauben, wie ich dir schon sagte, daß unsere Sinne fähig sind, alles aufzunehmen. Sie glauben dies, weil sie *sehen*, daß es der Montagepunkt ist, der vorschreibt, was unsere Sinne wahrnehmen.

Wenn der Montagepunkt Emanationen im Innern des Kokon in einer anderen Position als seiner üblichen ausrichtet, sind die Sinne des Menschen fähig, auch das Unvorstellbarste wahrzunehmen.«

8. Die Position des Montagepunktes

Als Don Juan seine Erklärung über die Beherrschung des Bewußtseins wieder aufnahm, befanden wir uns in seinem Haus im Süden Mexikos. Dieses Haus gehörte eigentlich allen Mitgliedern des Nagualzuges, aber Silvio Manuel galt als offizieller Besitzer, und alle bezeichneten es als Silvio Manuels Haus, auch wenn ich mir aus unerklärlichen Gründen angewöhnt hatte, es Don Juans Haus zu nennen.

Zu diesem Haus waren Don Juan, Genaro und ich von einem Ausflug in die Berge zurückgekehrt. An diesem Tag, wir ruhten uns gerade von der langen Autofahrt aus und nahmen ein verspätetes Mittagessen ein, fragte ich Don Juan nach dem Grund für diese merkwürdige Irreführung. Er versicherte, es sei gar keine Irreführung; wenn dieses Haus als Silvio Manuels Haus bezeichnet werde, so sei dies eine Übung in der Kunst des Pirschens, der sich alle Mitglieder des Nagualzuges unbedingt, sogar in ihren privaten Gedanken, unterziehen müßten. Wollte einer von ihnen das Haus irgendwie anders bezeichnen, so käme dies einem Bruch seiner Verbindung mit dem Nagualzug gleich.

Ich protestierte, er habe mir nie etwas davon gesagt. Ich wollte durch meine alte Gewohnheit, es anders zu nennen, keine Mißverständnisse aufkommen lassen.

»Mach dir deswegen keine Sorgen«, sagte er, lächelnd und mir den Rücken klopfend. »Du darfst dieses Haus nennen wie du willst. Diese Vollmacht hat ein Nagual. Die Nagual-Frau zum Beispiel nennt es das Haus der Schatten.«

Unser Gespräch wurde unterbrochen, und ich sah ihn erst wieder, als er mich, ein paar Stunden später, in den rückwärtigen Patio holen ließ.

Er und Genaro schlenderten am anderen Ende der Galerie auf und ab; ich sah sie mit den Händen gestikulieren – offenbar in angeregtem Gespräch.

Es war ein klarer, sonniger Tag. Die Nachmittagssonne strahlte direkt auf einige Blumentöpfe, die rund um die Galerie von der Dachrinne herabhingen, und warf ihre Schatten auf die nördliche und östliche Mauer des Patio. Die Kombination von intensiv gelbem Sonnenlicht, tiefschwarzen Schatten der Blumentöpfe und den wunderbar zarten, kaum angedeuteten Schatten der zierlichen Blüten und Pflanzen darin war verblüffend. Offenbar hatte jemand, der einen scharfen Blick für Ausgewogenheit und Ordnung besaß, diese Pflanzen entsprechend gestutzt, um eine so köstliche Wirkung zu erzielen.

»Die Nagual-Frau hat das getan«, sagte Don Juan, als könne er meine Gedanken lesen. »Sie pflegt am Nachmittag auf diese Schatten zu starren.«

Die Vorstellung, wie sie hier nachmittags saß und die Schatten anstarrte, hatte auf mich eine heftige, beinah verheerende Wirkung. Das intensiv gelbe Licht dieser Stunde, die Stille dieser Stadt und die Liebe, die ich für die Nagual-Frau empfand, beschworen mir für einen Moment alle Einsamkeit des endlosen Pfades der Krieger.

Was dieser Weg bedeutete, hatte Don Juan ausgesprochen, als er mir sagte, die neuen Seher wären Krieger einer absoluten Freiheit, und ihre Suche gelte einzig der endlichen Befreiung, die anbräche, wenn sie völlige Bewußtheit erlangten. Und während ich diese eindringlichen Schatten an der Wand betrachtete, verstand ich mit ungetrübter Klarheit, was die Nagual-Frau meinte, wenn sie sagte, daß das Vorlesen von Gedichten die einzige Entspannung für ihren Geist sei, die sie kenne.

Heute erinnere ich mich daran, daß sie mir am Tag zuvor dort in dem Patio etwas vorgelesen hatte, aber da hatte ich ihre Inbrunst, ihre Sehnsucht nicht verstanden. Es war ein Gedicht von Juan Ramón Jiménez, »Hora Immensa«, das für sie, wie sie mir sagte, der Inbegriff der Einsamkeit des Kriegers sei, der nur lebt, um in die absolute Freiheit zu entschwinden.

Nur eine Glocke und ein Vogel durchbrechen die Stille ...
Es scheint, die beiden plaudern mit der sinkenden Sonne.
Goldenfarbenes Schweigen, Nachmittag aus Kristallen
geschaffen.
Eine wehende Reinheit wiegt die Bäume,
und jenseits all dessen

träumt ein durchsichtiger Fluß, er werde
Perlen zertrampelnd
sich losreißen
und in die Unendlichkeit fließen.

Don Juan und Genaro kamen zu mir und sahen mich überrascht an.

»Was machen wir eigentlich, Don Juan?« fragte ich. »Ist es möglich, daß die Krieger sich nur auf den Tod vorbereiten?«

»Keineswegs«, sagte er und tätschelte mir sachte die Schulter. »Die Krieger bereiten sich darauf vor, bewußt zu sein, und volle Bewußtheit erlangen sie nur, wenn kein Eigendünkel mehr in ihnen übrig ist. Nur wenn sie nichts sind, werden sie alles sein.«

Wir schwiegen einen Moment. Dann fragte mich Don Juan, ob mich das Selbstmitleid gepackt habe.

Ich gab keine Antwort, denn ich war mir nicht sicher.

»Du bedauerst doch nicht etwa, daß du hier bist, oder?« fragte Don Juan schwach lächelnd.

»Natürlich tut er das nicht«, beteuerte ihm Genaro. Dann schien er einen Moment zu zweifeln. Er kratzte sich am Kopf, sah mich an und zog die Augenbrauen hoch. »Vielleicht tust du's doch«, sagte er. »Nicht wahr?«

»Natürlich tut er's nicht«, versicherte Don Juan jetzt Genaro. Er vollführte die gleichen Gebärden, kratzte sich am Kopf und zog die Augenbrauen hoch. »Vielleicht tust du's«, sagte er. »Nicht wahr?«

»Natürlich tut er's nicht!« donnerte Genaro, und beide brachen in hemmungsloses Gelächter aus. Als sie sich beruhigt hatten, erklärte mir Don Juan, daß der Eigendünkel die treibende Kraft hinter jedem Anfall von Schwermut sei. Der Krieger, so fügte er hinzu, habe ein Recht auf seine tiefe Traurigkeit, aber diese Traurigkeit sei nur dazu da, ihn zum Lachen zu bringen.

»Genaro will dir etwas zeigen, das aufregender ist als alles Selbstmitleid, dessen du fähig bist«, sagte Don Juan. »Es hat etwas mit der Position des Montagepunktes zu tun.«

Im nächsten Moment begann Genaro durch die Galerie zu laufen, den Rücken gekrümmt und die Schenkel bis an die Brust anhebend.

»Der Nagual Julian hat ihn gelehrt, so zu laufen«, flüsterte Don Juan. »Man nennt es die Gangart der Kraft. Genaro kennt mehrere Gangarten der Kraft. Beobachte ihn genau.«

Genaros Bewegungen hatten tatsächlich eine hypnotische Wirkung. Unwillkürlich folgte ich seinen Bewegungen, zuerst mit den Augen, und dann unwiderstehlich mit den Füßen. Ich ahmte seine Gangart nach. So liefen wir einmal um den Patio und blieben dann stehen.

Während des Laufens hatte ich bemerkt, wie jeder Schritt mir eine ungewöhnliche Klarheit bescherte. Als wir stehenblieben, war ich in einem Zustand äußerster Wachheit. Ich hörte jedes Geräusch; ich gewahrte jede Veränderung des Lichts oder der Schatten um mich her. Ich geriet in den Bann eines Gefühls, das zu unmittelbarer Aktion drängte. Ich fühlte mich sehr aggressiv, muskelstark, wagemutig. Im gleichen Moment erblickte ich eine ungeheure Weite flachen Landes vor mir; gleich hinter mir sah ich einen Wald. Riesige Bäume, aufgereiht und gerade wie eine Mauer. Der Wald war dunkel und grün; die Ebene war sonnig und gelb.

Meine Atmung war tief und seltsam beschleunigt, aber nicht abnorm. Und doch zwang mich der Rhythmus meines Atems, auf der Stelle zu traben. Ich wollte losrennen, oder vielmehr, mein Körper wollte es, aber gerade als ich starten wollte, hielt mich etwas zurück.

Plötzlich waren Don Juan und Genaro neben mir. Wir schritten die Galerie hinab, Genaro zu meiner Rechten. Er stieß mich mit der Schulter an. Ich spürte die Schwere seines Körpers gegen mich drängen. Er schob mich nach links, und wir schwenkten ab, direkt gegen die östliche Mauer des Patio. Einen Moment lang hatte ich das unheimliche Gefühl, als würden wir durch die Mauer hindurchgehen, und ich wappnete mich bereits für den Aufprall, aber wir blieben unmittelbar vor der Mauer stehen.

Während ich, das Gesicht zur Wand gekehrt, vor der Mauer stand, musterten die beiden mich sehr aufmerksam. Ich wußte, was sie suchten; sie wollten sich überzeugen, daß ich meinen Montagepunkt verschoben hätte. Ich wußte, ich hatte es getan, denn meine Stimmung hatte sich verändert. Sie wußten es offenbar auch. Sie nahmen mich sachte an den Armen und gingen schweigend mit mir zur anderen Seite der Galerie, zu einem dunklen

Durchgang, einem schmalen Korridor, der den Patio mit dem übrigen Haus verband. Dort blieben wir stehen. Don Juan und Genaro traten ein paar Schritte von mir zurück.
Ich stand vor jener Seite des Hauses, die in dunklem Schatten lag. Ich blickte in ein leeres, dunkles Zimmer. Ich hatte ein Gefühl körperlicher Erschöpfung. Ich fühlte mich matt, gleichgültig, und doch empfand ich so etwas wie geistige Kraft. Und dann erkannte ich, daß mir etwas fehlte. Mein Körper hatte keine Kraft mehr. Ich konnte mich kaum aufrecht halten. Schließlich gaben meine Beine nach, und ich setzte mich und legte mich dann auf die Seite. Während ich dort lag, hatte ich die herrlichsten, erfüllendsten Gedanken der Liebe zu Gott, zur ewigen Güte.
Dann befand ich mich plötzlich vor dem Hauptaltar einer Kirche. Das mit Blattgold überzogene Basrelief funkelte im Schimmer tausender Kerzen. Ich sah die dunklen Gestalten von Männern und Frauen, die auf einem großen Palankin ein riesiges Kruzifix trugen. Ich wich ihnen aus und trat vor die Kirche hinaus. Dort sah ich eine Menschenmenge, ein Meer von brennenden Kerzen mir entgegenwallen. Ich fühlte mich erhoben. Ich lief ihnen entgegen. Ich war von tiefer Liebe durchdrungen. Ich wollte bei ihnen sein, zum Herrn beten. Ich war nur noch wenige Meter von der Menschenmenge entfernt, als irgend etwas mich fortriß.
Im nächsten Moment war ich bei Don Juan und Genaro. Sie nahmen mich in die Mitte, während wir gemächlich um den Patio schritten.

Während des Mittagessens, am nächsten Tag, erklärte mir Don Juan, Genaro habe mit seiner Gangart der Kraft meinen Montagepunkt angestoßen, und er habe dies vermocht, weil ich mich in einem Zustand inneren Schweigens befunden hätte. Das Kernstück all dessen, was die Seher tun, so sagte er, sei etwas, wovon er mir seit dem ersten Tag unserer Bekanntschaft gesprochen habe: das Anhalten des inneren Dialogs. Und immer wieder hatte er betont, daß es der innere Dialog sei, der den Montagepunkt an seinem ursprünglichen Platz fixiert halte.
»Ist erst das Schweigen erreicht, dann ist alles möglich«, sagte er.
Ich sei mir wohl der Tatsache bewußt, erzählte ich ihm, daß ich im allgemeinen aufgehört hätte, Selbstgespräche zu führen, und

doch wisse ich nicht, wie mir das gelungen sei. Hätte mich jemand gebeten, die Technik zu erklären, ich hätte nichts zu sagen gewußt.

»Die Erklärung dafür ist so einfach wie nur etwas«, sagte er. »Du *wolltest* es. Und damit hast du eine neue *Absicht*, einen neuen Befehl begründet. Und dann wurde dein Befehl zum Befehl des Adlers.

Es ist eines der erstaunlichsten Dinge, die die neuen Seher herausfanden: daß unser Befehl zum Befehl des Adlers werden kann. Der innere Dialog hört auf, genau wie er anfängt: durch einen Akt des *Willens*. Immerhin werden wir von denen, die uns in der Kindheit belehren, zum Selbstgespräch gezwungen. Indem sie uns lehren, setzen sie ihren *Willen* ein, und wir setzen den unseren ein – beide, ohne es zu wissen. Und so lernen wir, mit uns selbst zu sprechen, und lernen damit, den *Willen* einzusetzen. Wir *wollen*, daß wir mit uns selbst sprechen. Die Beendigung des Selbstgesprächs geschieht nach genau derselben Methode: wir müssen es *wollen*, wir müssen es *beabsichtigen.*«

Wir schwiegen ein paar Minuten. Dann fragte ich ihn, wen er denn gemeint habe, als er sagte, daß wir Lehrer hätten, die uns lehrten, mit uns selbst zu sprechen.

»Ich meinte das, was dem Menschen widerfährt, solange er ein Kind ist«, antwortete er. »Zu einer Zeit, da alle in seiner Umgebung ihn lehren, einen endlosen Dialog zu wiederholen, der sich um seine eigene Person dreht. Dieser Dialog wird verinnerlicht, und nur diese Kraft hält den Montagepunkt an seiner Stelle fixiert.

Die neuen Seher sagen, daß das Kind Hunderte von Lehrern hat, die ihm genau sagen, wo es seinen Montagepunkt lokalisieren soll.«

Die Seher hätten nämlich gesehen, wie er ausführte, daß Kinder anfangs keinen fixierten Montagepunkt haben. Ihre eingeschlossenen Emanationen seien in einem Zustand großer Erregung, und ihr Montagepunkt verschiebe sich im Band des Menschen hin und her, was den Kindern eine große, aber später gründlich vernachlässigte Fähigkeit gebe, sich auf verschiedene Emanationen einzustellen. Während das Kind heranwachse, zwängen die Erwachsenen seiner Umgebung es – durch die beträchtliche Macht, die sie über es haben –, seinen Montagepunkt mittels eines immer

komplizierter werdenden inneren Dialogs zu fixieren. Der innere Dialog sei ein Prozeß, der die Position des Montagepunktes dauernd festige, denn diese Position sei eine willkürliche und bedürfe einer solchen Verstärkung.
»Tatsache ist, daß viele Kinder *sehen*«, fuhr er fort. »Die meisten von ihnen, die *sehen*, gelten als Sonderlinge, und es wird alles getan, sie umzuerziehen, um die Position ihres Montagepunktes zu festigen.«
»Könnte man aber Kinder nicht ermutigen, ihren Montagepunkt beweglicher zu halten?« fragte ich.
»Nur wenn sie unter den neuen Sehern leben würden«, sagte er. »Sonst würden sie sich, wie die alten Seher, in den Wirrungen der schweigenden Seite des Menschen verstricken. Und glaube mir, das ist schlimmer, als in den Fängen der Rationalität hängenzubleiben.«
Don Juan äußerte seine tiefe Bewunderung für die Fähigkeit des Menschen, Ordnung im Chaos der Emanationen des Adlers zu stiften. Er behauptete, daß wir alle von Hause aus meisterhafte Magier wären und unsere Magie einsetzten, um unseren Montagepunkt unabänderlich fixiert zu halten.
»Die Kraft der allgemeinen Emanationen«, fuhr er fort, »bewirkt, daß unser Montagepunkt gewisse Emanationen auswählt und sie zum Zweck der Ausrichtung und Wahrnehmung bündelt. Dies ist der Befehl des Adlers. Die Bedeutung aber, die wir dem beilegen, was wir wahrnehmen, ist unser eigener Befehl, unsere Gabe der Magie.«
Im Lichte des eben Gesagten, erklärte er, sei das, was Genaro tags zuvor mit mir getan habe, etwas außerordentlich Schwieriges und doch ganz Einfaches. Es sei schwierig, weil es allen Beteiligten eine ungeheure Disziplin abverlange; es verlange, daß der innere Dialog angehalten werde, daß ein Zustand gesteigerter Bewußtheit erreicht sei und daß ein anderer mit unserem Montagepunkt fortgehe. Die Erklärung dieser komplizierten Techniken sei aber ganz einfach: die neuen Seher behaupteten nämlich, daß die Position des Montagepunktes, da sie eine willkürliche und von unseren Vorfahren für uns ausgewählte sei, mit relativ geringer Anstrengung bewegt werden könne. Sobald sie sich bewege, erfordere sie eine neue Ausrichtung der Emanationen, und mithin neue Wahrnehmungen.

»Früher gab ich dir Kraft-Pflanzen, um deinen Montagepunkt in Bewegung zu bringen«, fuhr Don Juan fort. »Kraft-Pflanzen haben eine solche Wirkung; aber Hunger, Müdigkeit und Fieber oder dergleichen können eine ähnliche Wirkung haben. Der Durchschnittsmensch begeht den Fehler, zu glauben, die Folge einer Verschiebung sei eine rein psychische. Das ist sie nicht, wie du selbst bestätigen kannst.«
Mein Montagepunkt, so erklärte er mir, habe in der Vergangenheit schon Hunderte solcher Verschiebungen vollzogen, genau wie er es tags zuvor getan habe, und meist seien die Welten, die er zusammensetze, der Welt des Alltagslebens so nahe gewesen, daß sie praktisch Phantomwelten waren. Solche Visionen, betonte er, würden aber von den neuen Sehern automatisch zurückgewiesen.
»Diese Visionen sind das Produkt des menschlichen Inventars«, fuhr er fort. »Sie haben keinen Wert für den Krieger auf seiner Suche nach absoluter Freiheit, denn sie entstehen durch eine Seitwärts-Verschiebung des Montagepunktes.«
Mit dem Ausdruck Seitwärts-Verschiebung hatte er, das wußte ich, eine Verschiebung des Punktes von der einen Seite zur anderen, quer über die ganze Breite des menschlichen Emanationen-Bandes gemeint, und nicht eine Verlagerung in die Tiefe. Ich fragte ihn, ob ich recht hätte.
»Genau, was ich meinte«, sagte er. »An beiden Rändern des menschlichen Emanationen-Bandes gibt es eine seltsame Müllhalde, einen unvorstellbaren Haufen menschlichen Abfalls. Es ist eine sehr trübselige, finstere Halde. Für die alten Seher hatte sie einen großen Wert. Aber nicht für uns.
Es ist allerdings ganz leicht, dort hineinzufallen. Gestern versuchten Genaro und ich, dir ein kurzes Beispiel für diese Seitwärts-Verschiebung zu geben. Das war der Grund, warum wir mit deinem Montagepunkt fortgingen. Aber jeder kann diese Halde erreichen, indem er einfach seinen inneren Dialog anhält. Wenn die Verschiebung nur eine minimale ist, werden die Resultate als geistige Trugbilder erklärt. Wenn die Verschiebung größer ist, bezeichnet man die Folgen als Halluzinationen.«
Ich bat ihn, mir das Fortgehen mit dem Montagepunkt zu erklären. Er sagte, sobald der Krieger – durch das Anhalten seines inneren Dialogs – ein inneres Schweigen erreicht habe, könne das

bloße Geräusch der Gangart der Kraft, mehr noch als ihr Anblick, seinen Montagepunkt einfangen. Der Rhythmus gedämpfter Schritte fessele augenblicklich die – durch das innere Schweigen gelöste – Kraft der Emanationen im Innern des Kokon.

»Diese Kraft hängt sich sofort an die Ränder des Bandes«, fuhr er fort. »Am rechten Rand finden wir endlose Visionen körperlicher Aktivität, Gewalt, Mord und Wollust. Am linken Rand finden wir Spiritualität, Religion, Gott. Genaro und ich gingen mit deinem Montagepunkt an beide Ränder, um dir einen umfassenden Überblick über diese menschliche Müllhalde zu vermitteln.«

Don Juan wiederholte noch einmal, als sei ihm ein neuer Gedanke gekommen, daß diese unglaubliche Wirkung des inneren Schweigens einer der geheimnisvollsten Aspekte am Wissen der neuen Seher sei. Sobald das innere Schweigen erreicht sei, sagte er, begännen die Bindungen, die den Montagepunkt an seinen jeweiligen Platz binden, sich aufzulösen, und der Montagepunkt werde frei und bewege sich.

Diese Bewegung, sagte er, erfolge gewöhnlich nach links, und diese bevorzugte Richtung sei bei den meisten Menschen eine ganz natürliche Reaktion. Es gäbe aber Seher, die diese Bewegung auf Stellen unterhalb der üblichen Position des Punktes richten könnten. Diese Verschiebung bezeichneten die neuen Seher als die »Verschiebung nach unten«.

»Auch zufällige Verschiebungen nach unten können dem Seher passieren«, fuhr er fort. »Der Montagepunkt bleibt aber nicht lange dort unten, und das ist gut so, denn dies ist die Stelle, wo er sich beim Tier befindet. Wenn er nach unten rutscht, so läuft dies unserem Interesse zuwider, auch wenn es ganz leicht zu bewerkstelligen ist.«

Es sei einer der schlimmsten Irrtümer jener alten Seher gewesen, wie Don Juan sagte, daß sie ihren Montagepunkt in die unermeßliche Region dort unten gleiten ließen, was sie zu wahren Meistern im Annehmen tierischer Gestalten machte. Sie wählten verschiedene Tiere als Bezugspunkt und nannten diese Tiere ihr Nagual. Sie glaubten, indem sie ihren Montagepunkt an bestimmte Stellen bewegten, könnten sie die Eigenschaften des Tiers ihrer Wahl annehmen, seine Kraft oder seine Klugheit, seine List oder Behendigkeit, seine Wildheit.

Sogar unter den heutigen Sehern, versicherte mir Don Juan, gäbe es viele traurige Beispiele für solche Praktiken. Die relative Leichtigkeit, mit der sich der Montagepunkt des Menschen nach unteren Positionen verschiebe, stelle eine große Versuchung für den Seher dar, besonders, wenn er von seiner Veranlagung her dazu neige. Daher sei es die Pflicht eines Nagual, seine Krieger auf die Probe zu stellen.

Mich habe er, wie er sagte, auf die Probe gestellt, indem er meinen Montagepunkt in eine untere Position gleiten ließ, während ich unter dem Einfluß von Kraft-Pflanzen stand. Dann habe er meinen Montagepunkt dirigiert, bis ich das Emanationen-Band der Krähen herausgreifen konnte, was dazu führte, daß ich mich in eine Krähe verwandelte.

Und wieder stellte ich Don Juan die Frage, die ich ihm schon Dutzende Male vorgelegt hatte. Ich wollte wissen, ob ich mich körperlich in eine Krähe verwandelt oder mich nur wie eine Krähe gefühlt hätte.

Eine Verschiebung des Montagepunktes nach unten, so erklärte er, bewirke immer eine völlige Verwandlung. Wenn der Montagepunkt unter eine kritische Schwelle gleite, so fügte er hinzu, verschwinde die Welt. Sie höre auf, das zu sein, was sie für uns im Reich des Menschen ist.

Er gestand zu, daß meine Verwandlung tatsächlich in jeder Hinsicht erschreckend gewesen sei. Meine Reaktion auf diese Erfahrung habe ihm bewiesen, daß meine Veranlagung nicht in diese Richtung neige. Wäre es anders gewesen, dann hätte ich unter Aufbietung ungeheurer Energie meine Bereitschaft bekämpfen müssen, in jener unteren Region zu verweilen, in der sich manche Seher recht wohl fühlten.

Außerdem, sagte er, unterlaufe jedem Seher ab und zu eine ungewollte Verschiebung nach unten, aber solche Verschiebungen nach unten würden seltener, je weiter sich der Montagepunkt nach links bewege. Jedesmal aber, wenn so etwas passiere, schwinde die Kraft des Sehers, dem diese Erfahrung widerfährt, ganz erheblich. Es sei ein Rückschlag, den aufzuholen viel Zeit und Mühe koste.

»Solche Pannen machen den Seher sehr verdrossen und borniert«, fuhr er fort, »und in manchen Fällen auch extrem rational.«

»Wie kann der Seher solche Verschiebungen nach unten vermeiden?« fragte ich.
»Das hängt ganz von den Kriegern ab«, sagte er. »Manche neigen von Natur dazu, sich in ihren Launen gehenzulassen – du zum Beispiel. Das sind diejenigen, die besonders anfällig sind. Für solche wie dich empfehle ich vierundzwanzig Stunden Wachsamkeit am Tage, bei allem, was du tust. Disziplinierte Männer und Frauen sind weniger anfällig für solche Verschiebungen. Ihnen empfehle ich dreiundzwanzig Stunden Wachsamkeit am Tage.«
Er sah mich mit leuchtenden Augen an und lachte.
»Weibliche Seher erleben solche Verschiebungen nach unten öfter als Männer«, sagte er. »Aber sie können sich auch mühelos aus dieser Position wieder losreißen, während Männer gefährlich lange in ihr verharren.«
Die Kriegerinnen hätten auch, sagte er, die ungewöhnliche Fähigkeit, ihren Montagepunkt in jeder beliebigen Position im unteren Bereich festzuhalten. Männer könnten dies nicht. Die Männer hätten dafür, sagte er, Nüchternheit und Zielstrebigkeit, aber sehr wenig Talent; dies sei der Grund, warum ein Nagual acht Seherinnen in seinem Zug haben müsse. Die Frauen gäben den Anstoß, die unermeßlichen Weiten des Unbekannten zu erkunden. Neben dieser natürlichen Veranlagung, oder vielleicht bedingt durch diese, zeichneten sich Frauen auch durch eine ungeheure Intensität aus. Daher könnten sie leicht, und mit beispielloser Wildheit, jede Tiergattung imitieren.
»Wenn du an unheimliche Dinge denkst«, fuhr er fort, »an etwas Namenloses, das dort in der Dunkelheit lauert, dann denkst du, ohne es zu wissen, an eine Seherin, die eine Position in der grenzenlosen unteren Region festhält. Dies ist der Ort, wo die wahren Schrecken hausen. Wenn du jemals einer irregeleiteten Seherin begegnest, dann lauf in die Berge!«
Ich fragte ihn, ob auch andere Organismen ihren Montagepunkt verschieben könnten.
»Der Punkt kann sich bei ihnen verschieben«, sagte er, »aber die Verschiebung ist keine freiwillige.«
»Wird auch der Montagepunkt anderer Organismen trainiert, dort zu erscheinen, wo er es tut?« fragte ich.
»Jeder neugeborene Organismus wird trainiert, auf diese oder

jene Weise«, antwortete er. »Vielleicht verstehen wir nicht, wie dieses Training vonstatten geht – wir wissen ja nicht einmal, wie es bei uns Menschen vonstatten geht – aber die Seher *sehen*, daß alle neugeborenen Geschöpfe angehalten werden, zu tun was ihre Gattung tut. Es ist ganz ähnlich wie bei Menschenkindern: die Seher *sehen*, wie ihr Montagepunkt sich hin und her verschiebt, und dann *sehen* sie, wie der Punkt aller Kinder durch die Anwesenheit von Erwachsenen auf eine bestimmte Stelle festgelegt wird. So geschieht es auch bei allen anderen Organismen.«

Don Juan besann sich eine Weile, und dann sagte er, daß es beim Menschen allerdings eine besondere Bewandtnis mit dem Montagepunkt habe. Er wies auf einen Baum vor dem Fenster.

»Wenn wir als ernsthafte Erwachsene einen Baum betrachten«, sagte er, »richtet sich unser Montagepunkt an einer unendlichen Zahl von Emanationen aus, und es geschieht ein Wunder. Unser Montagepunkt erlaubt uns, ein Bündel von Emanationen wahrzunehmen, das wir als Baum bezeichnen.«

Der Montagepunkt bewirke nicht nur, wie er ausführte, die für die Wahrnehmung notwendige Ausrichtung, sondern er tilge auch die Ausrichtung gewisser anderer Emanationen, um eine größere Schärfe der Wahrnehmung zu erreichen. Dies sei ein trickreicher Vorgang des Herausgreifens – ein Mechanismus, der nur den Menschen auszeichne.

Die neuen Seher hätten auch beobachtet, sagte er, daß nur der Mensch in der Lage sei, die Emanationen-Bündel noch weiter zu bündeln. Für diesen Vorgang verwandte er das spanische Wort *desnater*, das eigentlich das Abschöpfen des feinen Rahms aus dem Milchbottich, nach dem Abkühlen der Milch, bezeichnet. Auf die Wahrnehmung übertragen, meinte er, schöpfe der Montagepunkt des Menschen einen Teil der bereits zur Ausrichtung bereiten Emanationen ab und schaffe daraus ein feineres Gebilde.

»Beim Menschen«, fuhr Don Juan fort, »ist dieses Abgeschöpfte etwas viel Realeres als das, was andere Geschöpfe wahrnehmen. Dies aber ist unser Fallstrick. Denn es erscheint uns so real, daß wir vergessen, daß wir selbst es geschaffen haben, indem wir unserem Montagepunkt befahlen, dort aufzutauchen, wo er dann auftauchte. Wir vergessen, daß es nur deshalb real erscheint, weil unser Befehl uns vorschreibt, es als real wahrzunehmen. Wir haben die Macht, die oberste Lage der Ausrichtungen abzuschöpfen, aber wir haben nicht die Macht, uns vor unseren eigenen Befehlen zu schützen. Dies muß erst gelernt werden. Unserem Abschöpfen freie Hand zu lassen, wie wir es tun, ist ein Irrtum, für den wir so teuer bezahlen, wie die alten Seher für die ihren.«

9. Die Verschiebung nach unten

Don Juan und Genaro unternahmen ihre alljährliche Reise in den Norden Mexikos, in die Wüste von Sonora, um dort Heilpflanzen zu sammeln. Einer der Seher aus dem Nagualzug, Vicente Medrano, der Kräuterkundige unter ihnen, stellte aus diesen Pflanzen Arzneien her.
Ich hatte Don Juan und Genaro in Sonora getroffen, der letzten Station ihrer Reise, gerade rechtzeitig, um mit ihnen nach Hause, in den Süden zu fahren.
Einen Tag bevor wir die Fahrt antraten, setzte Don Juan plötzlich seine Erklärung über die Beherrschung des Bewußtseins fort. Wir rasteten im Schatten hoher Büsche, zwischen den Ausläufern der Berge. Es war später Nachmittag, beinah schon dunkel. Jeder von uns trug einen großen Jutesack voll Kräuter. Kaum hatten wir sie abgestellt, legte sich Genaro auf den Boden und schlief ein, seine zusammengerollte Jacke als Kopfkissen untergeschoben.
Don Juan sprach mit leiser Stimme auf mich ein, als wolle er Genaro nicht wecken. Er habe mir nun, sagte er, die meisten der Wahrheiten über das Bewußtsein erklärt, und es bliebe uns nur noch eine Wahrheit zu besprechen. Diese letzte Wahrheit, versicherte er, sei eine der höchsten Entdeckungen der alten Seher gewesen, auch wenn sie selbst dies nicht wußten. Ihr enormer Wert sei erst später von den neuen Sehern entdeckt worden.
»Ich habe dir doch erklärt, daß der Mensch einen Montagepunkt hat«, fuhr er fort, »und daß dieser Punkt die Emanationen zur Wahrnehmung ausrichtet. Wir sprachen auch darüber, daß dieser Punkt sich aus seiner festen Position wegbewegen kann. Nun, und die letzte Wahrheit lautet, daß dieser Punkt, sobald er sich über eine gewisse Grenze hinausbewegt, Welten zusammensetzen kann, die sich völlig von der uns bekannten Welt unterscheiden.«
Immer noch flüsternd, erzählte er mir, daß gewisse geografische Regionen nicht nur geeignet seien, diese gefährliche Bewegung

des Montagepunktes zu fördern, sondern auch eine bestimmte Richtung dieser Bewegung vorschrieben. Die Wüste von Sonora, zum Beispiel, helfe dem Punkt, sich aus seiner gewohnten Position nach unten zu bewegen, zum Platz der Tiere.

»Das ist der Grund, weshalb es in Sonora wirkliche Zauberer gibt«, fuhr er fort, »besonders Zauberinnen. Eine kennst du bereits. La Catalina. Früher einmal habe ich eine Kraftprobe zwischen euch beiden arrangiert. Ich wollte deinen Montagepunkt verschieben, und la Catalina, mit ihren Zauberpossen, rüttelte ihn los.«

Und dann erklärte mir Don Juan, daß die beängstigende Erfahrung, die ich damals mit la Catalina gehabt hatte, zum Teil eine arrangierte Vereinbarung zwischen den beiden gewesen sei.

»Wie fändest du es, wenn wir sie einladen würden, uns zu begleiten?« fragte mich Genaro mit dröhnender Stimme, während er sich aufrichtete.

Seine plötzliche Frage und der fremdartige Klang seiner Stimme versetzten mich augenblicklich in Panik.

Don Juan lachte und schüttelte mich an den Armen. Er versicherte, es sei kein Grund zur Beunruhigung. La Catalina, sagte er, sei für uns wie eine Tante oder eine Cousine. Sie gehöre zu unserer Welt, auch wenn sie nicht ganz unser Streben teile. Sie stünde eindeutig den alten Sehern näher.

Genaro lächelte und zwinkerte mir zu.

»Ich kann gut verstehen, daß dir die Hose eng wird wegen ihr«, sagte er zu mir. Bei jedem Zusammenstoß, den du mit ihr hattest, das hat sie mir selbst gestanden, wurde es dir, je größer deine Angst, desto heißer in der Hose.«

Don Juan und Genaro lachten beinah hysterisch.

Ich mußte zugeben, daß ich la Catalina zwar immer sehr unheimlich, zugleich aber als ungemein anziehende Frau empfunden hätte. Was mich am meisten an ihr beeindruckte, war ihre übersprudelnde Energie.

»Sie hat so viel Energie aufgespart«, warf Don Juan ein, »daß du nicht mal in gesteigerter Bewußtheit sein mußtest, damit sie deinen Montagepunkt bis ganz nach links bewegen konnte.«

La Catalina stand in sehr enger Beziehung zu uns, wie Don Juan erzählte, weil sie einst zum Zuge des Nagual Julian gehört hatte. In der Regel, so erklärte er, verließen der Nagual und alle Mitglieder seines Zuges gemeinsam die Welt, aber es gäbe auch Fälle, da sie in kleineren Gruppen oder einzeln aufbrächen. Ein Beispiel dafür seien der Nagual Julian und sein Zug. Obwohl er vor beinah vierzig Jahren die Welt verlassen hatte, war la Catalina noch immer da.

Und er erinnerte mich an etwas, das er schon einmal erwähnt hatte, nämlich, daß der Zug des Nagual Julian aus einer Gruppe von drei sehr ergebenen Männern und acht unübertrefflichen Frauen bestanden hatte. Dieses Ungleichgewicht, so behauptete Don Juan stets, sei einer der Gründe gewesen, warum die Mitglieder von Julians Nagualzug die Welt einzeln verließen.

La Catalina hatte, wie er erzählte, mit einer der unübertrefflichen Frauen aus dem Zug des Nagual Julian zusammengelebt, die ihr ganz außerordentliche Methoden beibrachte, ihren Montagepunkt in die untere Region zu verschieben. Diese Seherin hatte die Welt als eine der letzten verlassen. Sie erreichte ein sehr hohes Alter, und da sie und la Catalina beide aus Sonora stammten, waren sie in ihren späteren Jahren in die Wüste zurückgekehrt und hatten dort gelebt, bis die Seherin die Welt verließ. In der Zeit, die sie zusammen verbrachten, wurde la Catalina ihre ergebene Gehilfin und Schülerin, eine Schülerin, die bereit war, jene Methoden zu lernen, mit denen die alten Seher ihren Montagepunkt zu verschieben wußten.

Ich fragte Don Juan, ob das Wissen der Catalina sich wesentlich von dem seinen unterscheide.

»Wir sind genau gleich«, antwortete er. »Sie ist eher wie Silvio Manuel oder Genaro; tatsächlich ist sie die weibliche Ausgabe der beiden, aber als Frau ist sie natürlich unendlich viel aggressiver und gefährlicher als sie.«

Genaro pflichtete kopfnickend bei. »Unendlich viel gefährlicher«, sagte er und blinzelte wieder.

»Gehört sie zu eurem Zug?« fragte ich Don Juan.

»Ich sagte dir doch, sie ist wie unsere Tante oder Cousine«, erwiderte er. »Ich wollte damit sagen, sie gehört der älteren Generation an, auch wenn sie jünger ist als wir alle. Sie ist die letzte aus dieser Gruppe. Sie nimmt selten Kontakt mit uns auf. Sie kann uns nicht besonders gut leiden. Wir sind ihr zu steif, denn sie ist die Art des Nagual Julian gewöhnt. Das große Abenteuer des Unbekannten ist ihr lieber als das Streben nach Freiheit.«

»Welchen Unterschied gibt es denn zwischen diesen beiden?« fragte ich Don Juan.
»Im letzten Teil meiner Erklärung der Wahrheiten über das Bewußtsein«, antwortete er, »werden wir diesen Unterschied langsam und gründlich kennenlernen. Für den Augenblick brauchst du nur zu wissen, daß du in deiner linksseitigen Bewußtheit Geheimnisse birgst, die du eifersüchtig hütest; das ist auch der Grund, warum ihr beide, la Catalina und du, euch sympathisch seid.«
Ich betonte noch einmal, daß sie mir nicht direkt sympathisch sei, sondern daß ich ihre große Stärke bewunderte.
Don Juan und Genaro lachten und klopften mir auf die Schulter, als wüßten sie etwas, das ich nicht wußte.
»Du bist ihr sympathisch, weil sie weiß, wie du bist«, sagte Genaro und schmatzte mit den Lippen. »Sie kannte den Nagual Julian sehr gut.«
Die beiden warfen mir einen langen Blick zu, der mich verlegen machte.
»Worauf willst du hinaus?« fragte ich Genaro in streitlustigem Ton.
Er grinste mich an und bewegte mit komischer Grimasse die Augenbrauen auf und ab. Aber er sagte nichts.
Don Juan brach das Schweigen und fing an zu sprechen.
»Es gibt sehr merkwürdige Gemeinsamkeiten zwischen dem Nagual Julian und dir«, sagte er. »Genaro versucht nur herauszufinden, ob du dir dessen bewußt bist.«
Ich fragte die beiden, wie, um alles in der Welt, ich mir etwas so Unvorstellbarem bewußt sein sollte.
»La Catalina glaubt, du bist es«, sagte Genaro. »Und das behauptet sie, weil sie den Nagual Julian besser kannte als einer von uns hier.«
Ich wandte ein, ich könne nicht glauben, daß sie den Nagual Julian gekannt hätte, der doch die Welt vor beinah vierzig Jahren verlassen habe.
»La Catalina ist kein Osterküken«, sagte Genaro. »Sie sieht lediglich jung aus; das ist ein Teil ihres Wissens. Wie es auch zum Wissen des Nagual Julian gehörte. Du hast sie nur gesehen, wenn sie jung aussah. Sähest du sie, wenn sie alt aussieht, dann würden dir Hören und Sehen vergehen.«

»Was la Catalina tut«, warf Don Juan ein, »läßt sich nur im Lichte der drei Meisterschaften erklären: der Meisterschaft des Bewußtseins, der Meisterschaft des *Pirschens* und der Meisterschaft der *Absicht*.

Aber heute werden wir das, was sie tut, nur im Lichte der letzten Wahrheit über das Bewußtsein betrachten: nämlich der Wahrheit, die besagt, daß der Montagepunkt, nachdem er sich aus seiner Ausgangsposition bewegt hat, andere Welten als die unsere zusammenfügen kann.«

Don Juan bedeutete mir aufzustehen. Auch Genaro erhob sich. Ich griff automatisch nach dem Jutesack voll Heilkräuter. Als ich ihn über die Schulter werfen wollte, fiel Genaro mir in den Arm.

»Laß den Sack liegen«, sagte er lächelnd. »Wir werden einen kleinen Ausflug in die Berge machen, um la Catalina zu treffen.«

»Wo ist sie?« fragte ich.

»Dort oben«, sagte Genaro und deutete zum Gipfel eines flachen Berges. »Wenn du mit halbgeschlossenen Augen hinstarrst, kannst du sie *sehen* – als ziemlich dunklen Punkt vor dem Grün der Büsche.«

Ich bemühte mich, den dunklen Punkt zu sehen, aber ich konnte nichts erkennen.

»Geh doch einfach mal hinauf«, schlug Don Juan mir vor.

Ich verspürte Schwindel und Übelkeit. Mit einer Handbewegung drängte mich Don Juan, hinaufzugehen, aber ich wagte nicht, mich von der Stelle zu rühren. Schließlich packte mich Genaro am Arm, und wir kletterten beide zu jenem Gipfel hinauf. Als wir oben ankamen, merkte ich, daß Don Juan uns gefolgt war. Alle drei erreichten wir den Gipfel zur gleichen Zeit.

Don Juan begann sich ruhig mit Genaro zu unterhalten. Er fragte ihn, ob er sich erinnere, wie oft der Nagual Julian sie beinahe hätte erwürgen wollen, weil sie sich in ihrer Angst gehenließen. Genaro wandte sich nach mir um und beteuerte mir, daß der Nagual Julian ein rücksichtsloser Lehrer gewesen sei. Er und sein eigener Lehrer, der Nagual Elias, der damals noch auf Erden weilte, pflegten bei ihnen allen den Montagepunkt über eine gewisse Grenze hinaus nach unten zu verschieben und sie dann sich selbst zu überlassen.

»Ich habe dir einmal erzählt, daß der Nagual Julian uns empfahl, unsere sexuelle Energie nicht zu vergeuden«, fuhr Genaro fort. »Um den Montagepunkt zu verschieben, meinte er, braucht man Energie. Wenn man sie nicht hat, ist der Nagualschlag kein Schlag der Freiheit, sondern der Todesstreich.«
»Ohne genügend Energie«, sagte Don Juan, »ist die Kraft der Ausrichtung vernichtend. Man braucht Energie, um dem Druck jener Ausrichtungen standzuhalten, die unter gewöhnlichen Umständen nie zustande kommen würden.«
Genaro erzählte, daß der Nagual Julian ein begeisternder Lehrer gewesen sei. Er habe immer Wege gefunden, seine Schüler zu unterweisen, und gleichzeitig seinen Spaß zu haben. Es sei eine seiner bevorzugten Lehrmethoden gewesen, die Schüler unversehens, in ihrem normalen Bewußtseinszustand, zu überraschen und ihren Montagepunkt zu verschieben. Von da an brauchte er, wenn er ihre ungeteilte Aufmerksamkeit wünschte, nur noch mit einem unerwarteten Nagualschlag zu drohen.
»Der Nagual Julian war wirklich ein unvergeßlicher Mann«, sagte Don Juan. »Er hatte eine gute Hand mit Menschen. Er konnte ihnen die schlimmsten Dinge antun, aber bei ihm war es etwas Wunderbares. Bei jedem anderen wäre es grausam gewesen.
Der Nagual Elias dagegen hatte keine gute Hand mit Menschen, aber er war wirklich ein großer, großer Lehrer.«
»Der Nagual Elias war dem Nagual Juan Matus sehr ähnlich«, sagte Genaro zu mir. »Sie kamen sehr gut miteinander aus. Und der Nagual Elias hat ihn alles gelehrt, ohne jemals die Stimme zu heben, oder ihn mit Tricks hereinzulegen.
Aber der Nagual Julian war ganz anders«, fuhr Genaro fort, indem er mir einen freundlichen Puff versetzte. »Ich möchte sagen, daß er in seiner linken Seite sonderbare Geheimnisse barg, die er eifersüchtig hütete, genau wie du. Meinst du nicht auch?« fragte er Don Juan.
Don Juan antwortete nicht, nickte aber bestätigend. Er schien ein Lachen zu unterdrücken.
»Er war von spielerischem Charakter«, sagte Don Juan, und beide fingen schallend an zu lachen.
Ihre offensichtliche Anspielung auf irgend etwas, das sie allein wußten, bewirkte, daß ich mich nun erst recht bedroht fühlte.

Don Juan sagte beiläufig, sie hätten auf die bizarren Zaubertechniken angespielt, die der Nagual Julian im Lauf seines Lebens gelernt habe. Und Genaro fügte hinzu, daß der Nagual Julian einen weiteren einzigartigen Lehrer neben dem Nagual Elias gehabt habe, einen Lehrer, der ihn sehr liebte und ihn schwierige und überraschende Methoden lehrte, seinen Montagepunkt zu bewegen. Infolgedessen sei der Nagual Julian ein Mann von so ungemein exzentrischem Verhalten gewesen.

»Wer war dieser Lehrer, Don Juan?« fragte ich.

Don Juan und Genaro sahen sich an und kicherten wie kleine Kinder.

»Das ist eine sehr schwierige Frage«, antwortete Don Juan. »Ich kann nur soviel sagen, daß er der Lehrer war, der die Richtung unserer Schule änderte. Er lehrte uns manche Dinge, gute wie böse, aber zum Schlimmsten, das er uns lehrte, gehörte das, was die alten Seher taten. Daher gerieten einige von uns in eine Falle. Der Nagual Julian war einer von ihnen. Und auch la Catalina. Wir hoffen nur, daß du es ihnen nicht gleichtun wirst.«

Ich fing sofort an zu protestieren. Don Juan fiel mir ins Wort. Er sagte, ich wisse ja gar nicht, wogegen ich protestiere.

Während Don Juan sprach, wurde ich furchtbar wütend auf ihn und Genaro. Plötzlich fing ich an zu toben und schrie sie mit gellender Stimme an. Meine Reaktion war mir selbst so fremd, daß sie mich erschreckte. Es war, als sei ich ein anderer. Ich beherrschte mich und blickte die beiden hilfesuchend an.

Genaro hielt sich mit den Händen an Don Juans Schultern fest, als müsse er sich stützen.

Beide lachten hemmungslos.

Ich wurde so verzagt, daß ich beinah in Tränen ausbrach. Don Juan kam zu mir herüber. Beschwichtigend legte er mir die Hand auf die Schulter. Er sagte, die Wüste von Sonora habe es – aus ihm selbst unerklärlichen Gründen – an sich, Menschen und andere Organismen in eine eindeutig zänkische Stimmung zu versetzen.

»Die Leute sagen, es kommt vielleicht daher, daß die Luft hier zu trocken ist«, fuhr er fort. »Oder weil es zu heiß ist. Die Seher behaupten, hier gibt es einen besonderen Zusammenfluß von Emanationen des Adlers, der, wie ich dir sagte, den Montagepunkt nach unten zu verschieben hilft.

Aber, wie dem auch sei, der Krieger ist auf der Welt, um sich zu einem vorurteilslosen Zeugen heranzubilden. Er will das Mysterium unseres Daseins verstehen und den Triumph genießen, schließlich herauszufinden, was wir wirklich sind. Dies ist das höchste Ziel der neuen Seher. Aber nicht jeder Krieger erreicht es. Der Nagual Julian, so glauben wir, hat es nicht erreicht. Er ließ sich verlocken, genau wie la Catalina.«
Um ein unvergleichlicher Nagual zu sein, erklärte er dann, müsse man die Freiheit lieben, und man müsse extrem gleichmütig sein. Der Pfad der Krieger sei deshalb so gefährlich, sagte er, weil er das gerade Gegenteil der Lebenssituation des modernen Menschen darstelle. Der moderne Mensch habe das Reich des Unbekannten und Geheimnisvollen verlassen und sich im Reich des Funktionalen häuslich eingerichtet. Er habe der Welt der dunklen Ahnungen und der jubelnden Freude den Rücken gekehrt und sich der Welt der Langeweile zugewandt.
»Die Chance, zum Mysterium der Welt zurückzukehren«, fuhr Don Juan fort, »ist manchmal mehr, als der Krieger verkraften kann, und so unterliegt er. Er läßt sich verführen durch das – wie ich sagte – große Abenteuer des Unbekannten. Er vergißt das Streben nach Freiheit; er vergißt, ein vorurteilsloser Zeuge zu sein. Er versenkt sich in das Unbekannte und fängt an, es zu lieben.«
»Und ihr meint, so bin ich, nicht wahr?« fragte ich Don Juan.
»Wir meinen es nicht, wir wissen es«, erwiderte Genaro. »Und la Catalina weiß es besser als sonst jemand.«
»Wieso weiß sie es?« wollte ich erfahren.
»Weil sie ist wie du«, antwortete Genaro mit merkwürdiger Betonung seiner Worte.
Ich war schon wieder dabei, heftig aufzubegehren, als Don Juan mich unterbrach.
»Es gibt keinen Grund, sich so aufzuregen«, sagte er zu mir. »Du bist, wie du bist. Für manche ist es schwerer, um Freiheit zu ringen. Du bist einer von ihnen.
Um vorurteilslose Zeugen zu werden«, fuhr er fort, »müssen wir zuerst verstehen, daß einzig die Fixierung – oder Bewegung – des Montagepunktes darüber bestimmt, wer wir sind und wie wir die Welt erleben. Ganz gleich, was für eine Welt das sein mag.

Wenn man uns lehrt, Selbstgespräche zu führen, so meinen die neuen Seher, daß wir damit lernen, uns abzustumpfen, um den Montagepunkt an einen Punkt fixiert zu halten.«
Genaro klatschte laut in die Hände und stieß einen durchdringenden Pfiff aus, den Pfiff eines Fußballtrainers nachahmend.
»Los, mehr Bewegung in den Montagepunkt!« schrie er. »Auf, auf, auf! Bewegung, Bewegung, Bewegung!«
Wir lachten immer noch, als im Gebüsch zu meiner Rechten plötzlich etwas raschelte. Sofort setzten sich Don Juan und Genaro mit untergeschlagenem linken Bein auf die Erde. Das rechte Bein, das Knie angezogen, hielten sie wie einen Schild vor sich. Don Juan bedeutete mir, es ebenso zu machen. Er hob die Augenbrauen und verzog die Mundwinkel in angedeuteter Resignation.
»Zauberer haben ihre eigenen Macken«, flüsterte er. »Wenn sich der Montagepunkt in Regionen unterhalb seiner normalen Position bewegt, wird das Gesichtsfeld der Zauberer eingeschränkt. Wenn sie dich so stehen sehen, werden sie sich auf dich stürzen.«
»Der Nagual Julian ließ mich einmal zwei Tage lang in dieser Kriegerhaltung sitzen«, flüsterte Genaro mir zu. »Ich mußte sogar in dieser Haltung urinieren.«
»Und defäkieren«, setzte Don Juan nach.
»Richtig«, sagte Genaro. Und dann, als sei ihm noch etwas eingefallen, flüsterte er: »Ich hoffe, du hast schon Kacka gemacht. Solltest du dich noch nicht entleert haben, wirst du in die Hose scheißen, sobald la Catalina sich sehen läßt – es sei denn, ich zeige dir, wie du sie ausziehen mußt. Wenn du in dieser Haltung scheißen willst, mußt du erst mal die Hose ausziehen.«
Und dann zeigte er mir, wie ich mich aus meiner langen Hose winden sollte. Er tat dies auf ganz ernsthafte und besorgte Weise. Ich konzentrierte mich ganz auf seine Bewegungen. Erst als ich die Hose ausgezogen hatte, merkte ich, daß Don Juan schallend lachte. Mir wurde klar, daß Genaro schon wieder seinen Spaß mit mir trieb. Ich wollte aufspringen und meine Hose anziehen, als Don Juan mich zurückhielt. Er mußte so lachen, daß er kaum seine Worte hervorbrachte. Er befahl mir sitzenzubleiben, denn Genaro habe nur teilweise Spaß gemacht, und la Catalina stecke tatsächlich irgendwo im Gebüsch.

Sein mahnender Ton, trotz allen Gelächters, erzielte seine Wirkung. Ich erstarrte auf der Stelle. Im nächsten Moment versetzte ein Rascheln in den Büschen mich in solche Panik, daß ich meine Hose vergaß. Ich warf einen Blick zu Genaro. Er hatte wieder seine Hose an. Er zuckte die Schultern.
»Tut mir leid«, flüsterte er. »War keine Zeit mehr, dir zu zeigen, wie du sie wieder anziehen kannst, ohne aufzustehen.«
Ich fand nicht einmal mehr die Zeit, wütend zu werden oder in das Gelächter der beiden einzustimmen. Plötzlich teilte sich das Gebüsch direkt vor mir, und hervor kam ein ganz fürchterliches Geschöpf. Es war so fremdartig, daß ich mich nicht einmal fürchtete. Ich war fasziniert. Was immer es sein mochte, das dort vor mir aufgetaucht war – es war kein Mensch. Es ähnelte auch nicht im entferntesten einem Menschen. Eher glich es einem Reptil oder einem grotesken pummeligen Insekt. Oder sogar einem behaarten, grauenhaft abstoßenden Vogel. Sein Körper war von dunkler Farbe und hatte eine rauhe, rötliche Behaarung. Ich sah keine Beine, nur diesen häßlichen riesigen Kopf. Die Nase war flach, und die Nüstern waren zwei große Löcher an den Seiten. Es hatte so etwas wie einen Schnabel mit Zähnen. So gräßlich das Ding auch sein mochte, seine Augen waren wunderbar. Sie waren zwei hypnotisierende Seen von unvorstellbarer Klarheit. Sie beherbergten Wissen. Es waren keine menschlichen Augen, auch nicht die eines Vogels oder irgendeiner Tierart, die ich schon einmal gesehen hätte.
Die Kreatur wandte sich nach links und raschelte in den Büschen. Als ich den Kopf drehte, um ihr zu folgen, merkte ich, daß Don Juan und Genaro, genau wie ich, von der Erscheinung fasziniert waren. Mir schien es, als hätten auch sie noch nie dergleichen gesehen.
Im nächsten Moment war die Kreatur ganz verschwunden. Doch gleich darauf wurde ein Knurren laut, und ihre riesige Silhouette türmte sich vor uns auf.
Ich war wie gebannt, und gleichzeitig beunruhigte mich die Tatsache, daß mich diese groteske Kreatur nicht im mindesten erschreckte. Es war, als habe vorhin ein anderer meine Panik durchgemacht.
Irgendwann merkte ich, daß ich im Begriff war aufzustehen. Ganz gegen meinen Willen streckten sich meine Beine, und schließlich

stand ich aufrecht dieser Kreatur gegenüber. Ich hatte das unbestimmte Gefühl, als zöge ich meine Jacke, mein Hemd und meine Schuhe aus. Dann war ich nackt. Die Muskeln in meinen Beinen verspannten sich in übermächtiger Konzentration. Mit kolossaler Behendigkeit hüpfte ich auf und ab, und dann rasten die Kreatur und ich davon, einem Schimmer unbeschreiblichen Grüns entgegen.
Die Kreatur raste vor mir her, wobei sie sich wie eine Schlange ringelte. Dann holte ich sie ein. Wie wir so nebeneinander dahinsausten, wurde mir etwas klar, das ich bereits wußte – daß diese Kreatur tatsächlich la Catalina war. Und plötzlich rannte la Catalina in Fleisch und Blut neben mir. Wir bewegten uns mühelos. Es war, als verharrten wir auf der Stelle, nur körperlich in einer Haltung von Bewegung und Schnelligkeit posierend, während die Szene rund um uns her sich bewegte und den Eindruck enormer Geschwindigkeit hervorrief.
Unser Rennen endete so plötzlich, wie es angefangen hatte, und dann fand ich mich mit la Catalina allein – in einer anderen Welt. Dort gab es nichts, was ich wiedererkannt hätte. Da war ein intensives Leuchten, und Hitze strahlte von etwas ab, das der Boden zu sein schien – ein Boden, bedeckt mit riesigen Felsen. Oder wenigstens schienen es mir Felsen zu sein. Sie hatten die Farbe von Sandstein. Aber sie hatten kein Gewicht; sie waren eher wie Brocken eines schwammigen Gewebes. Ich konnte sie umherwälzen, indem ich nur leicht dagegendrückte.
Ich war so hingerissen von meiner Kraft, daß ich alles andere vergaß. Ich war, auf welche Weise auch immer, zu der Überzeugung gelangt, daß diese Ballen scheinbar gewichtsloser Materie mir dennoch Widerstand böten. Ich glaubte, es sei meine überlegene Kraft, die sie umherschleuderte.
Ich versuchte, sie mit den Händen zu greifen, und da erkannte ich, daß mein ganzer Körper sich verändert hatte. La Catalina sah mich an. Sie war wieder die groteske Kreatur von vorhin – und ich war ihr gleich. Ich konnte mich selbst nicht sehen, aber ich wußte, daß wir uns vollkommen glichen.
Eine unbeschreibliche Freude überkam mich dann, eine Freude wie eine von außen kommende Kraft. La Catalina und ich hüpften und rangelten und alberten herum, bis ich keinerlei Gedanken oder Gefühle, und auch nichts mehr von menschlicher Bewußt-

heit hatte. Und doch war ich eindeutig bewußt. Meine Bewußtheit war ein unbestimmtes Wissen, das mir Selbstvertrauen schenkte; es war ein grenzenloses Vertrauen, eine physische Gewißheit meiner Existenz, nicht im Sinne eines menschlichen Individualitätsgefühls, sondern im Sinne einer Gegenwart, die alles einbegriff.

Dann rückte alles wieder in menschliche Dimensionen. La Catalina hielt mich an der Hand. Wir wanderten zwischen Wüstenbüschen über den Wüstenboden. Sofort wurde mir schmerzhaft bewußt, daß die Steine und harten Sandklumpen der Wüste meine nackten Füße verletzten.

Wir kamen an eine vegetationslose Stelle. Don Juan und Genaro waren da. Ich setzte mich und zog meine Kleider an.

Mein Erlebnis mit la Catalina verzögerte unsere Rückreise in den Süden Mexikos. Es hatte mich auf irgendeine unbeschreibliche Weise aus den Angeln gehoben. In meinem normalen Bewußtseinszustand war ich desorientiert. Es war, als hätte ich meinen Bezugspunkt verloren. Ich war verzweifelt. Ich hatte sogar, wie ich Don Juan erzählte, keinen Wunsch mehr zu leben.

Wir saßen auf der Veranda, vor Don Juans Haus. Die Säcke waren in mein Auto verladen, und wir waren bereit, uns auf den Weg zu machen, aber ich wurde von Verzweiflung überwältigt, und ich fing an zu weinen.

Don Juan und Genaro lachten, bis ihnen die Tränen über die Wangen flossen. Je verzweifelter ich war, desto fröhlicher wurden sie. Schließlich ließ Don Juan mich in den Zustand gesteigerter Bewußtheit überwechseln und erklärte mir, daß ihr Gelächter nicht unfreundlich gemeint oder ein Zeichen verkehrten Humors sei, sondern ein echter Ausdruck der Freude, da sie meinen Fortschritt auf dem Pfad des Wissens sähen.

»Ich will dir erzählen, was der Nagual Julian zu sagen pflegte, wenn er uns an diesem Punkt stehen sah, wo du jetzt stehst«, fuhr Don Juan fort. »Dann wirst du wissen, daß du nicht allein bist. Was dir jetzt widerfährt, widerfährt jedem, der genug Energie aufgespeichert hat, um einen Blick ins Unbekannte zu tun.«

Der Nagual Julian, erzählte er, pflegte ihnen zu sagen, sie wären aus ihrem Zuhause vertrieben worden, in dem sie ihr ganzes Leben lang gelebt hätten. Das Auseinanderfallen ihres behaglichen, aber sehr beschränkenden und langweiligen Nestes in der Welt des Alltagslebens sei eine Folge der Tatsache, daß sie Energie aufgespart hätten. Ihre Depression, so sagte ihnen der Nagual Julian, sei weniger Trauer darüber, ihr Nest verloren zu haben, sondern das Unbehagen, nach neuen Unterkünften suchen zu müssen.

»Diese neuen Unterkünfte«, fuhr Don Juan fort, »sind nicht so gemütlich, aber sie sind unendlich viel geräumiger.

Deine Erkenntnis, vertrieben worden zu sein, kam über dich in Form einer tiefen Depression, eines erlöschenden Lebenswillens. Als du uns sagtest, du willst nicht mehr leben, da mußten wir einfach lachen.«

»Was passiert jetzt mit mir?« fragte ich.

»Umgangssprachlich ausgedrückt, wirst du dir 'ne andere Bude suchen müssen«, erwiderte Don Juan.

Wieder gerieten Don Juan und Genaro in wilde Euphorie. Jedes ihrer Worte trieb sie zu hysterischem Gelächter.

»Das alles ist ganz einfach«, sagte Don Juan. »Deine neue Energie wird einen neuen Platz als Heimat für deinen Montagepunkt schaffen. Und der Krieger-Dialog, den du mit uns führst, immer wenn wir zusammenkommen, wird diese neue Position festigen.«

Genaro setzte eine ernste Miene auf und fragte mich mit dröhnender Stimme: »Hast du heute schon geschissen?«

Mit zurückgeworfenem Kopf drängte er auf eine Antwort. »Hast du? Hast du?« fragte er. »Los, laß uns anfangen mit dem Dialog der Krieger!«

Als ihr Gelächter sich gelegt hatte, meinte Genaro, ich müsse mich auf einen Rückschlag gefaßt machen, bedingt durch die Tatsache, daß der Montagepunkt von Zeit zu Zeit wieder in seine ursprüngliche Position zurückkehre. Bei ihm selbst, so erzählte er, habe die normale Position seines Montagepunktes eine Neigung bedingt, andere Menschen als bedrohlich und gefährlich zu empfinden. Eines Tages aber habe er zu seiner Verwunderung festgestellt, daß er sich irgendwie verändert hatte. Er war viel mutiger geworden und konnte erfolgreich mit Situationen umgehen, die ihn normalerweise in Chaos und Ängste gestürzt hätten.

»Ich machte gerade Liebe«, fuhr Genaro fort und blinzelte mir

zu. »Normalerweise hatte ich eine Todesangst vor Frauen. Aber eines Tages fand ich mich mit einer ganz tollen Frau im Bett. Es war für mich so ungewohnt, daß ich, als mir klar wurde, was ich da machte, beinahe einen Herzschlag bekam. Der Schock ließ meinen Montagepunkt wieder in seine normale Position zurückrutschen, und ich mußte, zitternd wie ein verängstigtes Kaninchen, aus dem Haus rennen.
Mach dich lieber auf einen Rückfall deines Montagepunktes gefaßt«, fügte Genaro hinzu, und wieder lachten sie.
»Die Position des Montagepunktes auf dem Kokon des Menschen«, erklärte Don Juan, »wird durch den inneren Dialog festgehalten, und deshalb ist sie bestenfalls eine wackelige Position. Das ist auch der Grund, warum manche Menschen so leicht den Verstand verlieren, besonders diejenigen, deren innerer Dialog voller Wiederholungen ist, langweilig und ohne Tiefe.«
»Die neuen Seher sagen, daß Menschen, deren innerer Dialog beweglicher und abwechslungsreicher ist, widerstandsfähiger sind.«
Bei einem Krieger, sagte er, sei die Position des Montagepunktes unendlich viel stärker, denn sobald der Punkt sich im Kokon zu bewegen anfange, erzeuge er eine Delle in der leuchtenden Glut, eine Delle, die nun den Montagepunkt beherberge.
»Und darum können wir auch nicht sagen, daß ein Krieger den Verstand verliert«, fuhr Don Juan fort. »Falls er etwas verliert, so verliert er seine Delle.«
Don Juan und Genaro fanden diese Feststellung so lustig, daß sie sich lachend am Boden wälzten.
Ich bat Don Juan, mir mein Erlebnis mit la Catalina zu erklären. Und wieder lachten sie brüllend los.
»Frauen sind eindeutig exzentrischer als Männer«, sagte Don Juan schließlich. »Die Tatsache, daß sie eine zusätzliche Öffnung zwischen den Beinen haben, macht sie anfällig für sonderbare Einflüsse. Sonderbare, machtvolle Kräfte können durch diese Öffnung von ihnen Besitz ergreifen. Anders kann ich ihre Marotten nicht verstehen.«
Er schwieg eine Weile, und dann fragte ich ihn, was er damit ausdrücken wolle.
»La Catalina kam als riesiger Wurm zu uns«, antwortete er.
Don Juans Gesichtsausdruck, als er dies sagte, und Genaros

Lachanfall versetzten mich in unbändige Heiterkeit. Ich lachte, bis mir beinahe übel wurde.
La Catalinas Fähigkeiten, sagte Don Juan, seien so außerordentlich, daß sie im Reich der Tiere tun könne, was sie wolle. Ihre beispiellose Vorstellung eben vorhin sei durch ihre Zuneigung zu mir motiviert gewesen. Infolgedessen habe la Catalina, wie er sagte, meinen Montagepunkt an sich gezogen.
»Was habt ihr beide als Würmer angestellt?« fragte mich Genaro und klopfte mir den Rücken.
Don Juan schien vor Lachen fast zu ersticken.
»Das ist der Grund, warum ich sagte, daß Frauen viel exzentrischer sind als Männer«, bemerkte er schließlich.
»Ich kann dir nicht beipflichten«, sagte Genaro zu Don Juan. »Der Nagual Julian hatte kein Extra-Loch zwischen den Beinen, und war doch noch viel unheimlicher als la Catalina. Das Wurm-Kunststück hat sie, glaube ich, von ihm gelernt. Er machte es öfters mit ihr.«
Don Juan hüpfte auf und ab – wie ein Kind, das vermeiden will, sich die Hose naß zu machen.
Als die beiden sich einigermaßen wieder beruhigt hatten, erzählte mir Don Juan, daß der Nagual Julian tatsächlich eine Vorliebe dafür gehabt habe, die aberwitzigsten Situationen zu schaffen und für seine Zwecke zu nutzen. Und la Catalina, sagte er, habe mir eben ein großartiges Beispiel für die Verschiebung nach unten gezeigt. Sie sei mir als das Geschöpf erschienen, dessen Gestalt sie durch das Verschieben ihres Montagepunktes annahm, und sie habe mir geholfen, auch den meinen in diese Position zu bewegen, die ihr ein so monströses Aussehen verlieh.
»Der andere Lehrer, den der Nagual Julian hatte«, fuhr Don Juan fort, »lehrte ihn, bestimmte Stellen im unermeßlichen Reich der unteren Region aufzusuchen. Keiner von uns konnte ihm dorthin folgen, wohl aber alle Mitglieder seines Zuges, besonders la Catalina und die Seherin, die sie unterrichtete.«
Eine Verschiebung nach unten, so erzählte Don Juan dann noch, bewirke nicht eigentlich die Anschauung einer anderen Welt, sondern es sei diese unsere Welt des Alltagslebens, nur aus einer anderen Perspektive geschaut. Um aber eine andere Welt zu *sehen*, fügte er an, müsse ich ein weiteres großes Band der Emanationen des Adlers wahrnehmen.

Damit beendete er für dieses Mal seine Erklärung. Er habe nicht mehr die Zeit, sagte er, auf das Thema der großen Emanationen-Bänder einzugehen, denn wir müßten uns auf den Weg machen. Ich wollte noch bleiben und weitersprechen, aber er sagte, um dieses Thema zu erläutern, werde er viel Zeit brauchen, und ich brauchte dazu eine frische Konzentration.

10. Die großen Bänder der Emanationen

Zwei Tage später setzte Don Juan seine Erklärung in seinem Haus im Süden Mexikos fort. Er führte mich in das große Zimmer. Es war früh am Abend. Das Zimmer lag in Dunkelheit. Ich wollte die Benzinlampen anzünden, aber Don Juan ließ es nicht zu. Er sagte, ich müsse meinen Montagepunkt einzig durch den Klang seiner Stimme bewegen lassen, damit er die Emanationen der absoluten Konzentration und der absoluten Erinnerung hervorhebe.

Dann eröffnete er mir, wir würden nun über die großen Bänder der Emanationen sprechen. Dies nannte er eine weitere bedeutende Entdeckung der alten Seher. Sie aber, irregeleitet wie sie waren, hätten dieses Wissen dem Vergessen anheimfallen lasssen, bis es von den neuen Sehern wiederentdeckt worden sei.

»Die Emanationen des Adlers sind immer in Bündeln zusammengefaßt«, fuhr er fort. »Die alten Seher bezeichneten diese Bündel als große Emanationen-Bänder. Eigentlich sind es gar keine Bänder, aber der Name blieb haften.

Da gibt es zum Beispiel ein unermeßliches Bündel, das die organischen Lebewesen hervorbringt. Die Emanationen dieses organischen Bandes zeichnen sich durch eine faserige Beschaffenheit aus. Sie sind durchsichtig und haben ein eigenes, unvergleichliches Licht, eine besondere Art von Energie. Sie sind bewußt, sie vibrieren. Das ist der Grund, warum alle organischen Lebewesen von solch verzehrender Energie erfüllt sind. Die übrigen Bänder sind dunkler und weniger faserig beschaffen. Manche haben überhaupt kein Licht, sondern eine Art dunkler Stumpfheit.«

»Willst du damit sagen, Don Juan, daß alle organischen Lebewesen dieselbe Sorte von Emanationen in ihrem Kokon haben?« fragte ich.

»Nein, das will ich nicht sagen. So einfach ist es wirklich nicht, auch wenn die organischen Lebewesen alle zum selben großen Band gehören. Du kannst es dir als ein ungeheuer breites Band leuchtender Fasern vorstellen, leuchtende Fäden ohne Ende. Die organischen Wesen sind leuchtende Blasen, rund um ein Bündel leuchtender Fasern angeordnet. Stell es dir so vor, daß manche Blasen in diesem Band organischen Lebens rund um die leuchtenden Fasern in der Mitte des Bandes angeordnet sind, andere näher zu den Rändern hin; das Band ist breit genug, um jede Art organischen Lebens aufzunehmen, und es bleibt immer noch genügend freier Raum. Bei solch einer Anordnung verfehlen die Blasen am Rande des Bandes zwangsläufig jene Emanationen, die sich in der Mitte des Bandes befinden, und die nur solchen Blasen zugänglich sind, die sich an der Mitte des Bandes ausrichten. Umgekehrt verfehlen die Blasen in der Mitte die Emanationen an den Rändern.

Wie du verstehen wirst, teilen sich die organischen Lebewesen in die Emanationen ein und desselben Bandes. Und doch *sehen* die Seher, daß es innerhalb dieses organischen Bandes so unterschiedliche Lebewesen gibt, wie man sich nur vorstellen kann.«

»Gibt es viele solcher großen Bänder?« fragte ich.

»So viele, wie die Unendlichkeit selbst«, antwortete er. »Die Seher haben allerdings herausgefunden, daß es auf dieser Erde achtundvierzig solcher Bänder gibt.«

»Was hat das zu bedeuten, Don Juan?«

»Für die Seher bedeutet es, daß es achtundvierzig Arten der Organisation gibt auf der Erde. Achtundvierzig Formen von Bündeln und Strukturen. Das organische Leben ist nur eine davon.«

»Besagt dies, daß es siebenundvierzig Formen anorganischen Lebens gibt?«

»Nein, ganz und gar nicht. Die alten Seher zählen sieben Bänder, die anorganische Blasen der Bewußtheit hervorbringen. Mit anderen Worten, es gibt vierzig Bänder, die Blasen ohne Bewußtheit hervorbringen. Diese Bänder erzeugen nur Strukturen.

Stelle die die großen Bänder wie Bäume vor. Sie alle tragen Früchte. Sie bringen Behälter voller Emanationen hervor; und doch tragen nur acht von diesen Bäumen eßbare Früchte, das heißt, Blasen der Bewußtheit. Sieben tragen saure, wenn auch eßbare Früchte, und nur einer bringt die köstlichsten, saftigsten Früchte hervor, die es gibt.«

Diesen Vergleich, meinte er lachend, habe er vom Standpunkt des Adlers gezogen, für den die organischen Blasen der Bewußtheit ja die köstlichsten Happen seien.
»Was befähigt diese acht Bänder, Bewußtheit hervorzubringen?« fragte ich.
»Durch seine Emanationen verleiht der Adler Bewußtsein«, erwiderte er.
Seine Antwort reizte mich zum Widerspruch. Wenn man behaupte, sagte ich, daß der Adler durch seine Emanationen Bewußtsein verleihe, dann sei es dasselbe, was religiöse Menschen über Gott aussagen, nämlich daß Gott durch seine Liebe Leben verleihe. Und damit sei gar nichts gesagt.
»Die beiden Aussagen gehen nicht vom selben Standpunkt aus«, erklärte er geduldig. »Und doch, glaube ich, bedeuten sie ein und dasselbe. Der Unterschied liegt darin, daß die Seher *sehen*, wie der Adler durch seine Emanationen Bewußtsein verleiht, während die Frommen nicht *sehen,* wie Gott durch seine Liebe Leben verleiht.«
Wenn nun der Adler Bewußtsein verleihe, sagte Don Juan, so geschehe dies mittels drei gewaltiger Bündel von Emanationen, die sich über acht große Bänder erstreckten. Diese Bündel seien etwas ganz Besonderes, denn sie machten sich dem Seher als Farbton bemerkbar. Ein Bündel vermittle den Eindruck von Beige-Rosa, etwa wie der Schimmer rötlich getönter Straßenlaternen. Ein anderes vermittele den Eindruck von Pfirsichblütenfarbe, etwa wie flackerndes Neonlicht; und das dritte Bündel vermittele den Eindruck von Bernsteinfarbe, wie durchsichtiger Honig.
»Wenn also die Seher *sehen*, daß der Adler durch seine Emanationen Bewußtsein verleiht, dann sehen sie so etwas wie einen Farbton«, fuhr er fort. »Die Frommen *sehen* nicht Gottes Liebe, aber falls sie sie *sehen* könnten, würden sie wissen, daß sie entweder rosa, pfirsichblütenfarben oder bernsteinfarben ist.
Der Mensch zum Beispiel hängt an dem bernsteinfarbenen Bündel, andere Lebewesen aber auch.«
Ich erkundigte mich, welche anderen Lebewesen an den gleichen Emanationen hingen wie der Mensch.
»Solche Einzelheiten wirst du selbst, durch dein eigenes *Sehen* herausfinden müssen«, sagte er. »Es hat keinen Sinn, dir zu sa-

gen, welche es sind. Du würdest nur ein weiteres Inventar davon anlegen. Begnüge dich damit, daß ich dir sage, es wird für dich eine der erregendsten Erfahrungen sein, dies selbst herauszufinden.«

»Zeigen sich die rosaroten und pfirsichblütenfarbenen Bündel auch beim Menschen?« fragte ich.

»Niemals. Diese Bündel gehören zu anderen Lebewesen«, antwortete er.

Ich wollte noch eine Frage stellen, aber er gebot mir mit eindringlicher Gebärde Einhalt. Dann versank er in Nachdenken. Lange umhüllte uns absolute Stille.

»Ich erzählte dir doch, daß der Glanz der Bewußtheit beim Menschen verschiedene Farben aufweist«, sagte er schließlich. »Was ich dir nicht erzählt habe, weil wir noch nicht zu diesem Punkt gelangt waren, war die Tatsache, daß es gar keine Farben sind, sondern verschiedene Sorten Bernstein.«

Das bernsteinfarbene Bündel von Bewußtheit zeige, wie er sagte, eine unendliche Vielzahl feinabgestufter Varianten, die stets Unterschiede in der Beschaffenheit des Bewußtseins bezeichneten. Rosa und blaßgrüner Bernstein seien die geläufigsten Sorten. Blauer Bernstein sei weniger verbreitet, doch am seltensten sei reiner Bernstein.

»Was entscheidet über die jeweilige Sorte Bernstein?«

»Die Seher behaupten, daß die Energiemenge, die man gespart und aufgespeichert hat, über die Sorte bestimmt. Unzählige Krieger haben mit einer gewöhnlichen rosa Bernsteinsorte angefangen und schließlich die reinste aller Bernsteinsorten erreicht. Genaro und Silvio Manuel sind Beispiele dafür.«

»Welche Lebensformen gehören zu den rosa und pfirsichblütenfarbenen Bewußtseinsbündeln?« fragte ich.

»Die drei Bündel, mit allen ihren Sorten, überschneiden kreuz und quer die acht Bänder«, erwiderte er. »Im organischen Band gehört das rosa Bündel hauptsächlich zu den Pflanzen; das pfirsichblütenfarbene Band gehört zu den Insekten, und das bernsteinfarbene Band gehört zum Menschen und anderen Säugetieren.

Ganz ähnlich verhält es sich mit den Bändern des Anorganischen. Die drei Bewußtseinsbündel bringen auf jedem der sieben großen Bänder bestimmte Arten von anorganischen Wesen hervor.«

Ich bat ihn, mir ausführlicher zu erklären, welche Arten von anorganischen Lebewesen es gäbe.
»Auch das wirst du selbst *sehen* müssen«, sagte er. »Die sieben Bänder und das, was sie hervorbringen, sind der Vernunft des Menschen nicht zugänglich – wohl aber dem *Sehen* des Menschen.«
Ich sagte, ich könne mir seine Erklärung der großen Bänder nicht vorstellen. Nach seiner Schilderung dächte ich sie mir als eigenständige Seilbündel, oder auch als flache Bänder, ähnlich wie Treibriemen.
Die großen Bänder, sagte er, seien weder flach noch rund, sondern auf unerklärliche Weise zusammengebündelt, ungefähr wie ein Fuder Heu, das noch in der Luft zusammengehalten wird durch den Druck der Hand, die es formte. Und darum sei keine Ordnung in den Emanationen festzustellen. Von einer Mitte oder von Rändern zu sprechen, sei insofern irreführend, wenn auch für das Verständnis unerläßlich.
Er führte aus, daß die anorganischen Lebewesen, die von den sieben anderen Bewußtseinsbändern hervorgebracht würden, durch einen Behälter gekennzeichnet seien, in welchem keine Bewegung stattfinde. Vielmehr sei dieser ein formloses Gefäß mit einer gewissen Leuchtkraft. Er gleiche auch nicht dem Kokon der organischen Lebewesen. Es fehle ihm die Straffheit, die innere Spannung, welche die organischen Lebewesen wie leuchtende, vor Energie berstende Kugeln erscheinen lasse.
Die einzige Ähnlichkeit zwischen anorganischen und organischen Wesen, sagte Don Juan, liege in der Tatsache, daß sie alle an den Bewußtheit verleihenden, rosa oder pfirsichblütenfarbenen oder bernsteinfarbenen Emanationen teilhätten.
»Diese Emanationen«, fuhr er fort, »ermöglichen unter gewissen Umständen eine ganz faszinierende Verständigung zwischen den Wesen dieser acht großen Bänder.«
In der Regel seien es die organischen Wesen, sagte er, die mit ihren größeren Energiefeldern die Kommunikation mit den anorganischen Wesen einleiteten, aber dann gebe es stets eine subtile und komplizierte Fortsetzung, die von den anorganischen Wesen ausginge. Sobald die Schranke einmal durchbrochen sei, veränderten sich die anorganischen Wesen und würden – wie die Seher es nennen – Verbündete. Von diesem Augenblick an könnten die

anorganischen Wesen auch die heikelsten Gedanken, Stimmungen oder Ängste des Sehers erspüren.
»Die alten Seher waren fasziniert ob solcher Ergebenheit ihrer Verbündeten«, fuhr er fort. »Man erzählt sich Geschichten, daß die alten Seher ihre Verbündeten dazu brachten, alles zu tun, was sie wollten. Dies war einer der Gründe, warum sie an ihre Unverletzbarkeit glaubten. Sie ließen sich durch ihren Eigendünkel täuschen. Die Verbündeten haben nur so lange Kraft, als der Seher, der sie *sieht*, ein Muster an Makellosigkeit ist. Und das waren diese alten Seher einfach nicht.«
»Gibt es ebenso viele anorganische Wesen, wie es lebende Organismen gibt?« fragte ich.
Anorganische Wesen, sagte er, gebe es nicht in solcher Fülle wie organische Lebewesen, aber dies werde ausgeglichen durch die größere Zahl der Bänder anorganischer Bewußtheit. Auch bestünden unter den anorganischen Wesen viel größere Unterschiede als unter den Organismen, weil die Organismen nur zu einem Band gehörten, während die anorganischen Wesen zu sieben Bändern gehörten.
»Außerdem haben anorganische Wesen ein unendlich viel längeres Leben als die Organismen«, fuhr er fort. »Und diese Tatsache brachte die Seher auf die Idee, ihr *Sehen* auf die Verbündeten zu konzentrieren – aus Gründen, die ich dir später erkläre.«
Die alten Seher, sagte er, hätten auch erkannt, daß es die größere Energie der Organismen und folglich die höhere Entwicklung ihres Bewußtseins sei, die sie zu köstlichen Happen für den Adler machten. Gefräßigkeit sei auch der Grund, meinten die alten Seher, weshalb der Adler so viele Organismen wie möglich hervorbringe.
Die übrigen vierzig großen Bänder, so erklärte er weiter, brächten aber mitnichten Bewußtheit hervor, sondern eine Struktur unbelebter Energie. Die alten Seher hätten sich dafür entschieden, alles, was diese Bänder hervorbringen, als Gefäße zu bezeichnen. Während Kokons und Behälter so etwas wie Felder energetischer Bewußtheit seien, was auch ihre eigenständige Leuchtkraft erkläre, seien Gefäße starre Behältnisse, die Emanationen enthielten, ohne selbst Felder energetischer Bewußtheit zu sein. Ihr Leuchten rühre lediglich von der Energie der eingeschlossenen Emanationen her.

»Du mußt bedenken, daß alles, was auf Erden existiert, eingeschlossen ist«, fuhr er fort. »Was wir wahrnehmen, besteht aus Quantitäten von Kokons oder Gefäßen mit Emanationen. Für gewöhnlich können wir die Behälter der anorganischen Wesen gar nicht wahrnehmen.«
Er sah mich an und wartete auf ein Zeichen des Begreifens. Als er erkannte, daß ich ihm nicht folgen konnte, fuhr er mit seiner Erklärung fort.
»Die ganze Welt besteht aus achtundvierzig Bändern«, sagte er. »Die Welt, die unser Montagepunkt für unsere normale Wahrnehmung zusammensetzt, besteht aus zwei Bändern; das eine ist das organische Band, und das andere ist ein Band, das nur Struktur aufweist, aber keine Bewußtheit. Die übrigen sechsundvierzig großen Bänder sind nicht Teil der Welt, die wir normalerweise wahrnehmen.«
Wieder wartete er auf Fragen. Ich hatte keine.
»Es gibt auch andere, in sich vollkommene Welten, die unser Montagepunkt zusammensetzen kann«, fuhr er fort. »Die alten Seher zählten sieben solcher Welten, eine für jedes Band der Bewußtheit. Außer der Welt des Alltags gibt es noch zwei solcher Welten, die sich leicht zusammensetzen lassen. Bei den übrigen fünf liegen die Dinge etwas anders.«
Als wir uns setzten, unser Gespräch fortzusetzen, brachte Don Juan sofort mein Erlebnis mit la Catalina zur Sprache. Er sagte, es sei eine Verschiebung des Montagepunktes in eine Region unterhalb seiner normalen Lage, die dem Seher ein detailliertes, aber eng begrenztes Bild der uns bekannten Welt vermittle. So detailliert sei dieses Bild, daß es eine eigene Welt für sich zu sein scheine. Doch es sei ein faszinierendes Bild – von ungeheurer Anziehungskraft besonders für solche Seher, die von abenteuerlustiger Gesinnung, aber irgendwie träge und bequem seien.
»Es ist aber sehr angenehm, auf diese Weise die Perspektive zu wechseln«, fuhr Don Juan fort. »Es bedarf nur einer minimalen Anstrengung, und die Resultate sind verblüffend. Wenn ein Seher es auf raschen Fortschritt abgesehen hat, gibt es keine bessere Methode als die Verschiebung nach unten. Die Schwierigkeit ist nur, daß der Seher in dieser Position des Montagepunktes eine leichte Beute des Todes wird, der oft brutaler und schneller eintritt, als in der Position des Menschen.

Der Nagual Julian fand, sie ist ein großartiger Tummelplatz, sonst nichts.«

Ein wirklicher Wechsel der Welten, sagte er, könne nur geschehen, wenn sich der Montagepunkt in das Band des Menschen hinüberwechsele, und zwar so tief, daß er eine kritische Schwelle überschreite. In diesem Stadium aber könne der Montagepunkt sich ein weiteres großes Band erschließen.

»Wie kann er es sich erschließen?« fragte ich.

Er zuckte die Schultern. »Es ist eine Sache der Energie«, sagte er. »Die Kraft der Ausrichtung erschließt ein weiteres Band, vorausgesetzt, daß der Seher genügend Energie gespart hat. Unsere normale Energie erlaubt es dem Montagepunkt, jeweils die Ausrichtungskraft eines großen Emanationen-Bandes zu nutzen. Auf diese Weise nehmen wir die Welt wahr, wie wir sie kennen. Wenn wir jedoch einen Überschuß an Energie haben, können wir die Ausrichtungskraft anderer großer Bänder nutzen, und folglich nehmen wir andere Welten wahr.«

Don Juan wechselte unvermittelt das Thema und fing an, von Pflanzen zu sprechen.

»Es wird dir merkwürdig vorkommen«, sagte er, »aber Bäume stehen dem Menschen viel näher als beispielsweise Ameisen. Ich habe dir schon gesagt, daß Bäume und Menschen eine starke Beziehung entwickeln können, und zwar deshalb, weil sie an den gleichen Emanationen teilhaben.«

»Wie groß sind ihr Kokons?« fragte ich.

»Der Kokon eines hohen Baumes ist nicht viel größer als der Baum selbst. Das interessante daran ist, daß manche winzige Pflanzen einen Kokon haben, der beinah so groß wie der Körper eines Menschen ist, und dreimal so breit. Dies sind die Kraft-Pflanzen. Sie haben die meisten Emanationen mit dem Menschen gemein, nicht die Emanationen der Bewußtheit, aber andere allgemeine Emanationen.

Eine weitere Besonderheit der Pflanzen ist, daß ihr Leuchten unterschiedliche Schattierungen aufweist. Für gewöhnlich ist es rosarot, weil ihr Bewußtsein rosa ist. Giftige Pflanzen zeigen einen blassen, gelbrosa Farbton, und Heilpflanzen ein strahlendes Lila. Die einzigen weißen sind die Kraft-Pflanzen; etliche sind von trübem Weiß, andere von strahlendhellem Weiß.

Aber der eigentliche Unterschied zwischen Pflanzen und anderen organischen Wesen ist die Position ihres Montagepunktes. Bei Pflanzen befindet sie sich im unteren Teil ihres Kokon, während sie sich bei anderen organischen Wesen im oberen Teil ihres Kokon befindet.«

»Wie sieht es mit den anorganischen Wesen aus?« fragte ich. »Wo liegt bei ihnen der Montagepunkt?«

»Bei manchen liegt er im unteren Teil ihres Behälters«, sagte er. »Diese sind dem Menschen gänzlich fremd, aber den Pflanzen verwandt. Bei anderen liegt er irgendwo im oberen Teil ihres Behälters. Diese stehen dem Menschen und anderen organischen Lebewesen nahe.«

Die alten Seher seien überzeugt gewesen, fügte er hinzu, daß die Pflanzen eine sehr intensive Kommunikation mit den organischen Wesen pflegen. Je tiefer der Montagepunkt, so glaubten sie, desto leichter sei es für die Pflanzen, die Wahrnehmungsbarriere zu durchbrechen; bei sehr großen Bäumen oder sehr kleinen Pflanzen liege der Montagepunkt extrem weit unten auf dem Kokon. Deswegen zielten viele Zaubertechniken der alten Seher darauf ab, die Bewußtheit von Bäumen und kleinen Pflanzen dienstbar zu machen und sie als Führer zu nutzen beim Hinabsteigen in die – wie sie sagten – tiefsten Ebenen der dunklen Regionen.

»Du wirst natürlich verstehen«, fuhr Don Juan fort, »daß sie, als sie in die Tiefen hinabzusteigen meinten, in Wirklichkeit ihren Montagepunkt anstießen, damit er andere wahrnehmbare Welten aus jenen sieben großen Bändern zusammensetze.

Sie forderten das Äußerste von ihrem Bewußtsein und setzten Welten aus fünf großen Bändern zusammen, die dem Seher nur zugänglich sind, wenn er sich einer gefährlichen Verwandlung unterzieht.«

»Aber gelang es den alten Sehern, diese Welten zusammenzusetzen?« fragte ich.

»Ja, das wohl«, sagte er. »Irregeleitet, wie sie waren, hielten sie es der Mühe wert, alle Schranken der Wahrnehmung zu durchbrechen, auch wenn sie zu diesem Zweck Bäume werden mußten.«

11. Pirschen, Absicht und die Traum-Position

Am nächsten Tag, wieder in den frühen Abendstunden, kam Don Juan in das Zimmer, wo ich mich mit Genaro unterhielt. Er nahm mich am Arm und führte mich durch das Haus in den hinteren Patio. Es war schon ziemlich dunkel. Wir spazierten durch die Galerie, die den Patio einfaßte.

Während wir dahinspazierten, meinte Don Juan, er müsse mich noch einmal ermahnen, daß es sehr leicht sei, sich in Wirrnis und Wahnsinn zu verlieren. Der Seher, sagte er, habe es mit mächtigen Feinden zu tun, die sein Streben vereiteln, seine Ziele verwischen und ihn selbst schwächen könnten; Feinde, hervorgerufen durch den Pfad des Kriegers selbst, im Zusammenwirken mit Trägheit, Bequemlichkeit und Eigendünkel, die dennoch allgegenwärtige Bestandteile der alltäglichen Welt seien.

Die durch Trägheit, Bequemlichkeit und Eigendünkel bedingten Irrtümer der alten Seher, sagte er, seien so gewaltig und so gefährlich gewesen, daß die neuen Seher keine andere Wahl gehabt hätten, als ihre eigene Tradition abzulehnen und zu verurteilen.

Was die neuen Seher daher am nötigsten brauchten, fuhr Don Juan fort, seien geeignete Praktiken gewesen, um ihren Montagepunkt in Bewegung zu bringen. Da sie solche nicht vorfanden, beschränkten sie ihr Interesse darauf, die Glut der Bewußtheit zu *sehen*, und erarbeiteten in der Folge drei systematische Techniken, die zur Grundlage ihrer Praxis wurden.

Mit diesen drei Systemen, so sagte Don Juan, hätten die neuen Seher etwas ganz Außerordentliches und Schwieriges vollbracht. Es sei ihnen gelungen, den Montagepunkt planmäßig aus seiner üblichen Position zu verschieben. Zwar sei dies auch schon den alten Sehern gelungen, wie er einräumte, aber nur mit Hilfe sehr eigenwilliger und ausgefallener Methoden.

Und was die neuen Seher in der Glut der Bewußtheit *sahen*, veranlaßte sie dann, wie Don Juan erzählte, jene bereits von den alten Sehern entdeckten Wahrheiten über das Bewußtsein zu einem neuen System zusammenzufassen. Dieses System nannten sie die Beherrschung des Bewußtseins, und darauf aufbauend, entwickelten sie diese drei Techniken: erstens, die Kunst des *Pirschens,* zweitens, die Meisterschaft der *Absicht*, und drittens, die Meisterschaft des *Träumens*. In diesen drei Techniken, sagte Don Juan, habe er mich seit dem ersten Tag unserer Bekanntschaft unterwiesen.

Und zwar habe er mich, sagte er, die Meisterschaft des Bewußtseins auf zweierlei Weise gelehrt – genau wie die neuen Seher es vorschrieben. Durch seine Lehren für die rechte Seite, mit denen er mich in meinem normalen Bewußtseinszustand vertraut machte, habe er zwei Ziele erreicht: er habe mich den Weg der Krieger gelehrt, und er habe meinen Montagepunkt aus seiner ursprünglichen Position gelöst. Durch seine Lehren für die linke Seite, die ich im Zustand gesteigerter Bewußtheit kennenlernte, habe er ebenfalls zwei Ziele erreicht: er habe meinen Montagepunkt in so viele Positionen überwechseln lassen, wie dieser nur aushalten konnte; und er habe mir eine lange Reihe von Erläuterungen gegeben.

Don Juan schwieg und sah mich unverwandt an. Es entstand ein unbehagliches Schweigen. Dann fing er an, über das *Pirschen* zu sprechen. Es habe sich, sagte er, aus bescheidenen, zufälligen Anfängen entwickelt. Die neuen Seher hätten nämlich beobachtet, daß, wenn ein Krieger sich ununterbrochen auf eine für ihn ungewohnte Weise verhält, die sonst ungenutzten Emanationen in seinem Kokon zu glühen anfangen. Und dabei verschiebe sich sein Montagepunkt sanft, harmonisch und kaum fühlbar.

Durch diese Beobachtung angeregt, hätten die neuen Seher angefangen, ihr Verhalten systematisch zu kontrollieren. Diese Übung nannten sie die Kunst des *Pirschens*. Don Juan bemerkte, daß dieser Name, soviel man gegen ihn einwenden möge, dennoch angemessen sei, weil das *Pirschen* dem Menschen ein spezifisches Verhalten abverlange, ein Verhalten, das man als verstohlen bezeichnen könne.

Gewappnet mit dieser Technik, hätten die neuen Seher das Bekannte einer nüchternen und fruchtbaren Prüfung unterzogen. Durch stetige Übung versetzten sie ihren Montagepunkt in dauernde Bewegung.

»Das *Pirschen* ist eine der beiden höchsten Errungenschaften der neuen Seher«, sagte er. »Die neuen Seher bestimmten, daß ein moderner Nagual in dieser Kunst unterwiesen werden soll, sobald sein Montagepunkt sich ganz tief in die linke Seite verschoben hat. Der Grund für diese Bestimmung ist, daß der Nagual die Prinzipien des *Pirschens* lernen soll, ohne Behinderung durch das menschliche Inventar. Immerhin ist der Nagual Anführer einer Gruppe, und um sie zu führen, muß er rasch handeln, ohne erst lange nachzudenken.
Die anderen Krieger können das *Pirschen* in normalem Bewußtseinszustand lernen, auch wenn es ratsam ist, daß sie es im Zustand gesteigerter Bewußtheit tun – weniger weil gesteigerte Bewußtheit so wertvoll wäre, sondern weil sie das *Pirschen* mit einem Geheimnis umgibt, das ihm eigentlich gar nicht zukommt; das *Pirschen* ist lediglich Verhalten gegenüber Menschen.«
Jetzt müßte ich auch verstehen, sagte er, daß die Verschiebung des Montagepunktes der Grund war, weshalb die neuen Seher dem Umgang mit kleinen Tyrannen so großen Wert beilegten. Die kleinen Tyrannen zwängen den Seher, die Prinzipien des *Pirschens* anzuwenden, und hülfen ihm somit, seinen Montagepunkt in Bewegung zu bringen.
Ich fragte ihn, ob die alten Seher bereits etwas von den Prinzipien des *Pirschens* gewußt hätten.
»Das *Pirschen* ist ausschließlich eine Sache der neuen Seher«, sagte er lächelnd. »Sie sind auch die einzigen Seher, die es mit Menschen zu tun haben. Die alten Seher, in ihrem Gefühl der Macht, wußten nicht einmal von der Existenz anderer Menschen. Bis diese anderen kamen und ihnen den Schädel einschlugen. Aber das weißt du ja selber alles.«
Und dann sagte Don Juan, man könne die Meisterschaft der *Absicht*, zusammen mit der Kunst des *Pirschens,* als die zwei Meisterwerke der neuen Seher ansprechen, von denen die heutigen Seher ihren Ausgang nähmen. In ihrem Bemühen, sich einen Vorteil vor ihren Unterdrückern zu verschaffen, so erklärte er, hätten die neuen Seher jeder Möglichkeit erkundet. Sie wußten, daß ihre Vorgänger außerordentliche Taten vollbracht hatten, indem sie eine geheimnisvolle, wunderbare Kraft manipulierten, die sie nicht anders denn als Kraft zu bezeichnen wußten. Die neuen Seher hätten kaum Informationen über diese Kraft gehabt und

seien darum gezwungen gewesen, sie durch ihr *Sehen* systematisch zu studieren. Ihr Bemühen wurde reich belohnt, als sie entdeckten, daß die Energie der Ausrichtung diese Kraft sei.

Am Anfang *sahen* sie, wie die Glut der Bewußtheit im gleichen Maß an Umfang und Intensität zunimmt, wie die Emanationen im Innern des Kokon sich an den allgemeinen Emanationen ausrichten. Sie nutzten diese Beobachtung – wie sie es schon beim *Pirschen* taten – als Sprungbrett und entwickelten in der Folge eine Reihe komplizierter Techniken für den Umgang mit dieser Ausrichtung der Emanationen. Anfangs bezeichneten sie diese Techniken als Meisterschaft der Ausrichtung. Dann erkannten sie, daß es dabei um viel mehr ging, als nur um Ausrichtung: nämlich um Energie, die aus der Ausrichtung der Emanationen hervorgeht. Diese Energie bezeichneten sie als *Wille*.

Der *Wille* wurde zur zweiten Grundlage ihrer Praxis. Die neuen Seher verstanden ihn als einen blinden, unpersönlichen, unaufhörlichen Energieausbruch, der uns so handeln läßt, wie wir es tun. Der *Wille* sei verantwortlich für unsere Wahrnehmung der alltäglichen Welt, und indirekt, durch die Kraft dieser Wahrnehmung, sei er auch verantwortlich für das Verharren des Montagepunktes in seiner gewohnten Position.

Die neuen Seher erforschten nun, wie Don Juan ausführte, auf welche Weise unsere Wahrnehmung der alltäglichen Welt stattfindet, und *sahen* dabei die Folgen des *Willens*. Sie *sahen*, daß die Ausrichtung sich unaufhörlich erneuert, um unseren Wahrnehmungen Kontinuität zu verleihen. Um die Ausrichtung stets mit der Frische zu erneuern, die notwendig ist, um eine lebendige Welt entstehen zu lassen, wird der Energie-Ausbruch, der aus diesen Ausrichtungen selbst hervorgeht, automatisch umgeleitet, um gewisse, ausgewählte Ausrichtungen zu verstärken.

Diese Beobachtung diente den neuen Sehern abermals als Sprungbrett, das ihnen half, die dritte Basis jenes Systems zu finden. Sie nannten sie *Absicht*, und sie beschrieben es als das zielstrebige Führen des *Willens*, als Energie der Ausrichtung.

»Silvio Manuel, Genaro und Vicente erhielten vom Nagual Julian einen Stoß, damit sie diese drei Aspekte des Wissens der Seher lernten«, fuhr er fort. »Genaro ist der Meister im Umgang mit der Bewußtheit, Vicente ist der Meister des *Pirschens,* und Silvio Manuel ist der Meister der *Absicht*.

Jetzt kommen wir zu einer abschließenden Erklärung über die Beherrschung des Bewußtseins; und das ist der Grund, warum Genaro dir helfen wird.«

Don Juan sprach schon seit längerer Zeit mit den Seherinnen. Die Frauen lauschten mit ernsten Gesichtern. Nach ihrer inbrünstigen Konzentration schloß ich mit Sicherheit, daß er ihnen ausführliche Anweisungen zu irgendwelchen schwierigen Vorhaben erteilte.

Ich war von ihrer Runde ausgeschlossen, aber ich hatte sie beobachtet, während sie im vorderen Zimmer von Genaros Haus miteinander sprachen. Ich saß am Küchentisch und wartete, bis sie fertig wären.

Dann standen die Frauen auf, um sich zu verabschieden, aber bevor sie es taten, kamen sie, zusammen mit Don Juan, in die Küche. Er setzte sich mir gegenüber, während die Frauen mich mit steifer Feierlichkeit begrüßten. Sie umarmten mich sogar. Alle waren sie ungewöhnlich freundlich, ja sogar gesprächig. Sie sagten, sie wollten sich den männlichen Lehrlingen anschließen, die vor Stunden mit Genaro fortgegangen waren. Genaro wollte ihnen allen seinen *Traumkörper* zeigen.

Kaum waren die Frauen gegangen, nahm Don Juan unvermittelt seine Erklärung wieder auf. Im Lauf der Zeit, sagte er, hätten die neuen Seher ihre Techniken gefestigt und dabei erkannt, daß das *Pirschen* unter den herrschenden Lebensbedingungen den Montagepunkt nur minimal bewegen könne. Um einen maximalen Effekt zu erzielen, bedürfe das *Pirschen* einer idealen Situation. Es bedürfe der kleinen Tyrannen mit ihrer unumschränkten Macht. Den neuen Sehern sei es aber immer schwerer gefallen, sich solchen Situationen auszusetzen. Sie herzustellen oder aufzusuchen, wurde mit der Zeit eine unerträgliche Belastung.

Um eine geeignetere Methode zum Verschieben des Montagepunktes zu finden, schien es den neuen Sehern unerläßlich, die Emanationen des Adlers zu *sehen*. Und während sie sich bemühten, die Emanationen zu *sehen*, stellte sich ihnen ein schwerwiegendes Problem. Sie entdeckten nämlich, daß es unmöglich sei, diese zu *sehen*, ohne dabei ein tödliches Risiko einzugehen, und doch mußten sie sie *sehen*. Und da begannen sie die von den alten Sehern entwickelte Technik des *Träumens* anzuwenden, um sich gegen die tödliche Gewalt der Emanationen abzuschirmen. Dabei erkannten sie, daß das *Träumen* selbst das wirksamste Mittel sei, den Montagepunkt in Bewegung zu bringen.

»Einer der striktesten Befehle der neuen Seher«, fuhr Don Juan fort, »besagte, daß der Krieger das *Träumen* lernen muß, während er sich in seinem normalen Bewußtseinszustand befindet. Getreu diesem Befehl, lehrte ich dich das *Träumen* seit dem ersten Tag unserer Bekanntschaft.«

»Warum befahlen die neuen Seher, daß das *Träumen* bei normalem Bewußtseinszustand gelehrt werden soll?« fragte ich.

»Weil das *Träumen* so gefährlich ist und die *Träumer* so verletzlich sind«, sagte er. »Es ist gefährlich, weil es unvorstellbare Kraft enthält. Es macht die *Träumer* verletzlich, weil es sie der unbegreiflichen Kraft der Ausrichtung auf Gedeih und Verderb ausliefert.

Die neuen Seher erkannten, daß wir in unserem normalen Bewußtseinszustand unzählige Abwehrmechanismen haben, um uns gegen die Gewalt der ungenutzten Emanationen zu schützen, die beim *Träumen* plötzlich ausgerichtet werden.«

Das *Träumen,* erklärte Don Juan, habe, ähnlich wie das *Pirschen*, mit einer einfachen Beobachtung angefangen. Die alten Seher beobachteten nämlich, daß der Montagepunkt sich beim *Träumen* von selbst, auf ganz natürliche Weise, etwas nach links verschiebt – ja, daß dieser Punkt sich im Schlaf entspannt, wobei alle Arten von ungenutzten Emanationen zu glühen beginnen.

Die alten Seher waren natürlich begeistert von dieser Beobachtung, so erzählte Don Juan, und arbeiteten fortan mit dieser natürlichen Verschiebung, bis sie sie kontrollieren konnten. Diese Kontrolle bezeichneten sie als *Träumen*, oder als Kunst des Umgangs mit dem *Traumkörper.*

Schier unmöglich sei es, meinte Don Juan, die unermeßliche Fülle des Wissens zu beschreiben, das die alten Seher über das *Träumen* angesammelt hätten. Die neuen Seher aber konnten nur wenig davon gebrauchen. Als nun die Zeit des Wiederaufbaus kam, übernahmen die neuen Seher nur die wesentlichen Grundlagen des *Träumens*, die ihnen helfen konnten, die Emanationen des Adlers zu sehen, und ihren Montagepunkt zu bewegen.

Don Juan erzählte, daß die Seher, die alten wie die neuen, das *Sehen* als eine Kontrolle jener natürlichen Verschiebung aufgefaßt hätten, die der Montagepunkt im Schlaf vollziehe. Diese Verschiebung zu kontrollieren, betonte er, bedeute keineswegs, sie zu steuern, vielmehr ginge es darum, den Montagepunkt in der Position festzuhalten, an die er sich im Schlaf ganz natürlich begebe – ein sehr kompliziertes Manöver, das von den alten Sehern viel Mühe und Konzentration verlangte.

Der *Träumer* müsse, erklärte Don Juan, ein sehr delikates Gleichgewicht einhalten, denn weder dürfe er in die Träume eingreifen noch könne er sie durch bewußte Anstrengung kommandieren – und trotzdem müsse die Verschiebung des Montagepunktes dem Befehl des *Träumers* gehorchen: ein Widerspruch, den man nicht, so Don Juan, rational auflösen, sondern nur in der Praxis lösen könne.

Durch das Beobachten von *Träumern* im Schlaf fanden die alten Seher auch die Lösung, den Träumen ihren natürlichen Lauf zu lassen. Sie hatten *gesehen*, daß der Montagepunkt des *Träumers* bei manchen Träumen erheblich tiefer in die linke Seite hineingleite als bei anderen. Diese Beobachtung stellte sie vor die Frage, ob der Inhalt des Traums den Montagepunkt in Bewegung bringt, oder ob die Bewegung des Montagepunktes ihrerseits den Inhalt des Traums hervorbringt, indem sie ungenutzte Emanationen aktiviert.

Bald erkannten sie, daß es die Verschiebung des Montagepunktes in die linke Seite sei, die die Träume hervorbringt. Je weiter die Bewegung, desto lebhafter und phantastischer der Traum. Zwangsläufig versuchten sie nun, ihre Träume zu dirigieren, mit dem Ziel, ihren Montagepunkt tiefer in die linke Seite hineinzubewegen. Bei diesem Unterfangen entdeckten sie, daß der Punkt, sobald der Traum bewußt oder halbbewußt manipuliert wird, sofort an seinen gewohnten Ort zurückkehrt. Nachdem sie aber diesen Punkt in Bewegung bringen wollten, gelangten sie unvermeidlich zu dem Schluß, daß ein Eingreifen in den Traum einem Eingreifen in die natürliche Verschiebung des Montagepunktes gleichkäme.

Von dieser Einsicht ausgehend, erklärte Don Juan, entwickelten die alten Seher dann ihr erstaunliches Wissen zu diesem Thema – ein Wissen von ungeheuren Konsequenzen für das, was die neuen Seher mit ihrem *Träumen* zu erreichen versuchten, das ihnen jedoch in seiner ursprünglichen Form wenig nützen konnte.

Wahrscheinlich, so meinte Don Juan, hätte ich das *Träumen* bisher als eine Kontrolle der Träume aufgefaßt. Und doch habe er mir mit all den Übungen, die er mir aufgab, wie etwa das Auffinden meiner Hände im Traum, nicht etwa beibringen wollen, meine Träume zu dirigieren. Diese Übungen seien nur dazu bestimmt gewesen, meinen Montagepunkt an der Stelle festzuhalten, zu der er sich in meinem Schlaf hinbewege. Hier aber müsse der *Träumer* ein delikates Gleichgewicht wahren. Das einzige, was er zu steuern vermöchte, sagte er, sei die Fixierung seines Montagepunktes. Er befinde sich in der Lage eines Fischers, ausgestattet mit einer Angelschnur, die sich nach eigenem Willen auswirft; ihm bliebe nichts anderes übrig, als die Leine an der Stelle zu vertäuen, wo sie ins Wasser falle.
»Die Stelle, an die sich der Montagepunkt im Traum bewegt, nennt man die *Traumposition*«, fuhr er fort. »Die alten Seher wußten so meisterhaft ihre *Traumposition* beizubehalten, daß sie sogar aufwachen konnten, während ihr Montagepunkt dort verankert war.
Die alten Seher nannten diesen Zustand den *Traumkörper,* denn sie wußten diesen in so hohem Maß zu kontrollieren, daß sie sich jedesmal, wenn sie bei einer neuen *Traumposition* erwachten, zeitweilig einen neuen Körper schufen.
Du mußt dir aber im klaren sein, daß das *Träumen* einen gefährlichen Nachteil hat. Es gehört zur Welt der alten Seher. Es ist von ihrer Stimmung durchdrungen. Ich habe versucht, dich vorsichtig durch diese Erfahrung zu geleiten, aber man kann nie sicher sein.«
»Wovor willst du mich warnen, Don Juan?«
»Ich warne dich vor den Fallstricken des *Träumens*, die wahrhaft erstaunlich sind«, antwortete er. »Beim *Träumen* ist es tatsächlich unmöglich, die Bewegung des Montagepunktes zu steuern; das einzige, was über diese Verschiebung entscheidet, ist die innere Stärke oder Schwäche des *Träumers.* Und genau hier liegt der erste Fallstrick.«
Am Anfang, so erklärte er, hätten sich die neuen Seher nur zögernd des *Träumens* bedient. Sie glaubten, daß das Träumen den Krieger, statt ihn zu stärken, nur schwach, bedrückt und launenhaft mache – ganz wie es sie alten Seher waren. Um die gefährlichen Folgen des *Träumens* auszugleichen – denn es blieb ihnen

nichts anderes übrig, als sich seiner zu bedienen –, entwickelten die neuen Seher ein vielseitiges und kompliziertes System von Verhaltensweisen, genannt der Weg der Krieger oder Pfad der Krieger.
Durch dieses System konnten die Seher sich absichern und die innere Stärke finden, die sie brauchten, um die Verschiebung des Montagepunktes im Traum zu steuern. Die Stärke, von der Don Juan sprach, beruhte nicht auf Überzeugung allein, wie er sagte. Niemand hätte stärkere Überzeugungen vertreten können als die alten Seher, und doch seien sie schwach bis ins Mark gewesen. Innere Stärke bedeute Gleichmut, beinah Gleichgültigkeit, ein Gefühl der Leichtigkeit, aber vor allem bedeute es eine tiefe, natürliche Neigung zum Forschen und Verstehen. Diesen Charakterzug bezeichneten die neuen Seher als Nüchternheit.
»Die neuen Seher waren der Überzeugung«, fuhr er fort, »daß ein Leben der Makellosigkeit an sich, und unvermeidlich, zu solcher Nüchternheit führt und daß diese wiederum die Bewegung des Montagepunktes bewirkt.
Wie ich dir sagte, glaubten die neuen Seher, daß der Montagepunkt von innen her bewegt werden kann. Sie gingen noch einen Schritt weiter und behaupteten, daß makellose Krieger niemanden brauchen, der sie führt, sondern daß sie selbst, indem sie ihre Energie sparen, all das tun können, was die Seher tun. Alles, was sie brauchen, ist eine kleine Chance, und das Wissen um jene, von den Sehern enthüllten Möglichkeiten.«
Damit, so sagte ich ihm, wären wir wieder am Ausgangspunkt, an dem wir in meinem normalen Bewußtseinszustand gestanden hätten. Denn noch immer sei ich überzeugt, daß Makellosigkeit, oder das Sparen von Energie, so unbestimmte Begriffe wären, daß jeder sie nach Belieben interpretieren könne.
Ich wollte weitersprechen und meinen Standpunkt begründen, aber da überfiel mich ein sonderbares Gefühl. Ich hatte tatsächlich die körperliche Empfindung, als sauste ich durch etwas hindurch. Und dann konnte ich selbst meinen Standpunkt widerlegen. Ich wußte ohne jeden Zweifel, daß Don Juan recht hatte: Alles, was man braucht, ist Makellosigkeit und Energie, und diese beginnt mit einer einzigen Tat, die wohlerwogen, präzise und beharrlich sein muß. Wird diese Tat lange genug wiederholt,

dann stellt sich ein Gefühl unbeugsamer *Absicht* ein, das auch auf alles andere übertragen werden kann. Ist dies erst erreicht, dann liegt der Weg offen. Eines führt dann zum anderen, bis der Krieger sein volles Potential verwirklicht.

Als ich Don Juan berichtete, was ich gerade erkannt hätte, lachte er, offensichtlich erfreut, und rief aus, daß dies wirklich ein gottgesandtes Beispiel für die Stärke sei, von der er gesprochen habe. Mein Montagepunkt, erklärte er, habe sich verschoben, und er sei durch Nüchternheit in eine Position bewegt worden, die das Verständnis fördere. Umgekehrt hätte er durch Launenhaftigkeit in eine Position bewegt werden können, die nur den Eigendünkel fördere, wie es schon oft bei mir der Fall gewesen sei.

»Laß uns nun über den *Traumkörper* sprechen«, fuhr er fort. »Die alten Seher konzentrierten alle ihre Anstrengungen auf die Erforschung und Anwendung des *Traumkörpers*. Und es gelang ihnen, diesen wie einen materiellen Körper einzusetzen, was soviel heißt, als daß sie sich selbst in immer unheimlicheren Formen neu erschufen.«

Unter den neuen Sehern sei allgemein bekannt, sagte Don Juan, daß ganze Scharen von alten Sehern niemals wiederkehrten, nachdem sie in einer *Traumposition* ihrer Wahl aufgewacht waren. Wahrscheinlich, so sagte er, seien sie in jenen unvorstellbaren Welten gestorben, oder vielleicht lebten sie heute noch – wer weiß, in welch entstellten Formen.

Er machte eine Pause, sah mich an und fing herzlich an zu lachen.

»Du brennst natürlich darauf, mich zu fragen, was die alten Seher mit dem *Traumkörper* machten, nicht wahr?« fragte er und forderte mich kopfnickend auf, die Frage doch zu stellen.

Don Juan stellte fest, daß Genaro, als unbestrittener Meister der Bewußtheit, mir viele Male, während ich mich in meinem normalen Bewußtseinszustand befand, den Traumkörper gezeigt habe. Mit diesen Demonstrationen habe Genaro bezweckt, meinen Montagepunkt zu verschieben – nicht aus einer Position gesteigerter Bewußtheit, sondern aus seiner normalen Lage.

Und dann sagte Don Juan, als wolle er mir ein Geheimnis offenbaren, daß Genaro uns draußen auf den Feldern beim Hause erwarte, um mir seinen *Traumkörper* zu zeigen. Er betonte immer wieder, ich sei jetzt genau im richtigen Bewußtseinszustand, um zu *sehen* und zu verstehen, was der *Traumkörper* in Wirklichkeit sei. Er hieß mich aufstehen, und wir gingen durch das vordere Zimmer, um die Haustür zu erreichen. Als ich die Tür öffnen wollte, bemerkte ich, daß jemand auf dem Stapel Matten lag, die den Lehrlingen als Betten dienten. Ich dachte mir, daß einer der Lehrlinge nach Hause zurückgekehrt sein müsse, während Don Juan und ich in der Küche miteinander sprachen.

Ich ging hinzu und erkannte, daß es Genaro war. Er schlief fest und schnarchte friedlich, das Gesicht nach unten gekehrt.

»Weck ihn auf«, sagte Don Juan zu mir. »Wir müssen gehen. Bestimmt ist er todmüde.«

Ich rüttelte Genaro sachte. Er drehte sich langsam um und ließ Geräusche hören, wie jemand sie macht, der aus tiefem Schlummer aufwacht. Er streckte die Arme und schlug die Augen auf. Ich stieß unwillkürlich einen Schrei aus und fuhr zurück.

Genaros Augen waren keine menschlichen Augen. Sie waren zwei Punkte intensiven bernsteinfarbenen Lichts. Der Schock war so stark, daß mir schwindlig wurde. Don Juan klopfte mir den Rücken und brachte mich wieder ins Gleichgewicht.

Genaro stand auf und lächelte mir zu. Seine Gesichtszüge waren starr. Er bewegte sich, als sei er betrunken oder körperbehindert. Er ging an mir vorbei, direkt gegen die Wand. Ich zuckte bereits vor dem bevorstehenden Aufprall zusammen, aber er ging durch die Wand hindurch, als wäre sie gar nicht vorhanden. Durch die Küchentür kam er wieder ins Zimmer zurück. Und dann lief Genaro, während ich ihm tief entsetzt zuschaute, die Wände entlang, sein Körper parallel zum Fußboden und zur Decke, den Kopf verdreht.

Beim Versuch, seine Bewegungen zu verfolgen, stolperte ich rückwärts. Aus dieser Lage konnte ich Genaro nicht mehr sehen; statt dessen sah ich eine Lichtblase, die über mir an Wänden und Zimmerdecke entlangglitt, immer das Zimmer umkreisend. Es sah aus, als richte jemand den Strahl einer starken Taschenlampe gegen Decke und Wände. Der Lichtstrahl wurde schließlich abgeschaltet. Er verschwand, wie von der Wand verschluckt.

Don Juan bemerkte, daß meine kreatürliche Angst maßlos wie immer gewesen sei und daß ich mich doch bemühen solle, sie unter Kontrolle zu bringen. Insgesamt aber hätte ich meine Sache gut gemacht. Ich hätte Genaros *Traumkörper gesehen* als das, was er wirklich sei, eine Lichtblase.

Ich fragte ihn, wie er sich dessen so sicher sein könne. Er antwortete, er habe *gesehen*, wie mein Montagepunkt sich zuerst in seine normale Lage bewegte, um meine Angst auszugleichen, und dann tiefer nach links, über den Punkt hinaus, wo es keine Zweifel mehr gebe.

»In dieser Position gibt es nur noch eines, was man *sehen* kann: Blasen von Energie«, fuhr er fort. »Aber vom Zustand gesteigerter Bewußtheit bis hin zu jenem anderen, tiefer in der linken Seite gelegenen Punkt, ist es nur ein kurzer Sprung. Die wirkliche Leistung besteht darin, den Montagepunkt aus seiner normalen Position zu jenem Punkt sich verschieben zu lassen, an dem es keine Zweifel mehr gibt.«

Aber, so fügte er hinzu, wir hätten noch immer eine Verabredung mit Genaros *Traumkörper,* draußen auf dem Feld, und während ich in meinem normalen Bewußtseinszustand wäre.

Als wir in Silvio Manuels Haus zurückgekehrt waren, meinte Don Juan, Genaros Geschicklichkeit, den *Traumkörper* zu handhaben, sei nur eine Kleinigkeit im Vergleich zu dem, was die alten Seher mit ihm vollbracht hätten.

»Du wirst es sehr bald *sehen*«, sagte er in unheilverkündendem Ton und lachte.

In zunehmender Besorgnis versuchte ich ihn auszufragen, und rief damit noch mehr Gelächter hervor. Schließlich fing er sich wieder und meinte, er wolle mir erzählen, wie die neuen Seher zu dem *Traumkörper* gelangt seien und auf welche Weise sie ihn einsetzten.

»Den alten Sehern ging es um eine perfekte Kopie des Körpers«, fuhr er fort, »und fast hätten sie es geschafft, diesen herzustellen. Das einzige, was sie nie kopieren konnten, waren die Augen. Anstelle der Augen hat der *Traumkörper* nur die Glut der Bewußtheit. Das hast du bisher, wenn Genaro dir seinen *Traumkörper* zeigte, noch nie bemerkt.

Die neuen Seher hatten keinerlei Interesse an einer perfekten Kopie des Körpers; sie kümmerten sich nicht einmal darum, den Körper überhaupt zu kopieren. Dennoch behielten sie den Namen *Traumkörper* bei, um damit ein Gefühl, eine Energieaufwallung zu bezeichnen, die durch die Bewegung des Montagepunktes an jeden Ort dieser Welt transportiert werden kann – oder an jeden Ort in den sieben Welten, die dem Menschen zugänglich sind.«

Dann schilderte mir Don Juan die Technik, durch die der Traumkörper zu erlangen sei. Diese beginne, wie er sagte, mit irgendeiner ersten Tat, die einfach durch die Tatsache, daß sie durchgehalten werde, eine unbeugsame *Absicht* erzeuge. Unbeugsame *Absicht* führte zu innerem Schweigen, und inneres Schweigen führte zu innerer Stärke, die notwendig sei, um den Montagepunkt im Traum an die geeigneten Positionen wandern zu lassen.

Diesen Abschnitt bezeichnete Don Juan als das Fundament. Nachdem das Fundament abgeschlossen sei, folge die Entwicklung der Kontrolle; sie bestünde in einem systematischen Beibehalten der *Traumposition*, und zwar durch hartnäckiges Festhalten an der Traum-Vision. Stetige Übung bewirke eine große Geschicklichkeit im Beibehalten neuer *Traumpositionen* auch in neuen Träumen, allerdings weniger, weil man durch Übung eine bewußte Kontrolle über den Traum gewönne, sondern weil jedesmal, wenn solche Kontrolle geübt werde, die innere Stärke sich festige. Die gefestigte innere Stärke wiederum lasse den Montagepunkt zunehmend in solche *Traumpositionen* gleiten, die geeignet seien, die Nüchternheit zu fördern. Anders gesagt, die Träume selbst würden mit der Zeit immer steuerbarer, sogar geordneter.

»Die Entwicklung der *Träumer* ist eine indirekte«, fuhr er fort. »Dies ist der Grund, warum die neuen Seher glauben, daß wir allein, und ohne Hilfe, *träumen* können. Da das *Träumen* mit Hilfe einer natürlichen, eingebauten Verschiebung des Montagepunktes geschieht, sollten wir niemanden brauchen, der uns hilft.

Was wir aber nötig brauchen, das ist Nüchternheit, und niemand, außer uns selbst, kann sie uns geben oder uns helfen, sie zu gewinnen. Ohne Nüchternheit wäre die Verschiebung des Montagepunktes eine chaotische, wie ja auch unsere gewöhnlichen Träume chaotisch sind.

Die richtige Methode, zum Traumkörper zu gelangen, ist also

nichts anderes als Makellosigkeit in unserem täglichen Leben.«

Wenn erst einmal Nüchternheit gelernt sei und die *Traumpositionen* immer stärker würden, so erklärte Don Juan, wäre der nächste Schritt, in jeder beliebigen *Traumposition* aufzuwachen. So einfach dies erscheine, sei es doch, wie er meinte, ein sehr kompliziertes Manöver – so kompliziert, daß es nicht nur Nüchternheit, sondern auch alle anderen Attribute der Kriegerschaft voraussetze, besonders die *Absicht*.

Ich fragte ihn, wie die *Absicht* dem Seher helfe, in einer bestimmten *Traumposition* zu erwachen. Und er antwortete, daß es der *Absicht*, als der höchstentwickelten Kontrolle der Ausrichtungs-Kraft, vorbehalten bleibe, mit Hilfe der Nüchternheit des *Träumers* die Ausrichtung all jener Emanationen aufrechtzuerhalten, die durch die Bewegung des Montagepunktes beleuchtet würden.

Es gebe allerdings, sagte Don Juan, noch einen weiteren gefährlichen Fallstrick des *Träumens*: nämlich die Stärke des *Traumkörpers* selbst. Zum Beispiel falle es dem *Traumkörper* sehr leicht, die Emanationen des Adlers längere Zeit hindurch ununterbrochen anzustarren, doch ebenso leicht könne der *Traumkörper* am Ende völlig von ihnen aufgezehrt werden. Seher, die die Emanationen des Adlers ohne ihren *Traumkörper* anstarrten, seien daran gestorben, und jene, die sie mit ihrem *Traumkörper* anstarrten, seien am Feuer von innen verbrannt. Die neuen Seher hätten das Problem dadurch gelöst, daß sie in Gruppen zu *sehen* pflegten. Während ein Seher die Emanationen anstarrte, standen die anderen bereit, um das *Sehen* abzubrechen.

»Wie machten es die neuen Seher beim *Sehen* in Gruppen?« fragte ich.

»Sie *träumten zusammen*«, erwiderte er. »Wie du weißt, ist es einer Gruppe von Sehern möglich, jeweils die bei sich gleichen ungenutzten Emanationen zu aktivieren. Und auch in diesem Fall ist nicht bekannt, nach welcher Methode dies geschieht. Es geschieht einfach. Es gibt keine Technik, die man befolgen könnte.«

Beim *Zusammen-Träumen*, fügte er an, übernehme irgend etwas in uns die Führung, und plötzlich teilten wir mit anderen *Träumern* dieselbe Vision. Dabei zwinge uns unser schieres Menschsein, die Glut unserer Bewußtheit automatisch auf die gleichen Emanationen zu richten, die auch bei anderen Menschen aktiviert seien. Wir korrigierten die Position unseres Montagepunktes entsprechend, damit sie mit den Positionen der Punkte bei den Leuten unserer Umgebung übereinstimmten. Dies könnten wir auf der rechten Seite tun, bei unseren alltäglichen Wahrnehmungen, aber wir könnten es auch auf der linken tun, wenn wir *zusammen träumen*.

12. Der Nagual Julian

Es herrschte eine sonderbare Aufregung im Haus. Alle Seher aus Don Juans Nagualzug schienen so gehobener Stimmung, als wären sie wahrhaftig übergeschnappt – etwas, das ich noch nie erlebt hatte. Mir war es ganz unheimlich. Ich fragte Don Juan deswegen. Er führte mich in den hinteren Patio. Schweigend gingen wir eine Weile umher. Er sagte, es käme nun bald die Zeit, daß sie alle gehen müßten. Auch müsse er sich mit seiner Erklärung beeilen, um sie noch rechtzeitig zu Ende zu bringen.

»Wieso wißt ihr, daß ihr bald gehen werdet?« fragte ich.

»Es ist ein inneres Wissen«, sagte er. »Eines Tages wirst auch du es wissen. Siehst du, der Nagual Julian ließ meinen Montagepunkt unzählige Male sich verschieben, genau wie ich den deinen sich verschieben ließ. Dann überließ er mir die Aufgabe, alle diese Emanationen, die er mir durch jene Verschiebungen auszurichten geholfen hatte, noch einmal auszurichten. Das ist die Aufgabe, die jedem Nagual überlassen bleibt.

Wie dem auch sei, die erneute Ausrichtung all dieser Emanationen bereitet den Weg für das eigenartige Manöver, alle Emanationen im Innern des Kokon aufleuchten zu lassen. Dies habe ich beinah geschafft. Ich bin dabei, mein Maximum zu erreichen. Da ich der Nagual bin, werden wir alle, sobald ich alle Emanationen in meinem Kokon zum Leuchten gebracht habe, von einem Moment auf den andern verschwunden sein.«

Ich wußte, ich hätte traurig sein sollen und weinen, aber etwas in mir war außer sich vor Freude, zu erfahren, daß der Nagual Juan Matus im Begriff stand, frei zu sein, und so mußte ich aufspringen und einen begeisterten Schrei ausstoßen. Ich wußte, ich würde früher oder später in einem anderen Bewußtseinszustand sein, und dann würde ich vor Traurigkeit weinen. An diesem Tag aber war ich voller Freude und Optimismus.

Ich erzählte Don Juan, wie mir zumute sei. Er lachte und klopfte mir den Rücken.

»Vergiß nicht, was ich dir gesagt habe. Verlaß dich nie auf emotionale Erkenntnisse. Laß zuerst deinen Montagepunkt sich bewegen, und komme dann erst, Jahre später, zu einer Erkenntnis.«
Wir gingen in das große Zimmer und setzten uns, um das Gespräch fortzusetzen. Don Juan zögerte einen Moment. Er schaute aus dem Fenster. Von meinem Sessel konnte ich den Patio überblicken. Es war früher Nachmittag; ein bewölkter Tag. Es sah nach Regen aus. Gewitterwolken drängten von Westen heran. Ich liebte solche bewölkten Tage. Don Juan nicht. Er wirkte unruhig, während er versuchte, eine bequemere Sitzhaltung zu finden.
Die Schwierigkeit, sich zu erinnern an das, was im Zustand gesteigerter Bewußtheit stattfindet, so begann Don Juan seine Ausführungen, sei bedingt durch die unendliche Zahl von Positionen, die der Montagepunkt einnehmen könne, nachdem er einmal aus seiner normalen Position gelöst sei. Die Leichtigkeit, mit der wir uns all dessen erinnerten, was im normalen Bewußtseinszustand stattfinde, sei hingegen bedingt durch die Fixierung des Montagepunktes an eine Stelle – nämlich die Stelle, an der er sich normalerweise befinde.
Er könne sich gut in mich hineinversetzen, sagte er und schlug vor, ich solle mich mit der Schwierigkeit des Erinnerns abfinden und die Tatsache akzeptieren, daß ich eventuell bei meiner Aufgabe versagen könnte und vielleicht nie imstande sein würde, alle die Emanantionen erneut auszurichten, die auszurichten er mir geholfen habe.
»Stell es dir folgendermaßen vor«, sagte er lächelnd. »Vielleicht wirst du dich niemals an dieses Gespräch erinnern können, das wir gerade führen und das dir in diesem Moment so selbstverständlich erscheint.
Dies ist wahrhaftig das Mysterium der Bewußtheit. Der Mensch ist erfüllt von diesem Mysterium; wir sind erfüllt von Dunkelheit, von unerklärlichen Dingen. Es wäre verrückt, uns selbst anders sehen zu wollen. Erniedrige also nicht das Mysterium des Menschen, indem du dich bemitleidest oder indem du es rational zu verstehen suchst. Verachte lieber die Dummheit des Menschen, indem du sie zu verstehen suchst. Aber entschuldige dich für keins von beiden; wir brauchen beides.
Eines der großen Manöver der *Pirscher* besteht darin, das Mysterium gegen die Dummheit in jedem von uns auszuspielen.«

Die Übungen des *Pirschens*, erklärte er, seien kein Anlaß, darüber zu frohlocken; tatsächlich seien sie nachgerade anrüchig. Die neuen Seher, die dies wußten, hätten erkannt, daß es für einen jeden von Nachteil wäre, die Prinzipien des *Pirschens* in normalem Bewußtseinszustand anzuwenden oder auch nur zu diskutieren.
Ich versuchte, ihn hier auf einen Widerspruch aufmerksam zu machen. Einerseits hatte er gesagt, daß es dem Krieger unmöglich sei, in der Welt zu handeln, solange er sich im Zustand gesteigerter Bewußtheit befinde; und andererseits hatte er gesagt, daß das *Pirschen* lediglich eine besondere Art des Umgangs mit anderen Menschen sei. Diese beiden Aussagen, so schien es mir, widersprachen sich.
»Wenn ich sagte, daß man das *Pirschen* nicht in normalem Bewußtseinszustand lehren sollte, so meinte ich lediglich die Unterweisung eines Nagual«, sagte er. »Der Zweck des *Pirschens* ist ein zweifacher: erstens, den Montagepunkt so gleichmäßig und so sicher zu bewegen, wie dies nur möglich ist – und nichts ist dafür so gut geeignet wie das *Pirschen*; und zweitens, die Prinzipien des *Pirschens* so tief zu verankern, daß das menschliche Inventar umgangen wird, da es eine ganz natürliche Reaktion wäre, etwas der Vernunft anrüchig erscheinendes abzulehnen und zu verurteilen.«
Ich sagte ihm, daß ich mir, ehrlich, nicht anmaßen würde, solche Dinge zu verurteilen oder abzulehnen. Er lachte und meinte, ich bilde gewiß keine Ausnahme und würde reagieren wie jeder andere, wenn ich erst einmal von den Taten eines Meister-*Pirschers* hören würde, wie sein Wohltäter, der Nagual Julian einer gewesen sei.
»Ich übertreibe nicht, wenn ich dir sage, daß der Nagual Julian der überragendste *Pirscher* war, dem ich jemals begegnet bin«, sagte Don Juan. »Du hast schon durch die anderen von seiner Geschicklichkeit im *Pirschen* gehört. Aber ich habe dir noch nie erzählt, was er mit mir gemacht hat.«
Ich wollte ihn darauf hinweisen, daß ich von niemandem etwas über den Nagual Julian erfahren hätte, aber gerade als ich meinen Einwand vorbringen wollte, überkam mich ein seltsames Gefühl der Unsicherheit. Don Juan schien sofort zu merken, was ich empfand. Er kicherte vergnügt vor sich hin.

»Du kannst dich nicht daran erinnern, weil der *Wille* dir noch nicht zu Gebote steht«, sagte er. »Es bedarf eines Lebens der Makellosigkeit und eines großen Überschusses an Energie, bevor der *Wille* dir vielleicht diese Erinnerungen erschließt.
Ich werde dir die Geschichte erzählen, wie der Nagual Julian sich mir gegenüber verhielt, als ich ihm zum erstenmal begegnete. Falls du ihn verurteilst und sein Verhalten anrüchig findest, während du dich im Zustand gesteigerter Bewußtheit befindest, dann bedenke nur, wie empört du in normalem Bewußtseinszustand über ihn wärest.«
Ich protestierte und meinte, er mache mich voreingenommen. Er versicherte mir, er wolle mir mit seiner Geschichte nur die Art und Weise veranschaulichen, wie *Pirscher* vorgingen, und auch die Gründe, warum sie es täten.
»Der Nagual Julian war der letzte der *Pirscher* aus alter Zeit«, fuhr er fort. »Ein *Pirscher* war er weniger durch die Umstände seines Lebens, sondern aufgrund der besonderen Veranlagung seines Charakters.«
Die neuen Seher, so erklärte Don Juan, hätten gesehen, daß es zwei Hauptgruppen von Menschen gebe: diejenigen, die sich um ihren Nächsten kümmerten, und diejenigen, die dies nicht täten. Zwischen diesen beiden Extremen *sahen* sie unendlich viele Mischungen der beiden Typen. Der Nagual Julian gehörte zu jener Gruppe von Menschen, die sich nicht um den Nächsten kümmern. Don Juan zählte sich zu der entgegengesetzten Gruppe.
»Aber, hast du mir denn nicht erzählt, daß der Nagual Julian großzügig war, daß er sein letztes Hemd vom Leibe verschenken konnte?« fragte ich.
»Gewiß war er das«, antwortete Don Juan. »Er war nicht nur großzügig, er war auch von ganz bezaubernder und gewinnender Art. Und immer interessierte er sich für jeden, der in seine Nähe kam. Er war freundlich und aufgeschlossen und verschenkte alles, was er besaß – an jeden, der es brauchte, oder auch an jeden, den er gern hatte. Er wurde dafür von allen geliebt, denn als Meister-*Pirscher* konnte er ihnen seine wahren Gefühle ausdrücken: Er kümmerte sich einen feuchten Dreck um sie alle.«
Ich sagte nichts, aber Don Juan bemerkte meine Mißbilligung dessen, was er sagte, ja sogar meine Betroffenheit. Er lachte leise und schüttelte den Kopf.

»So ist das *Pirschen*«, sagte er. »Siehst du, ich habe noch nicht einmal angefangen mit der Geschichte des Nagual Julian, und du bist bereits verärgert.«
Als ich ihm mein Gefühl erklären wollte, brach er in ein gewaltiges Gelächter aus.
»Der Nagual Julian kümmerte sich um niemanden«, fuhr er fort. »Das ist der Grund, warum er Menschen helfen konnte. Und das tat er auch; er schenkte ihnen sein letztes Hemd vom Leibe, weil ihm nicht die Bohne an ihnen gelegen war.«
»Willst du damit sagen, Don Juan, daß nur diejenigen ihren Mitmenschen helfen können, die sich nicht die Spur um sie kümmern?« fragte ich, ehrlich betroffen.
»So behaupten die *Pirscher*«, sagte er mit strahlendem Lächeln. »Der Nagual Julian zum Beispiel war ein sagenhafter Heiler. Er half Tausenden und Abertausenden von Menschen, aber er wollte niemals Anerkennung dafür. Er ließ die Leute in dem Glauben, eine Seherin aus seinem Zuge wäre die Heilerin.
Wäre er aber ein Mensch gewesen, der sich um seine Mitmenschen kümmerte, dann hätte er Anerkennung verlangt. Diejenigen, die sich um andere Leute kümmern, kümmern sich auch um sich selbst, und sie verlangen Anerkennung, wo ihnen Anerkennung gebührt.«
Er selbst, sagte Don Juan, da er zu jener Gruppe von Menschen gehöre, die sich um ihren Nächsten kümmerten, habe niemals jemandem helfen können; ihm sei es peinlich, großzügig zu sein. Er könne sich auch nicht vorstellen, geliebt zu werden, wie der Nagual Julian geliebt wurde, und er käme sich blöde vor, wollte er sein letztes Hemd am Leibe verschenken.
»Ich kümmere mich so sehr um meinen Mitmenschen«, fuhr er fort, »daß ich überhaupt nichts für ihn tue. Ich wüßte nicht, was ich tun sollte. Und ich hätte immer das quälende Gefühl, daß ich ihm mit meinen Geschenken meinen Willen aufzwinge.
Natürlich habe ich, auf dem Pfad der Krieger, all diese Gefühle überwunden. Jeder Krieger kann erfolgreich mit Leuten umgehen, wie es der Nagual Julian konnte, vorausgesetzt, daß er seinen Montagepunkt in eine Position bewegt, wo es gleichgültig ist, ob die Leute ihn lieben, hassen oder ignorieren. Aber das ist nicht dasselbe.«
Als Don Juan selbst zum erstenmal die Prinzipien des *Pirschens*

kennenlernte, so erzählte er, habe er sich, genau wie ich jetzt, abgestoßen gefühlt. Der Nagual Elias, der Don Juan sehr ähnlich gewesen sei, habe ihm aber erklärt, daß *Pirscher* wie der Nagual Julian die natürlichen Führer der Menschen seien. Sie könnten den Menschen helfen, alles zu erreichen.

»Der Nagual Elias sagte, daß diese Krieger den Menschen helfen können, gesund zu werden«, fuhr Don Juan fort. »Oder sie können ihnen helfen, krank zu werden. Sie können ihnen helfen, ihr Glück zu finden, oder sie können ihnen helfen, Kummer zu finden. Ich schlug dem Nagual Elias vor, man sollte vielleicht nicht sagen, daß diese Krieger den Menschen helfen, sondern daß sie die Menschen beeinflussen. Er sagte, daß sie die Menschen nicht nur beeinflussen, sondern sie aktiv vorantreiben.«

Don Juan kicherte und sah mich unverwandt an. In seinen Augen lag ein boshaftes Glitzern.

»Seltsam, nicht wahr?« fragte er. »Die Art, wie die *Pirscher* ausdrücken, was sie an den Menschen *sehen*?«

Dann begann Don Juan mit seiner Geschichte über den Nagual Julian. Der Nagual Julian, so sagte er, habe viele Jahre auf einen Nagual-Schüler gewartet. Dann sei er eines Tages Don Juan begegnet, auf dem Rückweg von einem Besuch bei Bekannten in einem benachbarten Dorf. Wie er die Straße entlangschritt, dachte er sogar daran, wie gern er einen Lehrling finden würde, als er einen lauten Pistolenschuß hörte und Menschen in alle Richtungen davonlaufen sah. Er sprang mit ihnen ins Gebüsch am Straßenrand und kam erst wieder aus seinem Versteck hervor, als er sah, wie sich eine Gruppe um einen am Boden liegenden Verwundeten sammelte.

Der Verwundete war natürlich Don Juan, der von dem tyrannischen Vorarbeiter angeschossen worden war. Der Nagual Julian *sah* sofort, daß Don Juan ein besonderer Mensch sei, mit einem Kokon, in vier Abschnitte statt in zwei unterteilt. Er erkannte auch, daß Don Juan schwer verwundet war. Er wußte, daß er keine Zeit verlieren durfte. Sein Wunsch war in Erfüllung gegangen, aber er mußte sich beeilen, bevor jemand merkte, was hier geschah. Er schlug die Hände über dem Kopf zusammen und schrie: »Man hat meinen Sohn erschossen!«

Er war mit einer der Seherinnen seines Zuges unterwegs, einer robusten Indianerin, die in der Öffentlichkeit immer als seine zänkische Frau auftrat. Sie waren ein hervorragendes Team von *Pirschern.* Er gab der Seherin ein Zeichen, und auch sie fing an zu jammern und ihren Sohn zu beweinen, der bewußtlos und am Verbluten sei. Der Nagual flehte die Dabeistehenden an, nicht die Polizei zu rufen, sondern ihm lieber zu helfen, seinen Sohn nach Hause zu schaffen, in die Stadt, die in einiger Entfernung lag. Er bot sogar ein paar starken jungen Männern Geld, damit sie seinen verwundeten, sterbenden Sohn schleppten.

Die Männer trugen Don Juan in das Haus des Nagual Julian. Der Nagual war sehr großzügig und bezahlte sie reichlich. Die Männer waren so gerührt über das trauernde alte Elternpaar, das den ganzen Weg bis zum Hause geweint hatte, daß sie sich weigerten, das Geld anzunehmen, aber der Nagual Julian bestand darauf, daß sie es nähmen, weil dies seinem Sohn Glück bringen werde.

Ein paar Tage lang wußte Don Juan nicht, was er von dem freundlichen Paar halten sollte, das ihn in sein Haus aufgenommen hatte. Der Nagual Julian, so sagte Don Juan, sei ihm als ein beinah seniler alter Mann vorgekommen. Er selbst war kein Indianer, aber er war mit einer jungen, jähzornigen, fetten Indianerin verheiratet, die nicht so sehr kräftig, als vielmehr unbeherrscht war. Don Juan hielt sie eindeutig für eine Heilerin, zu urteilen nach der Art, wie sie seine Wunde behandelte, und nach den Mengen an Heilpflanzen, die sich in dem Zimmer stapelten, wo man ihn untergebracht hatte.

Auch tyrannisierte die Frau den Alten, und sie befahl ihm, Don Juans Wunde jeden Tag zu versorgen. Sie hatten für Don Juan ein Bett aus einer dicken Matte bereitet, und der alte Mann mußte sich mühselig niederknien, um ihn zu erreichen. Don Juan mußte sich Mühe geben, nicht zu lachen bei dem komischen Anblick des gebrechlichen Alten, wie er versuchte, die Knie zu beugen. Und während der alte Mann seine Wunde wusch, murmelte er unaufhörlich vor sich hin; er hatte einen leeren Blick in den Augen, seine Hände zitterten und sein Körper bebte vom Kopf bis zu den Zehenspitzen.

Wenn er dort am Boden kniete, kam er nie wieder alleine hoch. Er schrie jedesmal nach seiner Frau, mit einer gellenden, rauhen Stimme voll unterdrückter Wut. Die Frau pflegte dann ins Zimmer zu kommen, und die beiden gerieten stets in furchtbaren

Streit. Oft rannte sie hinaus und ließ den Alten alleine sich hochrappeln.
Nie habe ihm jemand so leid getan, beteuerte Don Juan, wie dieser freundliche arme alte Mann. Oft wäre er am liebsten aufgestanden, um ihm zu helfen, aber er konnte sich selbst kaum bewegen. Einmal benötigte der Alte eine halbe Stunde, die er fluchend und jammernd und keuchend herumkroch wie eine Schnecke, bis er endlich den Türstock erreichte, an dem er sich mühselig hochzog.
Seine schlechte Gesundheit, so erklärte er Don Juan, sei bedingt durch sein hohes Alter, durch nie richtig geschiente Knochenbrüche, durch Rheumatismus. Der alte Mann, erzählte Don Juan, habe die Augen zum Himmel gehoben und ihm gestanden, daß er der unglückseligste Mensch auf Erden sei. Hilfesuchend sei er zu der Heilerin gekommen, und es habe damit geendet, daß er sie heiratete und ihr Sklave wurde.
»Ich fragte den alten Mann, warum er sie nicht verließ«, fuhr Don Juan fort. »Die Augen des Alten weiteten sich vor Angst. Er erstickte beinahe an seinem eigenen Speichel, als er mir Schweigen gebot, und dann erstarrte er und fiel wie ein Klotz neben mein Bett auf die Erde, um mich am Sprechen zu hindern. ›Du weißt ja gar nicht, was du sprichst, du weißt ja gar nicht, was du sagst. Niemand kann von hier weglaufen‹, wiederholte der alte Mann immer wieder mit gehetztem Blick.
Und ich glaubte ihm. Ich war überzeugt, daß er noch erbärmlicher dran war als ich selbst. Und mit jedem Tag fühlte ich mich unbehaglicher in diesem Haus. Das Essen war großartig, und die Frau ging immer aus, um Leute zu heilen, darum blieb ich allein mit dem Alten zurück. Wir sprachen viel über mein Leben. Ich unterhielt mich gerne mit ihm. Ich erzählte ihm, daß ich kein Geld hätte, um ihn für seine Freundlichkeit zu entschädigen, aber ich würde alles tun, um ihm zu helfen. Er sagte, ihm sei nicht mehr zu helfen, und er sei bereit zu sterben; falls ich es aber ernst meinte mit dem, was ich sagte, würde er es sehr anerkennen, wenn ich nach seinem Tode seine Frau heiraten wollte.
Da wußte ich, daß der Alte nicht richtig im Kopf war. Und ich wußte auch, ich mußte so bald wie möglich fortlaufen.«
Als Don Juan wieder soweit hergestellt war, daß er ohne Hilfe gehen konnte, bot sein Wohltäter ihm eine beängstigende De-

monstration seiner Fähigkeiten als *Pirscher.* Ohne Vorankündigung oder Überleitung stellte er Don Juan einem anorganischen Wesen gegenüber. Da er ahnte, daß Don Juan weglaufen wollte, ergriff er die Gelegenheit, ihm einen heillosen Schreck einzujagen – mit Hilfe eines Verbündeten, der das Aussehen eines abscheulichen Menschen annehmen konnte.

»Der Anblick dieses Verbündeten raubte mir fast den Verstand«, fuhr Don Juan fort. »Ich konnte meinen Augen nicht trauen, und doch stand das Ungeheuer direkt vor mir. Und der Alte neben mir wimmerte und flehte das Ungeheuer an, sein Leben zu schonen. Siehst du, mein Wohltäter war wie die alten Seher. Er konnte seine Angst stückweise austeilen, und der Verbündete reagierte entsprechend. Das wußte ich aber nicht. Das einzige, was ich mit meinen eigenen Augen sah, war ein abscheuliches Geschöpf, das uns auf den Leib rückte, bereit, uns in Stücke zu reißen.

In dem Augenblick, als der Verbündete, zischend wie eine Schlange, sich auf uns stürzte, wurde ich ohnmächtig. Als ich wieder zu mir kam, erzählte mir der alte Mann, er habe mit dem Wesen einen Pakt geschlossen.«

Und er klärte Don Juan auf, daß dieser Mann sich bereit gefunden habe, sie beide am Leben zu lassen, vorausgesetzt, daß Don Juan in den Dienst des Alten träte. Ängstlich erkundigte sich Don Juan, was es mit diesem Dienst auf sich habe. Es wäre die Sklaverei, erwiderte der Alte, aber er wies Don Juan auch darauf hin, daß sein Leben vor wenigen Tagen, als er niedergeschossen worden war, ohnehin beinah zu Ende gewesen wäre. Wären nicht er und seine Frau gekommen, um die Blutung zu stillen, dann wäre Don Juan sicherlich gestorben, und deshalb könne er sich damit, oder dafür, nicht viel einhandeln. Dies wisse auch das Ungeheuer, das ihn jederzeit in die Enge treiben könne. Der Alte empfahl Don Juan, er solle nicht lange zaudern und den Pakt akzeptieren; falls er sich weigere, werde das Ungeheuer hinter der Tür hereingestürzt kommen und sie beide auf der Stelle töten.

»Ich hatte noch den Nerv, den Alten, der wie ein Blatt im Winde zitterte, zu fragen, auf welche Weise das Ungeheuer uns umbringen werde«, fuhr Don Juan fort. »Er sagte, das Ungeheuer habe versprochen, uns alle Knochen im Leibe zu brechen, mit den Füßen angefangen. Wir sollten unsägliche Qualen leiden, und unser Sterben werde mindestens fünf Tage lang dauern.

Ich akzeptierte die Bedingungen des Ungeheuers sofort. Der Alte, Tränen in den Augen, beglückwünschte mich und sagte, der Pakt sei eigentlich gar nicht so schlimm. Wir würden eher Gefangene denn Sklaven des Ungeheuers sein, aber immerhin würden wir uns zweimal am Tage satt essen können. Und da wir noch am Leben wären, könnten wir für unsere Freiheit arbeiten; wir könnten Pläne schmieden, still dulden und uns einen Ausweg aus dieser Hölle erkämpfen.«

Don Juan lächelte und fing an zu lachen. Er hatte im voraus gewußt, wie ich über den Nagual Julian denken würde.

»Ich sagte dir ja, du würdest entsetzt sein«, sagte er.

»Ich kann es tatsächlich nicht verstehen, Don Juan«, sagte ich. »Welchen Sinn könnte es haben, eine so komplizierte Maskerade aufzuführen?«

»Der Sinn ist ganz einfach«, sagte er, immer noch lächelnd. »Es ist nur eine andere Methode des Lehrens, und eine sehr gute. Sie verlangt dem Lehrer ungeheure Phantasie und ungeheure Kontrolle ab. Meine Lehrmethode entspricht eher dem, was du unter Lehren verstehst. Sie verlangt eine ungeheure Menge Wörter. Ich gehe bis ins Extrem beim Schwätzen. Der Nagual Julian ging bis ins Extrem beim *Pirschen*.«

Don Juan sagte, es gebe zwei Lehrmethoden bei den Sehern. Er selbst sei mit beiden vertraut. Er bevorzuge aber diejenige, die vom Lehrer verlange, alles zu erklären, und den anderen aufzuklären, was ihm bevorstünde. Es sei ein System, das Freiheit, Verstehen und freie Entscheidung fördere. Die Methode seines Wohltäters hingegen beruhe eher auf Zwang und ermögliche weder freie Entscheidung noch Verständnis. Ihr großer Vorteil liege aber darin, daß sie vom Krieger verlange, die Prinzipien der Seher unmittelbar zu leben, ohne dazwischentretende Erklärungen.

Alles, was Don Juans Wohltäter mit ihm machte, so erklärte er, sei eine Meisterleistung der Strategie gewesen. Alle Worte und Taten des Nagual Julian seien sorgfältig gewählt worden, um einen bestimmten Effekt zu erzielen. Er habe die Kunst beherrscht, seine Worte und Taten in den am besten geeigneten Rahmen zu stellen, damit sie die notwendige Wirkung erreichten.

»Das ist die Methode der *Pirscher*«, fuhr Don Juan fort. »Sie fördert nicht Verständnis, sondern absolute Erkenntnis. Ich zum

Beispiel brauchte ein Leben lang, um zu verstehen, was er mit mir machte, als er mich diesem Verbündeten gegenüberstellte, obwohl ich all dies ohne jede Erklärung erkannte, als ich diese Erfahrung direkt durchlebte.
Ich sagte dir doch, daß Genaro beispielsweise nicht versteht, was wir tun. Aber seine Einsicht in das, was er tut, ist so klar, wie sie nur sein kann. Und zwar deshalb, weil sein Montagepunkt durch die Methode der *Pirscher* in Bewegung gesetzt worden ist.«
Wenn der Montagepunkt hingegen durch die Methode, alles zu erklären, aus seiner üblichen Lage verschoben werde, wie in meinem Fall, so brauchte es immer auch die Hilfe eines anderen, nicht nur um den Montagepunkt zu lösen, sondern auch, um das Geschehen zu erklären. Werde aber der Montagepunkt durch die Methode der *Pirscher* in Bewegung gebracht, wie in seinem oder Genaros Fall, so brauchte es nur den ersten, katalytischen Akt, der den Punkt aus seiner Position reiße.
Als nun der Nagual Julian, so sagte Don Juan, ihn diesem ungeheuerlichen Verbündeten gegenüberstellte, da bewegte sich sein Montagepunkt unter dem Einfluß der Angst. Eine so intensive Angst, wie sie durch diese Konfrontation ausgelöst wurde, im Zusammenwirken mit seiner körperlichen Schwäche, habe die idealen Bedingungen geschaffen, bei ihm den Montagepunkt zu verschieben.
Um aber die nachteiligen Folgen solcher Angst auszugleichen, sagte er, müsse deren Wirkung abgefangen, dabei aber nicht verringert werden. Eine Erklärung, was damals passierte, hätte seine Angst nur verringert. Der Nagual Julian habe sicherstellen wollen, daß er sich dieser ersten katalytischen Angst Don Juans bedienen könne, sooft er sie brauchte; andererseits wollte er aber auch sicherstellen, daß er ihre verheerende Wirkung abfangen könne. Und dies sei der Grund für seine Maskerade gewesen. Je komplizierter und dramatischer seine Geschichten waren, desto größer ihr Abfang-Effekt. Wenn er selbst anscheinend mit Don Juan im selben Boot saß, so war die Angst nicht so intensiv, als wenn Don Juan allein gewesen wäre.
»Mit seinem Hang zum Dramatischen«, fuhr Don Juan fort, »konnte mein Wohltäter meinen Montagepunkt weit genug verschieben, um mir eine unmittelbare, nachhaltige Anschauung der

beiden Haupteigenschaften des Kriegers zu geben: beharrliches Bemühen und unbeugsame Absicht. Ich wußte, daß ich, um eines Tages wieder frei zu sein, in geordneter und beharrlicher Weise dafür arbeiten mußte, und zwar in Zusammenarbeit mit dem gebrechlichen alten Mann, der meine Hilfe, wie ich meinte, ebenso brauchte wie ich die seine. Ich wußte jenseits allen Zweifels, daß mir dies wichtiger war als alles andere in meinem Leben.«

Erst zwei Tage später sprach ich wieder mit Don Juan. Wir waren in Oaxaca und schlenderten am frühen Morgen über die Plaza. Da waren Kinder auf dem Weg zur Schule und Leute, die zur Kirche gingen, ein paar Männer, die auf den Bänken saßen, und Taxifahrer, die auf Touristen aus dem Hotel warteten.

»Das Schwierigste auf dem Pfad der Krieger ist selbstverständlich, den Montagepunkt in Bewegung zu bringen«, sagte Don Juan. »Diese Bewegung, das ist die Vollendung der Suche des Kriegers. Von dort weiterzugehen, das ist eine andere Sache. Es ist die eigentliche Suche der Seher.«

Das Verschieben des Montagepunktes, so wiederholte er, sei das ein und alles auf dem Weg der Krieger. Die alten Seher hätten versäumt, diese Wahrheit zu erkennen. Sie hielten die Verschiebung dieses Punktes für einen Indikator, der ihre Stellung auf einer Werte-Skala anzeige. Doch sie verfielen nie auf den Gedanken, daß es gerade diese Position sein könnte, die bestimmte, was sie wahrnahmen.

»Die Methode der *Pirscher*«, fuhr Don Juan fort, »kann in den Händen eines Meister-*Pirschers*, wie der Nagual Julian einer war, erstaunliche Verschiebungen des Montagepunktes hervorbringen. Und zwar ganz grundsätzliche Veränderungen. Weißt du, indem der *Pirscher*-Lehrer den Lehrling stützt, gewinnt er die volle Kooperation und Mitwirkung des Lehrlings. Und diese volle Kooperation und Mitwirkung des anderen zu gewinnen, ist das vielleicht wichtigste Resultat der *Pirscher*-Methode; und der Nagual Julian war der Größte, wenn es galt, diese beiden Dinge zu gewinnen.«

Don Juan fand keine Worte, um seinen inneren Aufruhr zu schildern, in den er geraten war, nachdem er allmählich die reiche Persönlichkeit und die schwierigen Lebensbedingungen des Nagual Julian kennenlernte. Solange Don Juan es mit einem verängstigten, gebrechlichen alten Mann zu tun hatte, der hilflos zu sein schien, war er noch einigermaßen unbefangen. Aber eines Tages, bald nachdem sie den Pakt mit jenem – wie Don Juan meinte – menschlichen Ungeheuer geschlossen hatten, brach sein Zutrauen in Stücke, als nämlich der Nagual Julian Don Juan eine weitere Demonstration seiner *Pirscher*-Fähigkeiten bot.

Obgleich es Don Juan inzwischen wieder recht gutging, schlief der Nagual Julian immer noch im selben Zimmer mit ihm, um ihn versorgen zu können. Als er an diesem Tag erwachte, erklärte er Don Juan, ihr beider Zwingherr sei für ein paar Tage verreist, und dies bedeute, daß er sich nicht mehr als alter Mann zu verstellen brauche. Er gestand Don Juan, er habe nur geheuchelt, so alt zu sein, um das Ungeheuer hinters Licht zu führen.

Ohne Don Juan Zeit zum Nachdenken zu lassen, sprang er mit unglaublicher Behendigkeit von seinem Bett auf. Er bückte sich und tauchte den Kopf in einen Wasserkessel, wo er ihn eine Weile untergetaucht hielt. Als er sich wieder aufrichtete, war sein Haar jettschwarz, das Grau war wie abgewaschen, und Don Juan hatte einen Mann vor sich, den er noch nie gesehen hatte, einen Mann von etwas über fünfunddreißig Jahren. Er ließ seine Muskeln spielen und atmete tief durch und weckte alle Glieder, als sei er zu lange in einem beengenden Käfig eingesperrt gewesen.

»Wie ich den Nagual Julian als jungen Mann sah, hielt ich ihn tatsächlich für den Teufel selber«, fuhr Don Juan fort. »Ich schloß die Augen, wußte, mein Ende war nah. Der Nagual Julian lachte, bis ihm die Tränen flossen.«

Dann aber, erzählte Don Juan, habe der Nagual Julian ihn beruhigt, indem er ihn zwischen der Bewußtheit der rechten Seite und der linken Seite hin und her wechseln ließ.

»Zwei Tage lang stolzierte der junge Mann im Haus umher«, fuhr Don Juan fort. »Er erzählte mir Geschichten aus seinem Leben und Witze, die mich vor Lachen durchs Zimmer kugeln ließen. Erstaunlicher noch war die Veränderung, die mit seiner Frau vor sich ging. Sie war tatsächlich schlank und schön. Ich dachte zuerst, sie sei eine ganz andere. Ich sah fasziniert, wie vollkommen sie sich verändert hatte, und wie schön sie war. Der junge Mann sagte zu mir, in der Abwesenheit ihres Zwingherrn sei sie immer eine ganz andere Frau.«

Don Juan lachte und meinte, sein teuflischer Wohltäter habe damit die Wahrheit gesprochen. Die Frau war in Wirklichkeit eine andere Seherin aus dem Nagualzug.
Don Juan fragte den jungen Mann, warum sie beide vortäuschten, etwas zu sein, was sie nicht waren. Der junge Mann betrachtete Don Juan mit Tränen in den Augen und rief aus, die Wunder dieser Welt wären wahrhaft unergründlich. Er und seine junge Frau würden von unerklärlichen Kräften gefangengehalten und müßten sich durch diese Täuschung schützen. Wenn er sich als alter Mann gebärde, so deshalb, weil ihr Unterdrücker die Angewohnheit habe, durch Türspalten hereinzuspähen. Er bat Don Juan, ihm zu verzeihen, daß er auch ihn getäuscht hätte.
Don Juan erkundigte sich, wer dieses menschliche Ungeheuer sei. Tief seufzend gestand der junge Mann, er selbst könne es nicht einmal erraten. Obwohl er selber ein gebildeter Mann sei, wie er Don Juan erzählte, ein berühmter Schauspieler vom Theater in Mexiko-Stadt, fehle ihm jede Erklärung dafür. Er wisse nur, daß er gekommen sei, um sich von der Schwindsucht heilen zu lassen, an der er seit Jahren gelitten habe. Er sei dem Tode nah gewesen, als seine Verwandten ihn zu jener Heilerin brachten. Sie half ihm, wieder gesund zu werden, und er verliebte sich Hals über Kopf in die junge schöne Indianerin und heiratete sie. Er hatte die Absicht gehabt, sie in die Hauptstadt mitzunehmen, wo sie beide durch ihre Heilkünste hätten wohlhabend werden können.
Bevor die beiden aber die Reise nach Mexiko-Stadt antraten, eröffnete sie ihm, sie müßten sich verkleiden, um einem Zauberer zu entkommen. Schon ihre Mutter sei eine Heilerin gewesen, erklärte sie ihm, die ihre Kunst bei diesem Meister-Zauberer gelernt habe. Als Gegenleistung habe dieser verlangt, daß sie, die Tochter, ihr Leben lang bei ihm bleiben müsse. Der junge Mann wollte seine Frau nicht weiter über diese Beziehung ausfragen. Er wollte nichts anderes, als sie befreien, daher verkleidete er sich als alter Mann und sie sich als dicke Frau.
Die Geschichte endete nicht glücklich. Das Ungeheuer ertappte sie und hielt sie gefangen. Sie wagten es nicht, vor diesem Alptraum von einem Mann ihre Verkleidung abzulegen, und in seiner Gegenwart benahmen sie sich, als haßten sie einander; aber in Wirklichkeit sehnten sie sich zueinander und lebten nur für die kurzen Fristen, wenn dieser Mann fortgegangen war.

Und der junge Mann, erzählte Don Juan, umarmte ihn und erzählte, daß dieses Zimmer, in dem Don Juan schlief, der einzige sichere Platz im ganzen Hause sei. Ob er nicht hinausgehen wolle und aufpassen, während er selbst seine Frau liebte.
»Das Haus bebte von ihrer Leidenschaft«, fuhr Don Juan fort. »Während ich vor der Tür saß und Schuldgefühle hatte, weil ich alles mit anhörte, und mich zu Tode fürchtete, daß der scheußliche Mann jeden Augenblick zurückkommen könnte. Und natürlich hörte ich ihn dann ins Haus kommen. Ich pochte an die Tür, und als sie nicht antworteten, ging ich hinein. Die junge Frau lag nackt und schlief, und der junge Mann war nirgends zu sehen. Noch nie im Leben hatte ich eine schöne nackte Frau gesehen. Ich war noch immer sehr schwach. Draußen hörte ich das Ungeheuer poltern. Meine Verlegenheit und meine Angst waren so groß, daß ich in Ohnmacht fiel.«
Die Geschichte des Nagual Julian empörte mich maßlos. Ich sagte Don Juan, ich könne den Wert der *Pirsch*-Künste des Nagual Julian mitnichten einsehen. Don Juan hörte mich an, ohne Einwände zu machen, und ließ mich drauflosplappern.
Als wir uns schließlich auf eine Bank setzten, war ich erschöpft. Auf seine Frage, warum sein Bericht über die Lehrmethode des Nagual Julian mich so empört hätte, wußte ich nichts zu sagen.
»Ich werde das Gefühl nicht los, daß er ein Possenreißer war«, sagte ich schließlich.
»Possenreißer haben nicht die bewußte Absicht, mit ihren Possen etwas zu lehren«, entgegnete Don Juan. »Der Nagual Julian spielte Dramen, magische Dramen, die eine Bewegung des Montagepunktes verlangten.«
»In meinen Augen war er ein sehr selbstsüchtiger Mensch«, beharrte ich.
»So kommt es dir vor, weil du urteilst«, erwiderte er. »Du bist ein Moralist. Auch ich habe es so erlebt. Wenn du jetzt, wo du vom Nagual Julian hörst, solche Gefühle hast, dann bedenke, wie ich mich fühlen mußte, als ich jahrelang in seinem Haus lebte. Ich verurteilte ihn, ich fürchtete ihn und ich beneidete ihn – in dieser Reihenfolge.
Ich liebte ihn auch, aber mein Neid war stärker als meine Liebe. Ich beneidete seine Leichtigkeit, seine geheimnisvolle Fähigkeit,

jung oder alt zu sein, ganz wie es ihm beliebte. Ich beneidete seine Ausstrahlung und vor allem seinen Einfluß auf jeden, der in seine Nähe kam. Ich ging die Wände hoch, wenn ich hörte, wie er andere Menschen mit den interessantesten Gesprächen fesseln konnte. Er hatte immer etwas zu sagen. Ich nie. Und immer fühlte ich mich unfähig, ausgeschlossen.«

Don Juans Geständnisse waren mir peinlich. Ich wünschte mir, er möge das Thema wechseln, denn ich wollte nicht hören, wie sehr er mir ähnelte. In meinen Augen war er unerreichbar. Er wußte offenbar, wie mir zumute war. Er lachte und klopfte mir den Rücken.

»Mit dieser Geschichte von meinem Neid«, fuhr er fort, »will ich dich auf etwas sehr Wichtiges aufmerksam machen. Nämlich, daß es die Position des Montagepunktes ist, die darüber entscheidet, wie wir uns verhalten und wie wir fühlen.

Mein großer Fehler damals war, daß ich dieses Prinzip nicht verstand. Ich war unerfahren. Ich lebte, genau wie du, aus meinem Eigendünkel, denn das war's, wo mein Montagepunkt festsaß. Weißt du, ich hatte noch nicht gelernt, daß man diesen Punkt in Bewegung bringt, indem man neue Gewohnheiten annimmt, indem man ihn in Bewegung bringen *will.* Als er sich dann bewegte, war es, als hätte ich eben erst entdeckt, daß es im Umgang mit unvergleichlichen Kriegern wie meinem Wohltäter nur eine Möglichkeit gibt, nämlich keine Selbstüberschätzung zu haben, so daß man sie vorurteilslos anerkennen kann.«

Und er sagte, daß es zwei Formen von Erkenntnissen gebe. Die eine sei lediglich aufmunterndes Gerede, große Gefühlsausbrüche, und nichts dahinter. Die andere sei das Produkt einer Verschiebung des Montagepunktes; sie ginge nicht mit Gefühlsausbrüchen einher, sondern mit Taten. Die emotionalen Erkenntnisse kämen erst Jahre später, nachdem der Krieger durch stetige Übung die neue Position seines Montagepunktes gefestigt habe.

»Der Nagual Julian führte uns alle unermüdlich zu einer solchen Verschiebung hin«, fuhr Don Juan fort. »Es gelang ihm, uns alle zu vorbehaltloser Kooperation und Mitwirkung bei seinen überlebensgroßen Dramen zu gewinnen. Bei seinem Drama von dem jungen Mann und seiner Frau und deren Unterdrücker, zum Beispiel, hatte er meine ungeteilte Aufmerksamkeit und Anteilnahme. Mir erschien die Geschichte von dem Alten, der jung war, sehr logisch. Ich hatte das Ungeheuer mit eigenen Augen gesehen, und das bedeutete für mich, daß meine unabänderliche Zuneigung dem jungen Mann gehörte.«

Don Juan erzählte, daß der Nagual Julian ein Magier, ein Zauberer gewesen sei, der die Kraft des *Willens* in einem für den Durchschnittsmenschen unbegreiflichen Maß zu handhaben wußte. In seinen Dramen spielten magische Figuren mit, die er durch die Kraft der *Absicht* beschwor, wie etwa jenes anorganische Wesen, das eine groteske menschliche Gestalt annehmen konnte.

»Die Kraft des Nagual Julian war so makellos«, fuhr Don Juan fort, »daß er den Montagepunkt eines jeden zwingen konnte, sich zu verschieben und jene Emanationen auszurichten, die es dem Betreffenden erlaubten, wahrzunehmen was immer der Nagual Julian wollte. Zum Beispiel konnte er sehr alt oder sehr jung aussehen für seine Jahre, je nachdem, was er damit erreichen wollte. Jeder, der den Nagual kannte, wird sagen, daß sein Alter wechselte. In den zweiunddreißig Jahren, die ich ihn kannte, war er manchmal nicht viel älter, als du es jetzt bist, und dann war er wieder so hinfällig und alt, daß er kaum laufen konnte.«

Unter der Führung seines Wohltäters, so erzählte Don Juan, habe sich sein Montagepunkt unmerklich, aber gründlich bewegt. So erkannte er zum Beispiel – eines Tages, und wie aus dem Nichts –, daß er von einer Furcht besessen war, die ihm einerseits unverständlich, andererseits das Verständlichste von der Welt erschien.

»Ich hatte Angst, daß ich durch eine Dummheit meine Chance, frei zu sein, verlieren und das Leben meines Vaters wiederholen könnte. Es war nichts Unrechtes am Leben meines Vaters. Bewahre. Er lebte und starb nicht besser oder schlechter als die meisten Menschen. Das Entscheidende war, daß mein Montagepunkt in Bewegung geriet und ich eines Tages erkannte, daß Leben und Tod meines Vaters keinerlei Sinn gehabt hatten, weder für ihn selbst noch für andere.

Mein Wohltäter sagte mir, daß mein Vater und meine Mutter nur gelebt hatten und gestorben waren, um mich als ihr Kind großzuziehen, und daß deren Eltern für sie das gleiche getan hatten. Etwas anderes ist es bei einem Krieger, sagte mein Wohltäter, denn er kann seinen Montagepunkt weit genug verschieben, um den furchtbaren Preis zu erkennen, der für sein Leben entrichtet wurde. Diese Verschiebung flößt ihm Achtung und Ehrfurcht ein – für das Leben im allgemeinen, und auch für die Tatsache des Lebendigseins im besonderen – wie seine Eltern es nie erfahren durften.«

Der Nagual Julian, so erzählte Don Juan, habe es nicht nur geschafft, seine Lehrlinge so zu führen, daß sie ihren Montagepunkt in Bewegung brachten, sondern dabei auch selbst seinen Spaß zu finden gewußt.

»Mit mir hatte er bestimmt eine Menge Spaß«, fuhr Don Juan fort. »Jahre später, als dann die übrigen Seher meines eigenen Zuges kamen, freute ich mich immer im voraus auf die aberwitzigen Situationen, die er mit ihnen herstellen und ausgestalten würde.

Als der Nagual Julian die Welt verließ, da ging auch der Spaß mit ihm, und kam nie wieder. Genaro macht oft seinen Spaß mit uns, aber niemand kann den Platz des Nagual Julian ausfüllen. Seine Dramen waren über-lebensgroß. Ich versichere dir, wir wußten gar nicht, was Spaß ist, bevor wir sahen, was der Nagual Julian tat, wenn seine Dramen manchmal für ihn selbst böse endeten.«

Don Juan erhob sich von seiner Lieblingsbank. Er wandte sich zu mir um. In seinen Augen war ein Leuchten, und ein Friede.

»Solltest du jemals so tolpatschig sein, an deiner Aufgabe zu scheitern«, sagte er, »dann mußt du wenigstens Energie genug haben, um deinen Montagepunkt in Bewegung zu bringen, damit du hierher, zu dieser Bank kommen kannst. Setz dich hin, für einen Moment, frei von Gedanken und Wünschen. Ich werde versuchen zu kommen, wo immer ich sein mag, und dich holen. Ich werde es versuchen, das verspreche ich dir.«

Dann fing er gewaltig an zu lachen, als sei die Tragweite seines Versprechens zu lächerlich, um noch glaubwürdig zu sein.

»Solche Worte sollte man am Spätnachmittag aussprechen«, sagte er, immer noch lachend. »Niemals am Morgen. Der Morgen macht einen optimistisch, und diese Worte verlieren ihren Sinn.«

13. Der Schub der Erde

»Komm, machen wir einen Spaziergang auf der Straße nach Oaxaca«, sagte Don Juan zu mir. »Genaro erwartet uns irgendwo am Wege.«

Seine Aufforderung überraschte mich. Ich hatte den ganzen Tag darauf gewartet, daß er seine Erklärung fortsetze. Wir verließen das Haus und wanderten schweigend durch die Stadt, auf die ungepflasterte Landstraße hinaus. So wanderten wir lange gemächlich dahin. Plötzlich begann Don Juan zu sprechen.

»Ich erzähle dir dauernd von den großen Entdeckungen, die die alten Seher machten«, sagte er. »Wie sie herausfanden, daß das organische Leben nicht die einzige Lebensform auf Erden ist, so entdeckten sie auch, daß die Erde selbst ein Lebewesen ist.«

Er wartete einen Augenblick, bevor er fortfuhr. Er lächelte mir zu, als wolle er mich auffordern, eine Bemerkung zu machen. Ich wußte nicht, was ich sagen sollte.

»Die alten Seher *sahen*, daß die Erde einen Kokon hat«, fuhr er fort. »Sie *sahen*, daß da eine Kugel ist, die die Erde einschließt, ein leuchtender Kokon, der die Emanationen des Adlers umschließt. Die Erde ist ein gigantisches Lebewesen, das denselben Kräften unterliegt wie wir.«

Kaum hätten die alten Seher diese Tatsache entdeckt, da interessierten sie sich, wie Don Juan erzählte, für die praktische Anwendung dieses Wissens. Und darum drehten sich auch die raffiniertesten Methoden ihrer Zauberei um die Erde. Für sie war die Erde die tiefste Ursache dessen, was wir sind.

In dieser Hinsicht, beteuerte Don Juan, hätten sich die alten Seher nicht geirrt, weil die Erde tatsächlich unsere allererste Ursache sei.

Und dann sprach er nichts mehr, bis wir, etwa eine Meile weiter, auf Genaro trafen. Er erwartete uns, auf einem Stein am Straßenrand sitzend.

Er begrüßte mich mit großer Herzlichkeit. Er schlug mir vor, wir

sollten ein paar kleinere, zerklüftete Berge erklettern, die mit zäher Vegetation bedeckt waren.
»Wir drei werden uns an einen Felsen setzen«, sagte Don Juan zu mir, »und das Sonnenlicht betrachten, wie es von den Bergen im Osten widergespiegelt wird. Wenn die Sonne hinter den westlichen Gipfeln versinkt, wird die Erde dir vielleicht helfen, die Ausrichtung zu *sehen*.«
Als wir den Gipfel eines Berges erreicht hatten, setzten wir uns, wie Don Juan gesagt hatte, mit dem Rücken gegen einen Felsen. Don Juan befahl mir, mich zwischen die beiden zu setzen.
Ich fragte ihn, was er vorhätte. Seine dunklen Andeutungen und sein langes Schweigen schienen mir nichts Gutes zu verheißen. Mir war sehr unbehaglich.
Er antwortete nicht. Er sprach weiter, als ob ich nichts gesagt hätte.
»Mit der Entdeckung, daß Wahrnehmung nichts anderes als Ausrichtung ist«, sagte er, »waren die alten Seher wieder einmal über eine großartige Erkenntnis gestolpert. Das Bedauerliche daran ist, daß sie, irregeleitet, wie sie waren, wieder einmal nicht erkannten, was sie da gefunden hatten.«
Er deutete auf eine Bergkette im Osten des kleinen Tales, in dem die Stadt lag.
»In den Bergen dort gibt es Glanz genug, um deinem Montagepunkt einen Anstoß zu geben«, sagte er zu mir. »Kurz bevor die Sonne hinter den Gipfeln im Westen versinkt, wirst du für einen Moment allen Glanz einfangen können, den du brauchst. Der Zauberschlüssel, der die Pforten der Erde öffnet, besteht aus innerem Schweigen, plus all dem, was funkelt.«
»Was, genau, soll ich tun, Don Juan?« fragte ich.
Die beiden sahen mich prüfend an. Mir war, als entdeckte ich in ihren Augen eine Mischung von Neugier und Abscheu.
»Stell nur deinen inneren Dialog ab«, sagte Don Juan zu mir.
Schlagartig befielen mich Angst und Zweifel. Ich traute mir nicht zu, dies willentlich tun zu können. Nach einem ersten Augenblick quälender Frustration begnügte ich mich damit, mich einfach zu entspannen.
Ich sah mich um. Ich stellte fest, daß wir uns hoch genug befanden, um in das lange, enge Tal hinabzuschauen. Mehr als zur

Hälfte lag es bereits im abendlichen Schatten. Die Sonne beschien noch die Hänge der Bergkette im Osten und die andere Seite des Talgrundes. Das Sonnenlicht färbte die zerklüfteten Berge ocker, während die bläulichen Gipfel in der Ferne einen violetten Schimmer angenommen hatten.

»Dir ist klar, daß du dies schon einmal gemacht hast, nicht wahr?« flüsterte Don Juan mir zu.

Ich sagte ihm, daß mir gar nichts klar sei.

»Wir sind schon andere Male hier gesessen«, beharrte er. »Aber das zählt nicht. Dies ist das eine Mal, auf das es ankommt. Heute wirst du mit Genaros Hilfe den Schlüssel finden, der alles aufschließt. Du wirst ihn jetzt noch nicht verwenden können, aber du wirst wissen, was er ist und wo er ist. Um dies zu erfahren, bezahlen die Seher den höchsten Preis. Du selbst hast in all diesen Jahren gebührend bezahlt.«

Dieser Schlüssel, der alles aufschließt, so erklärte er mir, liege in der unmittelbaren Anschauung, daß die Erde ein Lebewesen und als solches in der Lage sei, dem Krieger einen gewaltigen Schub zu versetzen; dieser Schub sei ein Impuls, ausgesandt vom Bewußtsein der Erde selbst, und zwar in dem Moment, da die Emanationen im Kokon des Kriegers sich an den entsprechenden Emanationen im Innern des Kokon der Erde ausrichteten. Nachdem die Erde sowohl wie der Mensch beide Lebewesen seien, bestünde Übereinstimmung zwischen den Emanationen der beiden. Anders gesagt, die Erde enthält alle Emanationen, die im Menschen vorhanden sind, und darüber hinaus auch alle Emanationen, die in den anderen Lebewesen, seien es organische oder anorganische, vorhanden sind. Wenn nun der Augenblick der Ausrichtung gekommen ist, nutzen die Lebewesen diese Ausrichtung, allerdings in beschränkter Weise, und nehmen ihre jeweilige Welt wahr. Der Krieger, sagte Don Juan, habe nun die Wahl, diese Ausrichtung zu nutzen, um wahrzunehmen wie jeder andere, oder sie als einen Schub zu nutzen, der ihm den Eintritt in unvorstellbare Welten eröffne.

»Ich warte schon lange darauf, daß du mir die einzig sinnvolle Frage stellst, aber du fragst nicht«, fuhr er fort. »Statt dessen reitest du auf der Frage herum, ob das wunderbare Geheimnis all dessen in uns selbst liegt. Aber immerhin bist du der Sache auf der Spur.

Das Unbekannte liegt nicht eigentlich im Innern des menschlichen Kokon, in den vom Bewußtsein unerreichten Emanationen, und doch liegt es in gewisser Weise dort. Das ist der Sachverhalt, den du nicht verstanden hast. Als ich dir sagte, daß wir sieben Welten neben dieser einen, uns bekannten, zusammensetzen können, da hast du dieses Zusammensetzen als einen inneren Vorgang aufgefaßt, weil du in der Vorstellung befangen bist, als sei alles, was du mit uns erlebst, nur deine eigene Einbildung. Darum hast du mich nie gefragt, wo das Unbekannte tatsächlich liegt. Seit Jahren drehe ich mich im Kreis herum und zeige mit dem Finger auf alles, was uns umgibt, und sage dir: dies da ist das Unbekannte. Aber du hast niemals die Verbindung gezogen.«
Genaro fing an zu lachen, dann hustete er und stand auf. »Er hat noch immer nicht die Verbindung hergestellt«, sagte er zu Don Juan.
Ich mußte eingestehen, daß ich, falls da ein Zusammenhang bestünde, ihn nicht erfaßt hätte.
Don Juan versuchte noch einmal, mir den Zusammenhang begreiflich zu machen: Jener Teil der Emanationen, sagte er, der sich im Innern des menschlichen Kokon befinde, befinde sich nur für das Bewußtsein dort, und es sei das Bewußtsein, das diesen Anteil der Emanationen mit dem gleichen Anteil der allgemeinen Emanationen in Übereinstimmung bringe. Letztere bezeichne man als die allgemeinen Emanationen, weil sie grenzenlos seien. Behaupte man nun, daß außerhalb des menschlichen Kokon das Unerkennbare sei, so behaupte man mithin, daß das Unerkennbare im Kokon der Erde liege. In diesem Kokon der Erde liege jedoch auch das Unbekannte, während das Unbekannte im Innern des menschlichen Kokon aus den vom Bewußtsein unerreichten Emanationen bestünde. Würden nun diese Emanantionen von der Glut der Bewußtheit berührt, so würden sie aktiviert und könnten sich an entsprechenden allgemeinen Emanationen ausrichten. Dabei aber werde das Unbekannte wahrgenommen, und mithin zum Bekannten.
»Ich bin zu dumm, Don Juan. Du mußt mir die Sache in kleinere Happen zerlegen«, sagte ich.
»Genaro wird's dir zerlegen«, erwiderte Don Juan.
Genaro stand auf und begann wieder mit jener Gangart der Kraft auszuschreiten, die er mir schon einmal gezeigt hatte, als er einen

riesigen flachen Stein auf einem Maisfeld hinter seinem Haus umkreiste, während Don Juan ihn fasziniert beobachtet hatte. Dieses Mal flüsterte mir Don Juan ins Ohr, ich solle versuchen, Genaros Bewegungen zu hören, vor allem die Bewegung seiner Schenkel, die mit jedem Schritt bis zu seiner Brust hochschnellten.

Ich folgte Genaros Bewegungen mit den Augen. Binnen weniger Sekunden hatte ich das Gefühl, als sei ein Teil von mir durch Genaros Beine eingefangen. Die Bewegung seiner Schenkel ließ mich nicht los. Mir war, als schreite ich mit ihm. Ich geriet sogar außer Atem. Dann merkte ich, daß ich tatsächlich Genaro folgte. Ich ging tatsächlich hinter ihm her, fort von dem Platz, wo wir gesessen hatten.

Don Juan sah ich nicht mehr, nur noch Genaro, der auf diese seltsame Weise vor mir schritt. So gingen wir stundenlang umher. Es war eine solche Anstrengung für mich, daß ich furchtbare Kopfschmerzen bekam und mich plötzlich übergeben mußte. Genaro blieb stehen und kam zu mir. Ein intensives Leuchten umgab uns, und das Licht strahlte in Genaros Gesicht wider. Seine Augen glühten.

»Schau nicht Genaro an!« befahl eine Stimme an meinem Ohr. »Schau dich um!«

Ich gehorchte. Ich glaubte, ich sei in der Hölle! Der Schock, den ich beim Anblick der Umgebung empfand, war so gewaltig, daß ich einen Entsetzensschrei ausstieß. Aber meine Stimme blieb lautlos. In lebhaftesten Bildern sah ich überall jene Schilderungen der Hölle, die ich aus meiner katholischen Kindheit kannte. Ich sah eine rötlich flimmernde Welt, heiß und bedrückend, dunkel und höhlenartig, ohne Himmel, ohne Licht, bis auf die gefährlich scheinenden Reflexe rötlicher Lichter, die uns mit großer Geschwindigkeit umkreisten.

Genaro fing wieder an zu schreiten, und irgend etwas zog mich mit. Die Kraft, die mich Genaro zu folgen zwang, hinderte mich auch daran, mich umzusehen. Mein Bewußtsein haftete an Genaros Bewegungen.

Ich sah Genaro niederstürzen, als sei er völlig erschöpft. Im selben Augenblick, als er den Boden berührte und sich ausstreckte, wurde irgend etwas in mir frei, und ich konnte mich wieder umschauen. Don Juan beobachtete mich mit fragendem Blick. Ich stand aufrecht und ihm gegenüber. Wir befanden uns an derselben Stelle, wo wir uns hingesetzt hatten, einem breiten Felsband unter dem Gipfel eines kleinen Berges. Genaro keuchte pfeifend, und ich ebenfalls. Ich war schweißgebadet. Mein Haar war klatschnaß. Meine Kleider waren durchweicht, als wäre ich in einen Fluß gefallen.

»Mein Gott, was ist los!« rief ich in höchster Besorgnis.

Der Ausruf klang so albern, daß Don Juan und Genaro zu lachen anfingen.

»Wir wollen dir helfen, die Ausrichtung zu verstehen«, sagte Genaro.

Don Juan half mir behutsam, mich hinzusetzen. Er setzte sich neben mich.

»Erinnerst du dich, was eben passiert ist?« fragte er mich.

Ich sagte ihm, daß ich mich erinnere, und er bat mich, ihm genau zu erzählen, was ich *gesehen* hätte. Seine Aufforderung schien mir im Widerspruch zu stehen mit dem, was er gesagt hatte, nämlich daß nicht der Inhalt meiner Visionen, sondern die Bewegung meines Montagepunktes das einzig Wichtige an meinen Erlebnissen sei.

Und dann erklärte er mir, daß Genaro schon oft versucht habe, mir zu helfen, wie eben, daß ich mich aber niemals an etwas habe erinnern können. Auch dieses Mal habe Genaro, wie schon oft, meinen Montagepunkt angeleitet, aus einem anderen der großen Emanationen-Bänder eine Welt zusammenzusetzen.

Es entstand ein längeres Schweigen. Ich war betäubt und schokkiert, aber mein Bewußtsein war so klar wie nur je. Endlich glaubte ich zu verstehen, was Ausrichtung sei. Irgend etwas in mir, das ich aktiviert hatte, ohne zu wissen wie, gab mir die Gewißheit, daß ich eine große Wahrheit verstanden hatte.

»Ich glaube, du fängst langsam an, selbst in Bewegung zu kommen«, sagte Don Juan zu mir. »Laß uns nach Haus gehen. »Du hast genug gehabt für diesen Tag.«

»Ach, komm«, sagte Genaro. »Er ist stärker als ein Stier. Er braucht noch einen kleinen Schub.«

»Nein!« sagte Don Juan mit Nachdruck. »Wir müssen seine Kräfte sparen. Mehr hat er ja nicht.«

Genaro beharrte, wir sollten bleiben. Er sah mich an und blinzelte mir zu.

»Sieh mal, dort«, sagte er zu mir und wies nach der Bergkette im

Osten. »Die Sonne über diesen Bergen ist kaum ein paar Zentimeter weitergerückt, und doch bist du stundenlang durch die Hölle gestolpert. Findest du das nicht überwältigend?«
»Mach ihm nicht unnötig angst«, protestierte Don Juan beinahe aufbrausend.
Und jetzt *sah* ich ihre Manöver. In diesem Moment sagte mir die Stimme des *Sehens*, daß Don Juan und Genaro ein überlegenes Team von *Pirschern* waren, die nach Belieben mit mir spielen konnten. Don Juan war derjenige, der mir grenzenlose Anstöße gab, aber immer ließ er Genaro als den Gefährlicheren erscheinen. Damals in Genaros Haus, als ich mich in eine beinah hysterische Angst steigerte, nachdem Genaro an Don Juan die Frage gerichtet hatte, ob ich angeschubst werden sollte, wobei Don Juan mir versicherte, daß Genaro sich nur über mich lustig mache, da war es Genaro gewesen, der sich meinetwegen sorgte.
Mein *Sehen* versetzte mir einen solchen Schock, daß ich lachen mußte. Don Juan und Genaro schauten mich überrascht an. Dann merkte Don Juan anscheinend, was in mir vorging, und er erzählte es Genaro. Die beiden lachten wie Kinder.
»Allmählich wirst du erwachsen«, sagte Don Juan zu mir. »Gerade noch zur rechten Zeit. Nein, du bist weder zu dumm noch zu schlau. Du bist genau wie ich. Aber in deinen Irrtümern bist du nicht wie ich. Da bist du eher wie der Nagual Julian – mit dem Unterschied, daß er überragend war.«
Er stand auf und reckte sich. Er sah mich an – mit den durchdringendsten, wildesten Augen, die ich je gesehen hatte. Auch ich stand auf.
»Ein Nagual läßt die anderen nie erkennen, daß er die Verantwortung hat«, sagte er zu mir. »Ein Nagual kommt und geht ohne Spuren. Dies ist die Freiheit, die ihn zu einem Nagual macht.«
Seine Augen strahlten auf, aber dann hüllten sie sich in einen Schleier menschlichen Mitgefühls und freundlicher Sanftheit, und es waren wieder Don Juans Augen.
Es fiel mir schwer, mich im Gleichgewicht zu halten. Hilflos schwankte ich hin und her. Genaro sprang herzu und half mir, mich hinzusetzen. Die beiden setzten sich links und rechts neben mich.

»Du bist dabei, von der Erde einen Schub zu bekommen«, sagte mir Don Juan ins Ohr.
»Denk an die Augen des Nagual«, sagte mir Genaro in das andere.
»Der Schub wird in dem Moment kommen, da du das Glitzern auf der Bergkuppe dort siehst«, sagte Don Juan und deutete auf den höchsten Gipfel in der östlichen Bergkette.
»Du wirst nie wieder die Augen des Nagual sehen«, flüsterte Genaro.
»Geh mit dem Schub, wohin er dich auch führt«, sagte Don Juan.
»Wenn du an die Augen des Nagual denkst, wirst du erkennen, daß die Medaille zwei Seiten hat«, flüsterte Genaro.
Ich versuchte zu überdenken, was die beiden mir sagten, aber meine Gedanken gehorchten mir nicht mehr. Irgend etwas preßte mich zusammen. Ich hatte das Gefühl, als ob ich schrumpfte. Mir wurde übel. Ich sah die Abendschatten rasch an den Hügel der Berge im Osten hinaufklettern. Ich hatte das Gefühl, als liefe ich hinter ihnen her.
»Los geht's«, sagte Genaro in mein Ohr.
»Beobachte den hohen Gipfel, beobachte das Glitzern«, sagte Don Juan in mein anderes Ohr.
Dort, auf der höchsten Kuppe der Bergkette, die Don Juan mir gezeigt hatte, war tatsächlich ein hell leuchtender Punkt. Ich beobachtete, wie sich dort der letzte Sonnenstrahl brach. Ich hatte ein hohles Gefühl im Magen, als säße ich auf einem Karussell.
Ich hörte, oder vielmehr, ich spürte das ferne Grollen eines Erdbebens, das mich plötzlich überwältigte. Die seismischen Wellen waren so laut und so gewaltig, daß sie für mich alle Bedeutung verloren. Ich war eine unbedeutende Mikrobe, die hin und her geschwenkt und geschleudert wurde.
Allmählich ließen diese Bewegungen nach. Da war noch ein mächtiger Ruck, und dann kam alles zur Ruhe. Ich versuchte mich umzusehen. Ich hatte keinen Bezugspunkt. Ich schien in die Erde eingepflanzt, wie ein Baum. Über mir wölbte sich eine weiße, leuchtende, unvorstellbar hohe Kuppel. Deren Existenz gab mir ein beschwingtes Gefühl. Ich flog ihr entgegen, oder vielmehr, ich wurde emporgeschleudert wie ein Geschoß. Ich fühlte

mich wohl, geborgen, sicher. Je näher ich dieser Kuppel kam, desto stärker wurden diese Gefühle. Schließlich übermannten sie mich vollends, und ich verlor alle Empfindung meiner selbst. Und dann wußte ich nur noch, daß ich langsam, wie ein fallendes Blatt, durch die Luft schwebte. Ich fühlte mich erschöpft. Eine Sog-Kraft zog mich an. Ich fuhr durch ein finsteres Loch, und dann war ich bei Don Juan und Genaro.

Am nächsten Tag gingen Don Juan, Genaro und ich nach Oaxaca. Während Don Juan und ich am Spätnachmittag um die Plaza schlenderten, brachte er plötzlich das Gespräch auf das, was wir am Vortag getan hatten. Er fragte mich, ob ich verstanden hätte, was er meinte, als er sagte, daß die alten Seher über eine großartige Erkenntnis gestolpert seien.

Ich sagte, ich verstünde es wohl, könne es aber nicht in Worte fassen.

»Was war das Entscheidende an dieser Entdeckung, die wir dich auf dem Berg machen lassen wollten?« fragte er.

»Die Ausrichtung«, sagte eine Stimme in meinem Ohr, und gleichzeitig sprach ich selbst es aus.

Ich fuhr herum, wie im Reflex, und prallte gegen Genaro, der knapp hinter mir ging. Der Schwung meiner Bewegung überraschte ihn. Er fing an zu lachen und umarmte mich.

Wir setzten uns. Don Juan sagte, er habe mir noch einige Dinge zu sagen – über den Schub, den ich von der Erde empfangen hätte. Der Krieger, so sagte er, sei in solchen Fällen immer allein, und erst viel später, nach Jahren des Kampfes, stelle sich die Erkenntnis ein.

Meine Unfähigkeit, diese Dinge zu verstehen, so sagte ich zu Don Juan, sei durch die Tatsache bedingt, daß er und Genaro die ganze Arbeit täten. Ich sei lediglich ein passives Objekt, das nur auf ihre Manöver reagieren könne. Niemals könne ich, und gelte es das Leben, selbst eine Aktion einleiten, denn ich wisse ja nicht, welche Aktion angemessen wäre, noch wie ich sie einleiten solle.

»Genau das ist der Punkt«, sagte Don Juan. »Du sollst es jetzt noch nicht wissen. Du wirst allein zurückbleiben, um selber all das aufs neue zusammenzufügen, was wir jetzt mit dir tun. Dies ist die Aufgabe, die jeder Nagual erfüllen muß.

Der Nagual Julian hat es mit mir genauso gemacht, und viel rücksichtsloser, als wir es mit dir tun. Aber er wußte, was er tat. Er war ein hervorragender Nagual, dem es gelang, binnen weniger Jahre all das aufs neue zusammenzufügen, was der Nagual Elias ihn gelehrt hatte. Im Handumdrehen schaffte er etwas, wofür du oder ich ein Leben lang brauchen würden. Der Unterschied ist, daß der Nagual Julian nichts anderes brauchte als einen ganz leichten Anstoß. Dann übernahm seine Bewußtheit die Führung und öffnete die einzige Pforte, die es gibt.«

»Was meinst du mit der einzigen Pforte, die es gibt?«

»Wenn der Montagepunkt eines Menschen sich über eine kritische Grenze hinausbewegt, so führt dies, meine ich, immer und für jeden Menschen zu den gleichen Ergebnissen. Die Technik, ihn in Bewegung zu setzen, mag noch so verschieden sein, aber die Ergebnisse sind immer die gleichen, und das heißt, der Montagepunkt setzt andere Welten zusammen – unterstützt durch den Schub von der Erde.«

»Ist der Schub der Erde bei jedem Menschen der gleiche, Don Juan?«

»Gewiß. Beim Durchschnittsmenschen liegt das Problem im inneren Dialog. Erst wenn ein Zustand absoluten Schweigens erreicht ist, kann man den Schub ausnutzen. Diese Wahrheit wirst du an dem Tag bestätigt finden, da du selbst diesen Schub zu nutzen versuchst.«

»Ich würde dir nicht empfehlen, es zu versuchen«, sagte Genaro ernst. »Es dauert Jahre, ein makelloser Krieger zu werden. Um die Geschwindigkeit des Erden-Schubs auszuhalten, mußt du besser sein, als du jetzt bist.«

»Die Geschwindigkeit dieses Schubs wird alles in dir auflösen«, sagte Don Juan. »Unter seinem Anprall werden wir zu nichts. Solche Geschwindigkeit, und das Gefühl der individuellen Existenz, sind nicht vereinbar. Gestern, auf diesem Berge, haben Genaro und ich dich gestützt und dir als Anker gedient. Sonst wärst du nicht wiedergekehrt. Du wärest wie einer dieser Männer, die ganz bewußt den Schub der Erde nutzten, um ins Unbekannte einzutreten, und die noch immer durch jene unvorstellbare Ewigkeit streifen.«

Ich bat ihn, dies weiter auszuführen, aber er weigerte sich. Unvermittelt wechselte er das Thema.

»Und noch etwas gibt es, was du nicht verstanden hast an der Tatsache, daß die Erde ein Lebewesen ist«, sagte er. »Genaro, dieser fürchterliche Genaro, wird dir einen Stoß geben, bis du es verstanden hast.«

Beide lachten. Genaro gab mir einen spielerischen Stoß und blinzelte mir zu, während er die Worte nachsprach: »Ich bin fürchterlich.

»Genaro ist ein schlimmer Leuteschinder, hart und rücksichtslos«, fuhr Don Juan fort. »Er schert sich keinen Deut um deine Angst und stößt dich rücksichtslos vorwärts. Wenn ich nicht wäre ...«

Er bot das perfekte Bild eines gütigen, rücksichtsvollen alten Herrn. Er schlug die Augen nieder und seufzte. Die beiden brachen in brüllendes Gelächter aus.

Als sie sich wieder beruhigt hatten, sagte Don Juan, daß Genaro mir zeigen werde, was ich noch nicht verstanden hätte – nämlich daß es die höchste Bewußtheit der Erde sei, die es uns ermögliche, in andere große Bänder der Emanationen überzuwechseln.

»Wir lebenden Wesen sind Wahrnehmende«, sagte er. »Und wir nehmen wahr, weil gewisse Emanationen im Innern des menschlichen Kokon sich an gewissen Emanationen außerhalb ausrichten. Ausrichtung ist also der geheime Eingang, und der Schub der Erde ist der Schlüssel dazu.

Genaro will, daß du den Augenblick der Ausrichtung beobachtest. Beobachte ihn!«

Genaro erhob sich wie ein Varieté-Künstler und machte eine Verbeugung, dann zeigte er uns, daß er nichts im Ärmel verborgen oder in den Hosenbeinen versteckt hatte. Er zog die Schuhe aus und schüttelte sie, um zu beweisen, daß auch dort nichts untergebracht war.

Don Juan lachte unbeschwert. Genaro bewegte die Hände auf und ab. Die Bewegung bewirkte augenblicklich eine Fixierung bei mir. Ich merkte, daß wir drei plötzlich aufstanden und den Platz verließen, ich in der Mitte zwischen den beiden.

Wie wir so dahingingen, verlor ich mein peripheres Gesichtsfeld. Ich konnte keine Häuser oder Straßen mehr unterscheiden. Ich sah auch keine Berge oder irgendwelche Vegetation. Irgendwann merkte ich, daß ich Don Juan und Genaro aus den Augen verlo-

ren hatte; statt dessen sah ich zwei leuchtende Faserbündel, die sich neben mir auf und ab bewegten.
Für einen Moment geriet ich in Panik, die ich aber gleich wieder unter Kontrolle brachte. Ich hatte das sonderbare, aber mir wohlbekannte Gefühl, ich selbst und doch nicht ich selbst zu sein. Dennoch registrierte ich alles um mich her, und zwar mittels einer fremdartigen und zugleich ganz vertrauten Fähigkeit. Das Bild der Welt stürmte auf mich ein – alles zugleich. Mein ganzes Ich *sah.* Die Gesamtheit dessen, was ich in meinem normalen Bewußtseinszustand als meinen Körper bezeichne, vermochte Sinnesreize aufzunehmen, gleich wie ein riesiges Auge, das alles registrierte. Und was ich als erstes registrierte, nachdem ich die zwei Lichtblasen *gesehen* hatte, war eine klare, klarote Welt, bestehend aus irgend etwas, das wie farbige Paneele und Baldachine aussah. Überall waren flache, bildschirmförmige Paneele von unregelmäßigen konzentrischen Kreisen.
Ich spürte einen starken Druck von allen Seiten, und dann hörte ich eine Stimme in meinem Ohr. Ich *sah.* Die Stimme sagte, daß der Druck durch den Akt meiner Bewegung bedingt sei. Ich bewegte mich zusammen mit Don Juan und Genaro. Ich empfand einen schwachen Ruck, als ob ich eine Papierbarriere durchbrochen hätte, und fand mich in einer leuchtenden Welt wieder. Ein Licht leuchtete von allen Seiten, aber es strahlte nicht. Es war wie eine Sonneneruption hinter weißen, durchscheinenden Wolken. Ich blickte direkt in die Quelle des Lichts. Es war ein schöner Anblick. Da war kein festes Land zu sehen, sondern nur faserige weiße Wolken und Licht. Und wir gingen auf den Wolken.
Dann nahm mich wieder etwas gefangen. Ich bewegte mich im Gleichschritt mit den beiden Lichtblasen neben mir. Allmählich verloren sie ihren Glanz, wurden immer dunkler, und schließlich waren es Don Juan und Genaro. Wir gingen auf einer verlassenen Nebenstraße, abseits vom großen Platz. Dann kehrten wir um.
»Genaro hat dir geholfen, deine Emanationen an jenen allgemeinen Emanationen auszurichten, die zu einem anderen Band gehören«, sagte Don Juan zu mir. »Die Ausrichtung muß ein ganz friedlicher, unmerklicher Vorgang sein. Kein Wegfliegen, kein großer Wirbel. Die Nüchternheit, die man braucht, um den Montagepunkt andere Welten zusammensetzen zu lassen, so sagte er,

sei etwas, das man nicht improvisieren könne. Nüchternheit müsse heranreifen und eine eigene Kraft für sich werden, bevor der Krieger ungestraft die Barriere der Wahrnehmung durchbrechen könne.«

Wir näherten uns dem großen Platz. Genaro hatte kein Wort gesprochen. Er ging schweigend, wie in Gedanken vertieft. Kurz bevor wir den Platz erreichten, sagte Don Juan zu mir, daß Genaro mir noch etwas zeigen wolle: nämlich daß die Position des Montagepunktes das A und das O sei, und daß die Welt, die er uns wahrnehmen lasse, so wirklich sei, daß da kein Platz für etwas anderes als Wirklichkeit wäre.

»Genaro wird seinen Montagepunkt eine andere Welt zusammensetzen lassen – für dich ganz allein«, sagte Don Juan zu mir. »Und während er sie wahrnimmt, wirst du erkennen, daß die Kraft seiner Wahrnehmung keinen Platz für etwas anderes lassen wird.«

Genaro ging vor uns her, und Don Juan befahl mir, meine Augen, während ich Genaro anschaute, im Gegensinn des Uhrzeigers rotieren zu lassen, um nicht von ihm mitgezogen zu werden. Ich gehorchte. Genaro ging fünf oder sechs Schritt vor mir. Plötzlich begann seine Gestalt sich aufzulösen, und dann war er, wie ein Windstoß, verschwunden.

Ich mußte an Science-fiction-Filme denken, die ich gesehen hatte, und fragte mich, ob wir vielleicht unbewußt von unseren Möglichkeiten ahnen.

»Genaro ist jetzt durch die Kraft der Wahrnehmung von uns getrennt«, sagte Don Juan leise. »Wenn der Montagepunkt eine Welt zusammensetzt, so ist diese Welt absolut. Dies ist das Wunder, über das die alten Seher stolperten, ohne je zu erkennen, was es sei: die Bewußtheit der Erde kann uns einen Schub versetzen, der uns hilft, uns an anderen großen Emanationen-Bändern auszurichten, und die Kraft dieser neuen Ausrichtung läßt dann die Welt verschwinden.

Immer wenn die alten Seher eine neue Ausrichtung schufen, waren sie überzeugt, sie wären in die unteren Tiefen hinabgestiegen oder in die oberen Himmel aufgestiegen. Sie wußten nicht, daß die Welt wie ein Windhauch verschwindet, wenn die neue, totale Ausrichtung uns eine andere totale Welt wahrnehmen läßt.«

14. Die rollende Kraft

Don Juan war im Begriff, mit seiner Erklärung über die der Beherrschung des Bewußtseins zu beginnen, aber er besann sich anders und stand auf. Wir hatten eine Weile schweigend in dem großen Zimmer gesessen.

»Ich möchte, daß du versuchst, die Emanationen des Adlers zu *sehen*«, sagte er. »Zu diesem Zweck mußt du zuerst deinen Montagepunkt in Bewegung setzen, bis du den Kokon des Menschen siehst.«

Wir gingen aus dem Haus, ins Zentrum der Stadt. Wir setzten uns auf eine freie, wackelige Parkbank vor der Kirche. Es war früher Nachmittag; ein sonniger, windiger Tag mit vielen umherlaufenden Menschen.

Er wiederholte mir, wie um es mir einzudrillen, daß die Ausrichtung eine ganz besondere Kraft sei, weil sie helfe, den Montagepunkt zu verschieben, oder ihn in seiner gewohnten Position zu halten. Der eine Aspekt dieser Kraft, der den Punkt an seiner Stelle halte, sei der *Wille*, sagte er. Der andere Aspekt, der ihn sich verschieben lasse, sei die *Absicht*. Es sei eines der unheimlichsten Rätsel, meinte er, wie nun der *Wille*, diese unpersönliche Kraft der Ausrichtung, sich in *Absicht* verwandle, die persönliche Kraft, die jedem einzelnen zu Gebote stehe.

»Das Rätselhafteste an diesem Rätsel ist, daß diese Verwandlung so leicht vonstatten geht«, fuhr er fort. »Weniger leicht allerdings lassen wir uns davon überzeugen, daß es möglich überhaupt ist. Genau dies ist unser Notausgang. Wir müssen überzeugt werden. Und das will keiner von uns.«

Und dann sagte er mir, ich befände mich nunmehr in meinem klarsten Bewußtseinszustand, und hätte darum die Möglichkeit, zu *beabsichtigen*, daß mein Montagepunkt sich in meine linke Seite, in eine *Traumposition* verschiebe. Der Krieger, so sagte er, solle niemals versuchen zu *sehen*, solange ihm nicht das Träumen dabei helfe. Ich wandte ein, daß es nicht eben eine meiner Stärken sei, in der Öffentlichkeit einzuschlafen. Er unterstrich seine Worte noch einmal und meinte, es sei wohl so etwas wie Schlafen, wenn man den Montagepunkt aus seiner natürlichen Lage fortbewege und ihn in einer neuen Position festhalte. Doch mit einiger Übung könne der Seher lernen, zu schlafen und sich dabei zu verhalten, als ob nichts Besonderes mit ihm geschehen sei.

Nach kurzer Pause fügte er hinzu, daß man, um den Kokon des Menschen zu *sehen*, die Leute von hinten anstarren müsse, während sie sich von einem entfernten. Es sei nutzlos, Menschen von Angesicht zu Angesicht anzustarren, weil die Vorderseite des eiförmigen Kokon des Menschen einen Schutzschild habe, den die Seher als Vorderplatte bezeichneten. Dieser sei ein beinah undurchdringlicher, unnachgiebiger Schild, der uns unser Leben lang vor den Angriffen einer besonderen, von den Emanationen selbst ausgesandten Kraft schütze.

Ich solle auch nicht überrascht sein, sagte er, wenn mein Körper sich starr anfühlen würde, wie gefroren; ich würde mich fühlen, sagte er, wie jemand, der in einem Zimmer steht und durchs Fenster auf die Straße blickt. Das Wesentliche dabei sei die Geschwindigkeit, denn die Leute würden sehr schnell an einem *Seh*-Fenster vorbeigehen. Dann empfahl er mir, meine Muskeln zu entspannen und meinen inneren Dialog abzuschalten und meinen Montagepunkt unter dem Bann des inneren Schweigens fortgleiten zu lassen. Er forderte mich auf, mir einen behutsamen, aber festen Schlag zu versetzen, an der rechten Seite, zwischen Hüftknochen und Brustkorb.

Dies tat ich dreimal, und dann schlief ich fest. Es war ein sehr eigenartiger Schlafzustand, Mein Körper schlief, und doch war mir alles, was stattfand, völlig bewußt. Ich hörte Don Juan zu mir sprechen, und ich konnte jedem seiner Sätze folgen, als ob ich wach wäre, und doch konnte ich meinen Körper nicht bewegen.

Don Juan sagte, es werde gleich ein Mann an meinem *Seh*-Fenster vorübergehen, und ich solle versuchen, ihn zu *sehen*. Ich bemühte mich vergeblich, meinen Kopf zu wenden, und dann tauchte eine eiförmige Figur auf. Sie strahlte. Ich war ergriffen von diesem Anblick, und noch bevor ich mich von meiner Überraschung erholen konnte, war sie verschwunden. Sie schwebte davon, leicht auf und ab hüpfend.

All dies war so plötzlich und schnell geschehen, daß ich ungeduldig und ärgerlich wurde. Ich merkte, daß ich aufzuwachen begann. Wieder sprach Don Juan auf mich ein und empfahl mir, mich zu entspannen. Er sagte, ich hätte keine Zeit und auch nicht das Recht, ungeduldig zu werden. Plötzlich tauchte wieder ein leuchtendes Wesen auf und ging vorbei. Es schien aus einem weißen fluoreszierenden Faser-Plüsch zu bestehen.
Don Juan flüsterte mir ins Ohr, daß meine Augen, wenn ich dies wollte, alles verlangsamen könnten, auf das sie sich einstellten. Dann machte er mich wieder auf einen sich nähernden Menschen aufmerksam. Gleich darauf erkannte ich, daß da zwei Stimmen waren. Die eine, die ich eben gehört hatte, war dieselbe, die mich ermahnt hatte, geduldig zu bleiben. Das war Don Juans Stimme. Die andere, die mir befahl, meine Augen einzusetzen, um die Bewegungen zu verlangsamen, war die Stimme des *Sehens*.
An diesem Nachmittag *sah* ich zehn leuchtende Wesen in Zeitlupenbewegung. Die Stimme des Sehens leitete mich, und ich konnte an ihnen alles beobachten, was Don Juan mir über die Glut der Bewußtheit erzählt hatte. Da war das vertikale Band mit einem stärkeren, bernsteinfarbenen Leuchten auf der rechten Seite dieser eiförmigen leuchtenden Wesen, und es machte etwa ein Zehntel vom Gesamtvolumen des Kokon aus. Dies sei das menschliche Band der Bewußtheit, sagte die Stimme. Die Stimme machte mich auf einen Fleck im Band des Menschen aufmerksam, einen Fleck mit intensivem Leuchten. Er befand sich hoch oben an den länglichen Figuren, beinah am Scheitelpunkt des Kokon, auf seiner Oberfläche. Die Stimme sagte, dies sei der Montagepunkt.
Wenn ich ein solches leuchtendes Wesen im Profil *sah*, also mit seitlichem Blick auf seinen Körper, dann wirkte seine eiförmige Gestalt wie ein riesengroßes, asymmetrisches und schrägstehendes Yoyo, oder wie ein fast runder, auf der Seite liegender Topf mit Deckel. Jener Teil, der wie ein Deckel aussah, war die Vorderplatte; sie nahm etwa ein Fünftel der Gesamtstärke des Kokon ein.
Ich hätte gerne weitergemacht und diese Wesen *gesehen*, aber Don Juan sagte, ich solle nun die Leute von Angesicht zu Angesicht anstarren und meinen Blick aushalten, bis ich die Schranke durchbrechen und die Emanationen *sehen* würde.

Ich befolgte seinen Befehl. Beinah im selben Moment *sah* ich einen hellstrahlenden Bogen lebendiger, unwiderstehlicher Lichtfasern. Es war ein betäubender Anblick, der mich sofort aus dem Gleichgewicht brachte. Ich fiel seitwärts auf das Straßenpflaster. Von dort *sah* ich, wie die betörenden Lichtfasern sich vervielfachten. Sie platzten auf, und heraus kamen Millionen anderer Fasern. Aber die Fasern, so faszinierend sie waren, beeinträchtigten irgendwie nicht meine normale Sicht. Da waren viele Menschen, die in die Kirche gingen. Dann *sah* ich sie nicht mehr. Da waren auch einige Männer und Frauen, die um unsere Bank standen. Ich wollte meine Augen auf sie richten, aber statt dessen bemerkte ich, wie eine der strahlenden Fasern sich plötzlich auswölbte. Sie verwandelte sich in eine Feuerkugel von etwa zwei Metern Durchmesser. Sie rollte auf mich zu. Mein erster Impuls war, mich aus dem Weg zu wälzen. Noch bevor ich einen Muskel rühren konnte, stieß die Kugel mich an. Ich spürte es so deutlich, als hätte mich jemand sanft in den Magen geboxt. Gleich darauf traf mich der nächste Feuerball, diesmal mit erheblich größerer Wucht, und dann schlug mich Don Juan sehr fest mit der flachen Hand auf die Wange. Ich sprang auf und verlor die Lichtfasern und die Ballons, die mich angestoßen hatten, aus dem Blick.

Don Juan sagte, daß ich meine erste kurze Begegnung mit den Emanationen des Adlers erfolgreich bestanden hätte, daß aber ein paar Stöße des Schwenkers meine Lücke gefährlich geöffnet hätten. Die Kugeln, die mich trafen, so sagte er, bezeichne man als die rollende Kraft oder der Schwenker.

Wir waren zu seinem Haus zurückgekehrt, auch wenn ich mich nicht daran erinnern konnte, wann oder wie. Stundenlang hatte ich in einer Art Halbschlaf gelegen. Don Juan und die anderen Seher seiner Gruppe hatten mir große Mengen Wasser zu trinken gegeben. Sie hatten mich auch in kurzen Abständen in einen eiskalten Wasserbottich untergetaucht.

»Waren diese Fasern, die ich *sah,* die Emanationen des Adlers?« fragte ich Don Juan.

»Ja, aber du hast sie nicht wirklich *gesehen,* antwortete er. »Du fingst gerade an zu *sehen,* als der Schwenker dich unterbrach. Hättest du einen Augenblick länger verharrt, dann hätte er dich zersprengt.«

»Was ist eigentlich der Schwenker?«
»Es ist eine Kraft, die von den Emanationen des Adlers ausgeht«, sagte er. »Eine unermüdliche Kraft, die jeden Augenblick unseres Lebens gegen uns anstürmt. Sie ist tödlich, wenn wir sie *sehen,* aber sonst, in unserem gewöhnlichen Leben, bemerken wir sie gar nicht, weil wir diesen Schutzschild haben. Wir haben Interessen, die uns fesseln und unser Bewußtsein beschäftigen. Wir sorgen uns dauernd über unsere Stellung, um unseren Besitz. Diese Schilde halten den Schwenker aber nicht ab – sie halten lediglich uns davon ab, ihn direkt zu *sehen,* und schützen uns so davor, verletzt zu werden durch unsere Angst, die Feuerkugeln an uns auftreffen zu *sehen.* Die Schilde sind eine große Hilfe für uns, und zugleich ein großes Hemmnis. Sie schenken uns Frieden, und täuschen uns gleichzeitig. Sie geben uns ein falsches Gefühl der Sicherheit.«
Er verkündete mir, es werde ein Augenblick in meinem Leben kommen, da ich ohne einen solchen Schild dastehen würde, ununterbrochen dem Schwenker ausgeliefert. Dies sei eine obligatorische Stufe im Leben eines Kriegers, sagte er, und man bezeichne es als das Verlieren der menschlichen Form.
Ich bat ihn, mir ein für allemal zu erklären, was denn die menschliche Form sei und was es bedeute, sie zu verlieren.
Als menschliche Form, so sagte er, bezeichneten die Seher die unwiderstehliche Ausrichtungs-Kraft jener Emanationen, die durch die Glut der Bewußtheit genau an der Stelle entflammt würden, wo normalerweise der Montagepunkt des Menschen fixiert sei. Dies sei die Kraft, die uns zu Personen mache. Eine Person zu sein, bedeute also, gezwungen zu sein, sich mit dieser Kraft der Ausrichtung zu verbinden, und folglich mit genau der Stelle verbunden zu sein, von der sie ausgehe.
Dabei gleite bei einem Krieger, aufgrund seiner Aktivitäten, irgendwann der Montagepunkt nach links. Dies sei eine permanente Verschiebung, die zu ungewöhnlicher Überheblichkeit, ja sogar Unbeherrschtheit führen könne. Dieses Abgleiten des Montagepunktes bewirke dann eine neue Ausrichtung der Emanationen. Dies sei der Anfang einer Reihe von größeren Verschiebungen. Die Seher, sagte Don Juan, bezeichneten diese anfängliche Verschiebung zutreffend als Verlieren der menschlichen Form, denn es sei eine unvermeidliche Verlagerung des Montage-

punktes, fort von seiner ursprünglichen Lage, was wiederum den unwiederbringlichen Verlust unserer Ausrichtung an jener Kraft bedinge, die uns zur Person macht.
Ich bat ihn, mir ausführlicher jene Feuerkugeln zu erklären, denn ich hätte sie so kurz *gesehen*, daß ich nicht sicher sei, ob ich sie in allen Details beschreiben könne.
Der Ausdruck *»Sehen«,* so betonte er, sei lediglich eine euphemistische Umschreibung für die Bewegung des Montagepunktes. Hätte ich nun den meinigen nur einen Bruchteil weiter nach links bewegt, so hätte ich ein deutlicheres Bild der Feuerkugeln wahrgenommen – ein Bild, von dem ich dann sagen könnte, daß ich mich daran erinnere.
Ich versuchte, mir ein deutliches Bild ins Gedächtnis zu rufen, aber es gelang mir nicht, darum schilderte ich ihm das wenige, woran ich mich erinnerte.
Er hörte aufmerksam zu und bat mich dann, mich zu erinnern, ob es Feuerkugeln oder -kreise gewesen wären. Ich mußte ihm sagen, daß ich mich daran nicht erinnern könne.
Diese Feuerkugeln, erklärte er, seien von entscheidender Bedeutung für den Menschen. Sie seien Ausdruck einer Kraft, die sich auf alle Einzelheiten von Leben und Tod auswirke.
Die neuen Seher hätten sie als die rollende Kraft bezeichnet.
Ich bat ihn, mir zu erklären, was er unter allen Einzelheiten von Leben und Tod verstünde.
»Die rollende Kraft ist das Mittel, durch das der Adler Leben und Bewußtheit als Leihgabe verteilt«, sagte er. Aber sie ist auch die Kraft, die sozusagen die Leihgebühr kassiert. Sie läßt alle Lebewesen sterben. Was du heute *gesehen* hast, nannten die alten Seher den Schwenker.«
Diesen bezeichneten die alten Seher, wie er sagte, als eine ewige Folge irisierender Ringe, oder Feuerkugeln, die unaufhörlich den Lebewesen entgegenrollten. Die organischen Wesen stellten sich der rollenden Kraft frontal entgegen, bis sich diese Kraft eines Tages als zu mächtig für sie erweise. Dann endlich brächen die Geschöpfe unter ihr zusammen. Die alten Seher, sagte er, seien fasziniert gewesen, als sie *sahen*, wie der Schwenker die Geschöpfe vor den Schnabel des Adlers schwenkte, auf daß sie verzehrt würden. Aus diesem Grund hätten sie diese Kraft auch den Schwenker genannt.

»Du sagst, es ist ein faszinierender Anblick. Hast du selbst gesehen, wie die Kraft menschliche Wesen rollt?« fragte ich.
»Gewiß habe ich es gesehen«, erwiderte er. Und nach einer Pause fügte er hinzu: »Du und ich, wir haben es erst vor kurzer Zeit gesehen – in Mexiko-Stadt.«
Seine Behauptung war so unwahrscheinlich, daß ich mich verpflichtet fühlte, ihm zu sagen, diesmal müsse er sich irren. Er lachte und erinnerte mich daran, wie wir damals, während wir auf einer Bank im Alameda-Park von Mexiko-Stadt saßen, das Rollen eines Mannes beobachteten. Er behauptete, ich hätte das Ereignis sowohl in meinem alltäglichen Gedächtnis, wie auch in den Emanationen meiner linken Seite registriert.
Während Don Juan zu mir sprach, hatte ich das Gefühl, als würde irgend etwas in mir allmählich immer deutlicher, und dann sah ich die ganze Szene im Park mit unheimlicher Klarheit vor mir. Der Mann lag im Gras, neben ihm standen drei Polizisten und hielten die Zuschauer fern. Ich erinnerte mich genau daran, wie Don Juan mich auf den Rücken geschlagen hatte, und ich auf eine andere Stufe der Bewußtheit übergewechselt war. Dann hatte ich *gesehen.* Mein *Sehen* war noch unvollkommen gewesen. Es war mir nicht gelungen, den Anblick der Alltagswelt beiseite zu schieben. Was mir blieb, war ein Gebilde aus Fasern in den prachtvollsten Farben, das die Häuser und den Straßenverkehr überlagerte. In Wirklichkeit waren diese Fasern von oben kommende farbige Lichtbahnen. Sie hatten ein inneres Leben; sie strahlten und barsten vor Energie.
Als ich den Sterbenden anschaute, *sah* ich, wovon Don Juan gesprochen hatte. Irgend etwas, Feuerkreise oder irisierende Schwenkräder, rollte von überall heran, wohin ich auch meine Augen richtete. Die Kreise rollten den Leuten entgegen, auch Don Juan und mir, ich spürte sie gegen meinen Bauch prallen, und mir wurde schlecht.
Don Juan befahl mir, meine Augen auf den sterbenden Mann zu richten. Irgendwann *sah* ich, wie er sich zusammenrollte, ähnlich wie eine Kellerassel sich zusammenrollt, wenn man sie berührt. Die brennenden Kreise stießen ihn beiseite, als wollten sie ihn aus dem Weg räumen, ihn aus ihrer unabänderlichen, majestätischen Bahn schieben.
Es war ein unangenehmes Gefühl gewesen. Die Feuerkreise hat-

ten mir keine angst gemacht. Sie wirkten nicht ehrfurchtgebietend, aber auch nicht unheilverkündend. Ich war weder deprimiert noch bedrückt. Es war eher so, daß die Kreise mich anekelten. Ich spürte sie in der Magengrube. Es war ein Widerwille, den ich auch an diesem Tag spürte.

Wie ich mich an das Ereignis erinnerte, stieg all das Unbehagen wieder in mir auf, das ich damals empfunden hatte. Während ich mich übergab, lachte Don Juan, bis er nach Atem ringen mußte.

»Mann, was bist du überspannt«, sagte er. »Die rollende Kraft ist doch nicht so schlimm. Sie ist sogar freundlich. Die neuen Seher empfahlen, wir sollten uns ihr öffnen. Auch die alten Seher öffneten sich ihr, aber aus Gründen und für Zwecke, die durch ihren Wahn und Eigendünkel motiviert waren.

Die neuen Seher dagegen wollen sich mit ihr anfreunden. Sie machen sich mit dieser Kraft vertraut, indem sie ihr ohne Eigendünkel entgegentreten. Und das hat erstaunliche Folgen.«

Um sich der rollenden Kraft zu öffnen, sagte er, brauche man nichts anderes zu tun, als seinen Montagepunkt verschieben. Sähe man diese Kraft in wohlüberlegter Absicht, dann bestünde kaum Gefahr. Eine sehr gefährliche Situation sei dagegen die unfreiwillige Verschiebung des Montagepunktes, bedingt etwa durch körperliche Schwäche, seelische Erschöpfung, oder auch nur eine kleine emotionale oder physische Krise, etwa wenn man verängstigt oder betrunken sei.

»Wenn sich der Montagepunkt unfreiwillig verschiebt, dann bricht die rollende Kraft den Kokon auf«, fuhr er fort. »Ich erzählte dir oft von einer Lücke, die der Mensch unter seinem Nabel hat. Sie befindet sich nicht wirklich unter dem Nabel selbst, sondern auf dem Kokon, in Höhe des Nabels. Die Lücke ist eher so etwas wie eine Beule, eine natürliche Schramme im sonst glatten Kokon. Das ist die Stelle, wo uns der Schwenker unaufhörlich trifft und wo der Kokon aufbricht.«

Falls es sich nur um eine kleine Verschiebung des Montagepunktes handle, erklärte er, sei die Bruchstelle nur sehr schmal, und der Kokon repariere sich bald wieder von selbst. Bei dem Betreffenden zeigten sich dann, wie bei jedem hin und wieder, Farbflekken und verzerrte Formen, die auch mit geschlossenen Augen wahrnehmbar seien.

Falls es sich aber um eine größere Verschiebung handle, sei auch die Bruchstelle breiter, und der Kokon brauche längere Zeit, um sich selbst zu reparieren – wie etwa im Fall des Kriegers, der absichtlich Kraft-Pflanzen benutze, um eine Verschiebung herbeizuführen, oder auch bei Leuten, die Drogen nähmen und dabei unwissentlich dasselbe täten. In solchen Fällen fühlten sich die Betreffenden taub und kalt; sie hätten Sprach- und Denkschwierigkeiten; es sei, als wären sie von innen erfroren.
Falls aber der Montagepunkt sich infolge eines Traumas oder einer tödlichen Krankheit sehr drastisch verschiebe, bewirke die rollende Kraft einen Bruch über die ganze Länge des Kokon. Der Kokon platze auf und falte sich zusammen, und der Betreffende müsse sterben.
»Kann auch eine freiwillige Verschiebung eine solche Lücke herbeiführen?« fragte ich.
»Mitunter«, erwiderte er. »Wir sind tatsächlich sehr zerbrechlich. Nachdem der Schwenker uns immer wieder trifft, kommt der Tod durch diese Lücke. Der Tod ist die rollende Kraft. Wenn er eine Schwäche in der Lücke eines leuchtenden Wesens findet, bricht er sie automatisch auf und läßt den Kokon platzen.«
»Hat jedes Lebewesen so eine Lücke?« fragte ich.
»Gewiß«, antwortete er. »Hätte es keine, dann würde es sterben. Die Lücken unterscheiden sich aber nach Größe und Gestaltung. Beim Menschen ist die Lücke eine schüsselartige Vertiefung von der Größe einer Faust, ein sehr zerbrechliches, verletzliches Gebilde. Die Lücken anderer organischer Wesen sind ganz ähnlich wie jene des Menschen; bei manchen sind sie stärker als bei uns, bei manchen sind sie schwächer. Ganz anders aber ist die Lücke bei anorganischen Wesen beschaffen. Sie ist eher wie ein langer Faden, ein Haarriß in der leuchtenden Form. Folglich sind anorganische Wesen unendlich widerstandsfähiger als wir.
Die Langlebigkeit dieser Wesen hat etwas unheimlich Anziehendes, und die alten Seher konnten dieser Anziehung nicht widerstehen, und sie ergaben sich ihr.«
Diese Kraft, sagte er, könne zwei, einander entgegengesetzte Folgen zeitigen. Die alten Seher hätten sich von der Kraft gefangennehmen lassen; die neuen Seher aber würden für ihre Anstrengung mit dem Geschenk der Freiheit belohnt. Durch die Beherrschung der *Absicht* mit der rollenden Kraft vertraut gewor-

den, öffneten die neuen Seher irgendwann von sich aus ihren Kokon, und dann überflute sie die Kraft, statt sie aufzurollen wie eine Kellerassel. Die endliche Folge sei ihre absolute und augenblickliche Auflösung.
Dann stellte ich ihm noch eine Menge Fragen, das Überleben des Bewußtseins betreffend, nachdem das leuchtende Wesen durch das Feuer von innen aufgezehrt worden sei. Er antwortete nicht. Er lachte nur in sich hinein und zuckte mit den Schultern. Dann meinte er, daß die alten Seher, in ihrer zwanghaften Beschäftigung mit dem Schwenker, blind für die andere Seite dieser Kraft gewesen seien. Die neuen Seher, durchaus kritisch gegen die Tradition, hätten sich für das andere Extrem entschieden. Am Anfang seien sie völlig abgeneigt gewesen, ihr *Sehen* auf den Schwenker einzustellen. Vielmehr bemühten sie sich, die Kraft der allgemeinen Emanationen in ihrer Eigenschaft als lebenspendende und bewußtseinvermehrende Kraft zu verstehen.
»Sie erkannten, daß es unendlich viel einfacher ist, etwas zu zerstören«, sagte Don Juan, »als es aufzubauen und zu erhalten. Das Leben zusammenzurollen, das ist nichts im Vergleich damit, es zu spenden und zu erhalten. In dieser Hinsicht irrten sich die neuen Seher natürlich, aber im Lauf der Zeit korrigierten sie ihren Irrtum.«
»Wieso irrten sie sich, Don Juan?«
»Es ist ein Irrtum, irgend etwas herauszugreifen, um es isoliert zu *sehen*. Am Anfang taten die neuen Seher das genaue Gegenteil dessen, was ihre Vorgänger getan hatten. Sie konzentrierten sich mit gleicher Aufmerksamkeit auf die andere Seite des Schwenkers. Was dann mit ihnen geschah, war ebenso furchtbar, wenn nicht noch schlimmer als das, was den alten Sehern passierte. Sie starben dumme Tode, wie jeder Durchschnittsmensch. Sie kannten weder die Geheimnisse oder die Gefahren der alten Seher, noch kannten sie die Freiheitssuche der heutigen Seher.
Die ersten dieser neuen Seher dienten allen. Weil sie ihr *Sehen* auf die lebenspendende Seite der Emanationen konzentrierten, waren sie voller Liebe und Freundlichkeit. Aber das bewahrte sie nicht davor, geschwenkt zu werden. Sie waren verletzlich wie die alten Seher, die voller Schwermut waren.«
Für die heutigen Seher, sagte er, sei es unerträglich, nach einem Leben der Disziplin und Anstrengung zu stranden, nicht anders

als Leute, die in ihrem ganzen Leben keinen zielgerichteten Augenblick kannten.

Nachdem sich die neuen Seher ihrer Tradition vergewissert hätten, so sagte Don Juan, fanden sie auch heraus, welch ein umfassendes Wissen die alten Seher von dieser rollenden Kraft gehabt hätten. Denn irgendwann hatten die alten Seher entdeckt, daß es in Wirklichkeit zwei verschiedene Aspekte dieser Kraft gebe: den Aspekt des Schwenkers, der sich ausschließlich auf Vernichtung und Tod richte; und den Aspekt der Kreise, der Leben und Bewußtsein, Erfüllung und Sinn verleihe. Die alten Seher aber hätten beschlossen, sich ausschließlich mit dem Aspekt des Schwenkers zu befassen.

»Die neuen Seher, die in Gruppen starrten, konnten den Unterschied zwischen dem Aspekt des Schwenkers und dem Aspekt der Kreise *sehen*«, erklärte er. »Sie *sahen*, daß die beiden Kräfte zusammenhängen, aber nicht dasselbe sind. Die kreisförmige Kraft erreicht uns kurz vor der schwenkenden Kraft. Beide sind so eng miteinander verbunden, daß es scheint, als wären sie ein und dasselbe.

Der Grund, warum diese Kraft als die kreisende bezeichnet wurde, liegt in der Tatsache, daß sie in Ringen auftritt, in irisierenden Fadenschlingen – das ist wirklich eine sehr komplizierte Geschichte. Und ganz ähnlich wie die schwenkende Kraft, trifft auch die kreisende unaufhörlich gegen alle Lebewesen, allerdings zu einem ganz anderen Zweck. Sie stößt sie, um ihnen Stärke, Orientierung und Bewußtsein zu schenken. Um ihnen Leben zu schenken.

Die neuen Seher erkannten«, fuhr er fort, »daß diese beiden Kräfte bei allen Lebewesen in einem sehr sensiblen Gleichgewicht stehen. Sobald der einzelne spürt, daß die schwenkende Kraft stärker auftrifft als die kreisende, weiß er, daß das Gleichgewicht gestört ist; die schwenkende Kraft trifft nun immer härter auf, bis sie die Lücke des Lebewesens aufbricht und seinen Tod herbeiführt.«

Was ich als Feuerkugeln *gesehen* hätte, sagte er, sende einen irisierenden Ring aus, genau von der Größe des Lebewesens – ob Menschen, Bäume, Mikroben oder Verbündete.

»Gibt es Kreise von unterschiedlicher Größe?« fragte ich.

»Nimm mich nicht so wörtlich«, protestierte er. »Es sind nicht buchstäblich Kreise, sondern es ist eine kreisende Kraft, die den Sehern, die *träumen*, die Empfindung von Ringen vermittelt. Und sie sind auch nicht von verschiedener Größe. Es ist eine unteilbare Kraft, die zu allen Lebewesen gehört, ob organischen oder anorganischen.«

»Warum konzentrieren sich die alten Seher auf dem Schwenker-Aspekt?« fragte ich.

»Weil sie glaubten, ihr Leben sei davon abhängig, daß sie diesen Aspekt der Kraft *sahen*«, antwortete er. »Sie waren überzeugt, daß ihr *Sehen* ihnen Antworten auf uralte Fragen gab. Weißt du, sie glaubten wohl, wenn sie die Geheimnisse der rollenden Kraft lösten, würden sie unverletzbar und unsterblich. Das traurige daran ist, daß sie die Rätsel irgendwie lösten – und doch weder unverletzlich noch unsterblich wurden.

Die neuen Seher änderten dies alles, als sie erkannten, daß es unmöglich ist, nach Unsterblichkeit zu streben, solange der Mensch einen Kokon hat.«

Die alten Seher, so erklärte Don Juan, hätten anscheinend niemals erkannt, daß der menschliche Kokon ein Gefäß sei, und daß er den Angriffen der rollenden Kraft nicht ewig standhalten könne. Trotz all ihres Wissens, das sie ansammelten, seien sie am Ende gewiß in keiner besseren, vielleicht sogar in einer viel schlechteren Lage gewesen als der Durchschnittsmensch.

»Wieso waren sie in einer schlechteren Lage als der Durchschnittsmensch?« fragte ich.

»Ihr immenses Wissen zwang sie, als selbstverständlich anzunehmen, daß ihre Entscheidungen unfehlbar wären«, sagte er. »Also entschieden sie sich dafür, zu leben um jeden Preis.«

Don Juan sah mich an und lächelte. Nach einer effektvollen Pause sagte er mir etwas, das ich nicht zu erfassen vermochte.

»Sie entschieden sich dafür, zu leben«, wiederholte er, »genau wie sie sich dafür entschieden, Bäume zu werden, um Welten aus jenen beinah unerreichbaren großen Bändern zusammenzusetzen.«

»Wie meinst du das, Don Juan?«

»Ich meine, sie benutzten die rollende Kraft, um ihren Montagepunkt in unvorstellbare *Traumpositionen* zu verschieben, statt ihn in den Schnabel des Adlers rollen zu lassen, um verschlungen zu werden.«

15. Die dem Tode trotzen

Gegen zwei Uhr nachmittags traf ich in Genaros Haus ein. Don Juan und ich begannen unser Gespräch, und dann ließ mich Don Juan in einen gesteigerten Bewußtheitszustand überwechseln.
»Da sind wir wieder, wir drei, genau wie damals an dem Tag, als wir zu dem flachen Felsblock gingen«, sagte Don Juan. »Und heute abend werden wir wieder einen Ausflug in diese Gegend machen.
Du hast jetzt genug Wissen angesammelt, um vernünftige Schlußfolgerungen zu ziehen über diesen Platz – und seine Wirkung auf das Bewußtsein.«
»Was hat es mit diesem Platz auf sich, Don Juan?«
»Heute abend wirst du ein paar schauerliche Tatsachen über die rollende Kraft herausfinden, die schon den alten Sehern bekannt waren. Du wirst *sehen*, was ich meinte, als ich dir sagte, die alten Seher entschieden sich dafür, zu leben um jeden Preis.«
Don Juan wandte sich an Genaro, der im Begriff war einzuschlafen. Er stieß ihn an.
»Meinst du nicht auch, Genaro, daß die alten Seher furchtbare Männer waren?« fragte Don Juan.
»Absolut«, sagte Genaro in knappem Ton und schien sich wieder seiner Erschöpfung zu überlassen.
Er nickte unmißverständlich. Dann war er fest eingeschlafen, und sein Kopf ruhte mit angezogenem Kinn auf seiner Brust. Er schnarchte.
Ich wollte schon laut auflachen. Aber dann merkte ich, daß Genaro mich anstarrte, als ob er mit offenen Augen schliefe.
»Sie waren so furchtbare Männer, daß sie sogar dem Tode trotzten«, fügte er zwischen zwei Schnarchlauten hinzu.
»Bist du nicht neugierig, wie diese grausigen Männer dem Tode trotzten?« fragte mich Don Juan.
Er schien mich aufzufordern, mich nach einem Beispiel für ihre grauenhafte Art zu fragen. Er machte eine Frage und schaute

mich mit einem – wie mir schien – erwartungsvollen Glitzern in den Augen an.
»Du erwartest, daß ich nach einem Beispiel frage, nicht wahr?« sagte ich.
»Dies ist ein großer Augenblick«, sagte er und klopfte mir lachend den Rücken. »Als mein Wohltäter mit mir an diesen Punkt gelangte, hockte ich vor Spannung auf der Stuhlkante. Ich bat ihn, mir ein Beispiel zu geben, und das tat er. Jetzt werde ich dir eines geben, ob du mich fragst oder nicht.«
»Was hast du vor?« fragte ich, so verängstigt, daß mein Magen sich verkrampfte und meine Stimme brach.
Don Juan brauchte eine Weile, um sich zu beruhigen. Immer wenn er anfangen wollte zu sprechen, bekam er wieder einen hustenden Lachanfall.
»Die alten Seher waren, wie Genaro dir sagt, furchtbare Männer«, sagte er und wischte sich die Augen. »Es gab etwas, das sie um jeden Preis zu vermeiden suchten: sie wollten nicht sterben. Auch der Durchschnittsmensch will nicht sterben, wirst du einwenden. Aber der Vorteil der alten Seher vor dem Durchschnittsmenschen war, daß sie über die Konzentration und die Disziplin verfügten, ungewollte Dinge durch ihre Absicht hinwegzuschieben, und sie beabsichtigten sogar den Tod hinweg.«
Er unterbrach sich und sah mich an, die Augenbrauen hochgezogen. Er meinte, ich würde mir selber untreu, da ich nicht meine üblichen Fragen stellte. Mir sei wohl klar, sagte ich, daß er mich zu der Frage hinleiten wolle, ob es den alten Sehern gelungen sei, den Tod hinwegzube*absichtigen*, aber er selbst habe mir bereits gesagt, daß auch ihr Wissen über den Schwenker sie nicht davor bewahren konnte, sterben zu müssen.
»Es gelang ihnen aber, den Tod hinwegzubeabsichtigen«, sagte er, mit besonderer Betonung seiner Worte. »Aber sie mußten trotzdem sterben.«
»Wie beabsichtigten sie den Tod hinweg?« fragte ich.
»Sie beobachteten ihre Verbündeten«, sagte er, »und sie da sahen, daß es Lebewesen mit viel größerer Widerstandskraft gegen die rollende Kraft waren, formten sich die Seher nach dem Bild ihrer Verbündeten.«
Die alten Seher erkannten nämlich, erzählte Don Juan, daß nur die organischen Lebewesen eine Lücke aufwiesen, die einer

Schüssel glich. Diese sei, bedingt durch ihre Größe und Form und ihre Brüchigkeit, ein idealer Angriffspunkt für die Angriffe der Schwenker-Kraft, die zum beschleunigten Aufbrechen und Kollabieren der leuchtenden Schale führten. Die Verbündeten dagegen, die nur einen Riß statt einer Lücke hätten, böten der rollenden Kraft nur eine kleinere Angriffsfläche, und seien daher praktisch unsterblich. Ihre Kokons könnten den Angriffen des Schwenkers unendlich lange standhalten, weil ihre haarrißförmigen Lücken ihr keinen idealen Angriffspunkt böten.

»Die alten Seher entwickelten die ausgefallensten Techniken, um ihre Lücken zu schließen«, fuhr Don Juan fort. »Sie hatten im Grunde recht mit der Annahme, daß ein Haarriß widerstandsfähiger ist als eine schüsselförmige Lücke.«

»Existieren diese Techniken noch?« fragte ich.

»Nein, heute nicht mehr«, sagte er. »Aber es existieren noch einige Seher, die sie praktizieren.«

Aus irgendwelchen, mir unverständlichen Gründen löste seine Antwort bei mir eine Reaktion schieren Entsetzens aus. Mein Atem beschleunigte sich augenblicklich, und ich konnte seinen heftigen Rhythmus nicht mehr kontrollieren.

»Sie leben doch noch heute, nicht wahr, Genaro?« fragte Don Juan.

»Absolut«, murmelte Genaro aus offenbar tiefem Schlaf heraus.

Ich fragte Don Juan, ob er sich einen Grund für mein Erschrecken vorstellen könne. Er erinnerte mich an eine frühere Gelegenheit in diesem selben Zimmer, als die beiden mich fragten, ob ich die unheimlichen Wesen bemerkt hätte, die in dem Augenblick hereingekommen wären, als Genaro die Tür öffnete.

»An diesem Tag fuhr dein Montagepunkt sehr tief in die linke Seite hinein und setzte eine beängstigende Welt zusammen«, fuhr er fort. »Aber das sagte ich dir bereits. Woran du dich allerdings nicht erinnerst, ist die Tatsache, daß du direkt in eine sehr ferne Welt gingst und dort zu Tode erschrakst.«

Don Juan wandte sich an Genaro, der friedlich schnarchend die Beine von sich streckte.

»Erschrak er nicht besinnungslos, Genaro?« fragte er.

»Absolut besinnungslos«, murmelte Genaro, und Don Juan lachte.

»Du mußt nämlich wissen, daß wir dich nicht tadeln dafür, daß du erschrakst«, fuhr Don Juan fort. »Wir sind selbst entsetzt über manche Taten der alten Seher. Ich bin mir sicher, daß du jetzt weißt, was es war, woran du dich nicht erinnern konntest. In jener Nacht sahst du die alten Seher, die noch am Leben sind.«

Ich wollte schon einwenden, daß ich nichts dergleichen erkannt hätte, aber meine Stimme versagte. Ich mußte mich immer wieder räuspern, bevor ich ein Wort hervorbrachte. Genaro war aufgestanden und klopfte mir sachte den Rücken, unterhalb des Nakkens – als hätte ich mich verschluckt.

»Du hast einen Frosch in der Kehle«, sagte er.

Ich dankte ihm mit hoher, piepsender Stimme.

»Nein, ich glaube, du hast ein Küken da drin«, fügte er an und setzte sich, um wieder einzuschlafen.

Auch die neuen Seher, sagte Don Juan, hätten sich gegen die bizarren Praktiken der alten Seher aufgelehnt und sie nicht nur als nutzlos, sondern auch als gefährlich für unser ganzes Dasein betrachtet. Sie gingen sogar so weit, diese Techniken aus der Unterweisung neuer Krieger zu verbannen; und generationenlang wurden diese Praktiken nicht einmal erwähnt.

Erst zu Anfang des achtzehnten Jahrhunderts, erzählte er, sollte der Nagual Sebastian, ein Angehöriger der direkten Nagual-Schule Don Juans, die Existenz dieser Techniken wiederentdekken.

»Wie entdeckte er sie wieder?« fragte ich.

»Er war ein überlegener *Pirscher* und erhielt durch seine Makellosigkeit die Chance, Wunder zu erfahren«, erwiderte Don Juan.

Eines Tages, so erzählte er, wollte der Nagual Sebastian gerade mit seinen täglichen Pflichten beginnen – er war Küster an der Kathedrale der Stadt, in der er lebte –, als ein er einen Indianer mittleren Alters entdeckte, der offenbar vor dem Kirchenportal in Schwierigkeiten war.

Der Nagual Sebastian trat zu dem Mann und fragte ihn, ob er Hilfe brauche. »Ich brauche in wenig Energie, um meine Lücke zu schließen«, sagte der Mann mit lauter, klarer Stimme. »Möchtest du mir etwas von deiner Energie abgeben?«

Der Überlieferung zufolge, so sagte Don Juan, sei der Nagual Sebastian sprachlos vor Staunen gewesen. Er wußte nicht, wovon

der Mann redete. Er bot an, den Indianer zum Pfarrpriester zu führen. Der Mann wurde ungeduldig und beschuldigte den Nagual Sebastian mit bösen Worten, er weiche der Frage aus. »Ich brauche deine Energie, weil du ein Nagual bist«, sagte er. »Laß uns unauffällig fortgehen von hier.«
Der Nagual Sebastian fügte sich der hypnotischen Kraft des Fremden und folgte ihm willig in die Berge. Er blieb tagelang verschwunden. Als er wiederkehrte, hatte er nicht nur eine neue Auffassung von den alten Sehern, sondern wußte auch detailliert über ihre Techniken Bescheid. Der Fremde war ein alter Tolteke gewesen. Einer der letzten Überlebenden.
»Der Nagual Sebastian hatte etwas von den Wundern der alten Seher erfahren«, fuhr Don Juan fort. »Er war der erste, der wußte, wie phantastisch und irregeleitet sie eigentlich waren. Vor ihm war diese Kunde nur ein Gerücht.
Eines Abends boten mein Wohltäter und der Nagual Elias mir eine Probe für diese irregeleiteten Praktiken. Tatsächlich zeigten sie sie Genaro und mir gemeinsam, und daher ist es nur angemessen, wenn wir beide jetzt dir diese Probe zeigen.«
Ich wollte das Gespräch fortsetzen, um das Kommende hinauszuzögern. Ich brauchte Zeit, um mich zu beruhigen und alles zu überdenken. Doch bevor ich etwas sagen konnte, zerrten Don Juan und Genaro mich förmlich aus dem Haus. Sie schlugen den Weg zu jenen zerklüfteten Hügeln ein, die wir schon einmal aufgesucht hatten.
Am Fuße eines langen, kahlen Hügels machten wir halt. Don Juan deutete auf einen Berg, fern im Süden, und sagte, daß es zwischen dem Ort, wo wir standen, und einem natürlichen Einschnitt an einem jener Berge – eine Scharte, die wie ein offenes Maul klaffte – zumindest sieben Plätze gäbe, wo die alten Seher alle Kraft ihrer Bewußtheit konzentriert hätten.
Diese Seher, so sagte Don Juan, seien nicht nur kenntnisreich und verwegen gewesen, sondern hätten bei ihrem Unterfangen durchaus Erfolg gehabt. Sein Wohltäter, sagte er, habe ihm und Genaro einen Platz gezeigt, wo die alten Seher, getrieben von ihrer Liebe zum Leben, sich lebendig begraben und tatsächlich die rollende Kraft hinwegbeabsichtigt hätten.
»An diesen Stellen gibt es nichts Auffälliges«, fuhr er fort. »Die alten Seher bemühten sich, keine Spuren zu hinterlassen. Es ist

einfach eine beliebige Landschaft. Man muß sehen, um zu wissen, wo diese Plätze sind.«

Er wolle nicht bis zu diesen fernen Plätzen laufen, sagte er, aber er würde mich zum nächstgelegenen hinführen. Ich erkundigte mich, was wir dort vorhätten. Er sagte, wir würden die begrabenen Seher sehen, und aus diesem Grund müßten wir, bis es dunkel würde, im Schutze einiger grüner Büsche bleiben. Er zeigte sie mir; sie waren etwa eine halbe Meile entfernt, oben an einem steilen Abhang.

Wir erreichten dieses Gebüsch und setzten uns, so bequem es ging. Und dann erklärte er mir mit leiser Stimme, daß die alten Seher, um von der Erde Energie zu beziehen, sich für längere Zeit eingraben ließen – je nachdem, was sie erreichen wollten. Je schwieriger ihre Aufgabe, desto länger die Frist des Begrabenseins.

Don Juan stand auf und deutete mit melodramatischer Gebärde auf eine Stelle, ein paar Meter von dort, wo wir saßen.

»Hier sind zwei alte Seher begraben«, sagte er. »Sie begruben sich vor etwa zweitausend Jahren, um dem Tod zu entgehen – aber nicht in der Gesinnung, ihn zu fliehen, sondern in der Gesinnung, ihm zu trotzen.«

Don Juan bat Genaro, mir die genaue Stelle zu zeigen, wo die alten Seher begraben wären. Ich drehte mich nach Genaro um und erkannte, daß er, schon wieder fest schlafend, neben mir saß. Aber zu meiner Verwunderung sprang er auf, bellte wie ein Hund und rannte auf allen vieren zu der Stelle, auf die Don Juan gedeutet hatte. Dort lief er in perfekter Nachahmung eines kleinen Hündchens im Kreis herum.

Ich fand seine Vorstellung spaßig. Don Juan ging vor Lachen beinah zu Boden.

»Genaro hat dir etwas Außerordentliches gezeigt«, sagte Don Juan, nachdem Genaro zu uns zurückgekehrt und wieder eingeschlafen war. »Er hat dir etwas über den Montagepunkt und das Träumen vorgeführt. Er träumt jetzt, aber er kann agieren, als wäre er hellwach, und er hört alles, was du sagst. Aus dieser Position heraus vermag er mehr, als wenn er wach wäre.«

Er schwieg eine Weile, wie um sich seine nächsten Worte zu überlegen. Genaro schnarchte rhythmisch.

Don Juan sagte, auch wenn er noch so viel auszusetzen fände an dem, was die alten Seher taten, müsse er doch gerechterweise immer wieder betonen, wie wunderbar ihre Errungenschaften wären. Sie hätten die Erde bis zur Vollkommenheit verstanden. Nicht nur entdeckten und nutzten sie den Schub der Erde, sondern sie fanden auch heraus, daß ihr Montagepunkt, wenn sie sich eingraben ließen, Emanationen ausrichten konnte, die sonst unzugänglich blieben, und daß eine solche Ausrichtung ihnen die sonderbare und unerklärliche Fähigkeit der Erde erschloß, die unaufhörlichen Stöße der rollenden Kraft abzulenken. Deshalb hätten sie auch die erstaunlichsten und kompliziertesten Techniken entwickelt, um für extrem lange Zeiträume begraben zu bleiben, ohne Schaden davonzutragen. In ihrem Streben, den Tod abzuwehren, hätten sie sogar gelernt, diese Zeitspannen bis zu Jahrtausenden auszudehnen.

Es war ein bewölkter Tag, und die Nacht brach schnell herein. Von einem Moment auf den anderen lag alles in Dunkelheit. Don Juan stand auf und führte mich und den schlafwandelnden Genaro zu einem großen, flachen, ovalen Stein, der meinen Blick gleich gefesselt hatte, als wir zu dieser Stelle gelangten. Er glich dem flachen Felsen, den wir vordem aufgesucht hatten, nur war er wesentlich größer. Ich verfiel auf den Gedanken, daß dieser Stein, so groß er war, absichtlich dorthin gewälzt worden sei.

»Dies ist ein anderer Schauplatz«, sagte Don Juan. »Dieser riesige Felsblock wurde als Falle hier aufgestellt, um die Menschen anzuziehen. Bald wirst du wissen, warum.«

Ich spürte ein Frösteln über meinen Körper laufen. Mir war, als schwänden meine Sinne. Ich wußte, es war eine Über-Reaktion, und ich wollte etwas dazu bemerken, aber Don Juan sprach mit heiserem Flüstern weiter. Er sagte, daß Genaro, indem er träume, genügend Kontrolle über seinen Montagepunkt habe, um ihn so weit zu bewegen, daß er die richtigen Emanationen erreichen könne, die aufwecken würden, was immer sich bei diesem Felsblock befände. Er empfahl auch mir, meinen Montagepunkt in Bewegung zu bringen und Genaros Beispiel zu folgen. Zu diesem Zweck, sagte er, sollte ich, erstens, meine unbeugsame Absicht dazu mobilisieren, und, zweitens, die Richtung seiner Bewegung durch den Kontext der Situation bestimmen lassen.

Nach kurzem Nachdenken flüsterte er mir ins Ohr, ich solle mich

weniger um irgendwelche Techniken kümmern, denn die wahrhaft ungewöhnlichen Dinge, die Sehern oder auch Durchschnittsmenschen zustoßen könnten, geschähen meistens von selbst, nur durch das Eingreifen der Absicht.
Er schwieg einen Augenblick und fügte dann hinzu, es bestünde für mich lediglich die Gefahr, daß die begrabenen Seher unvermeidlich versuchen würden, mich zu Tode zu erschrecken. Er ermahnte mich, Ruhe zu bewahren und mich nicht von Angst überwältigen zu lassen, sondern Genaros Bewegungen zu folgen.
Ich kämpfte verzweifelt gegen den Brechreiz. Don Juan klopfte mir den Rücken und meinte, ich sei doch ein alter Hase in diesen Dingen und solle mich nicht als harmlosen Zuschauer gebärden. Er versicherte mir aber, daß es wohl nicht bewußt geschähe, wenn ich mich der Bewegung meines Montagepunktes widersetzte, sondern daß jeder Mensch dies ganz automatisch täte.
»Irgend etwas wird dich erschrecken, daß dir Hören und Sehen vergeht«, flüsterte er. »Du darfst nicht aufgeben, denn wenn du's tust, wirst du sterben, und die alten Geier, die hier in der Nähe hausen, werden sich an deiner Energie weiden.«
»Laß uns von hier verschwinden«, flehte ich. »Ich pfeife darauf, eine Probe der Absurdität dieser alten Seher zu erleben.«
»Es ist zu spät«, sagte Genaro, der jetzt, hellwach, neben mir stand. »Selbst wenn wir versuchen wollten, zu verschwinden, würden die beiden Seher und ihre Verbündeten von jener anderen Stelle dich zerreißen. Sie haben uns bereits eingekreist. Es sind mehr als sechzehn Bewußtheiten, die sich in diesem Augenblick auf dich richten.«
»Wer sind sie?« flüsterte ich Genaro ins Ohr.
»Die vier Seher und ihr Gefolge«, antwortete er. »Sie haben uns bemerkt, seit wir hier sind.«
Ich wollte auf dem Absatz kehrtmachen und um mein Leben laufen, aber Don Juan hielt mich am Arm fest und deutete zum Himmel. Ich bemerkte, daß die Sichtverhältnisse sich deutlich verändert hatten. Die pechschwarze Dunkelheit, die vorhin herrschte, hatte sich zu einem angenehmen Dämmerzwielicht aufgehellt. Ich vergewisserte mich rasch der Himmelsrichtungen. Im Osten war der Himmel eindeutig heller.
Ich empfand einen seltsamen Druck um den Kopf, meine Ohren

summten. Ich fror und fieberte gleichzeitig. Ich hatte Angst wie noch nie zuvor, doch was mir eigentlich Sorgen machte, war dieses quälende Gefühl der Niederlage, oder ein Feigling zu sein. Ich ekelte mich und fühlte mich erbärmlich.
Don Juan flüsterte mir etwas ins Ohr. Ich müsse wachsam bleiben, sagte er, denn der Angriff der alten Seher könne jeden Moment über uns kommen.
»Du kannst dich an mir festhalten, wenn du willst«, flüsterte Genaro hastig, als sei ihm etwas auf den Fersen.
Ich zögerte einen Augenblick. Ich wollte Don Juan nicht glauben machen, ich sei so ängstlich, daß ich mich an Genaro festhalten mußte.
»Da kommen sie!« sagte Genaro in lautem Flüsterton.
Und dann stürzte für mich eine Sekunde lang die Welt zusammen, als irgend etwas meine linke Ferse packte. Ich spürte am ganzen Körper die Kälte des Todes. Ich wußte, ich war auf einen eisernen Fallenbügel getreten, vielleicht eine Bärenfalle. Dies alles blitzte mir durch den Kopf, bevor ich einen wilden Schrei ausstieß, einen Schrei, so irre wie meine Furcht.
Don Juan und Genaro lachten. Sie standen keine drei Schritt entfernt neben mir, aber ich war so entsetzt, daß ich sie nicht bemerkte.
»Singe! Singe, wenn dir dein Leben lieb ist«, hörte ich Don Juans tonlos gezischten Befehl.
Ich versuchte, meinen Fuß loszureißen. Ich empfand einen Schmerz, als stächen Nadeln durch meine Haut. Immer wieder verlangte Don Juan, ich solle singen. Er und Genaro stimmten einen volkstümlichen Schlager an. Genaro sah mich aus einem Abstand von kaum fünf Zentimetern an und sprach mir die Verse vor. Sie sangen unharmonisch und mit rauhen Stimmen, dabei so atemlos und in so schriller Tonlage, daß ich schließlich lachen mußte.
»Sing, sonst verreckst du«, sagte Don Juan zu mir.
»Los, wir singen im Terzett«, sagte Genaro. »Laß uns einen Bolero singen.«
Ich fiel ein und sang mit ihnen in einem unharmonischen Trio. So sangen wir eine ganze Weile aus Leibeskräften, wie Trunkenbolde. Ich spürte, daß sich der eiserne Griff um meinen Fuß allmählich lockerte. Bis dahin hatte ich nicht gewagt, nach meiner

Ferse zu schauen. Als ich es tat, erkannte ich, daß es keine Falle war, die mich umklammerte. Eine dunkle Form, wie ein Kopf, hatte sich in mich verbissen!

Nur mit äußerster Anstrengung konnte ich mich einer Ohnmacht erwehren. Mir wurde übel, und ich beugte mich automatisch vor, aber irgend jemand mit übermenschlichen Kräften packte mich, ohne daß es schmerzte, am Ellbogen und am Genick und hinderte mich daran, mich zu bücken. Ich erbrach mich über meine Kleider.

Mein Ekel war so groß, daß mir die Sinne schwanden. Don Juan besprenkelte mir das Gesicht mit Wasser aus der kleinen Kalebasse, die er immer mitnahm, wenn wir in die Berge gingen. Das Wasser floß mir in den Kragen. Die Kälte stellte mein physisches Gleichgewicht wieder her, aber sie vermochte nichts gegen die Kraft, die mich am Ellbogen und am Genick festhielt.

»Ich glaube, du gehst zu weit in deiner Furcht«, sagte Don Juan laut und in so sachlichem Ton, daß ich augenblicklich eine gewisse Orientierung wiederfand.

»Los, singen wir wieder«, sagte er. »Laßt uns ein sinnvolles Lied singen – ich hab genug von Boleros.«

Ich dankte ihm im stillen für seinen Ernst und seine Überlegenheit. Als ich sie »La Valentina« singen hörte, war ich so gerührt, daß ich zu weinen anfing.

»Meiner Leidenschaft wegen, sagen sie,
ist das Unglück auf meiner Spur.
Es ist mir gleich
und wäre es der Teufel selbst.
Ich weiß, daß ich sterben muß.
Valentina, Valentina.
Dir werfe ich mich in den Weg.
Wenn ich doch morgen sterben muß,
warum nicht heut, ein und für allemal?«

Die Gewalt dieser, von ethischem Rigorismus erfüllten Assoziationen erschütterte mich bis ins Innerste. Nie hatte ein Lied mir so viel bedeutet. Als ich sie diese Verse singen hörte, die sonst einen Anflug von billiger Sentimentalität für mich hatten, glaubte ich, das Ethos des Kriegers zu verstehen. Don Juan hatte mir einge-

trichtert, daß der Krieger mit dem Tod zur Seite lebe. Und daß er aus dem Wissen um den Tod, der ihn begleitet, den Mut bezieht, es mit allem aufzunehmen. Das Sterben sei nun einmal das Schlimmste, was uns widerfahren könne, hatte Don Juan gesagt. Es sei aber unser unabänderliches Schicksal, und darum seien wir frei; wer alles verloren hat, braucht nichts mehr zu fürchten.
Ich trat zu Don Juan und Genaro und umarmte sie, um ihnen meine grenzenlose Dankbarkeit und Bewunderung auszudrükken. Dann erst bemerkte ich, daß mich nichts mehr festhielt. Wortlos nahm mich Don Juan beim Arm und führte mich zu dem flachen Stein, wo ich mich hinsetzte.
»Die Vorstellung fängt eben erst an«, sagte Genaro in jovialem Ton, während er sich bequem niederließ. »Ich hab schon den Eintritt für dich bezahlt. Das Billett, scheint mir, klebt dir an der Brust.«
Er sah mich an, und die beiden fingen an zu lachen.
»Setz dich nicht zu nah neben mich«, sagte Genaro. »Mit Kotze hab ich nichts im Sinn. Aber auch nicht zu weit. Die alten Seher sind noch nicht fertig mit ihren Tricks.«
Ich rückte so nah zu ihnen hin, wie die Schicklichkeit es erlaubte. Einen Augenblick war mir mein Zustand peinlich bewußt, aber dann wurden alle meine Bedenken gegenstandslos, denn ich bemerkte Leute, die sich uns näherten. Ich konnte ihre Gestalten nicht deutlich erkennen, aber ich konnte ein Gedränge menschlicher Figuren ausmachen, die sich im Halbdunkel bewegten. Sie hatten keine Laternen oder Taschenlampen bei sich, die sie um diese Stunde doch gebraucht hätten. Dieses Detail beunruhigte mich irgendwie. Ich wollte mich nicht länger damit beschäftigen und bemühte mich, rational zu denken. Vielleicht hatten wir, so überlegte ich, mit unserem lauten Gesang ihre Aufmerksamkeit erregt, und sie kamen nun, um nachzusehen. Don Juan legte mir die Hand auf die Schulter. Mit einer Kopfbewegung wies er nach den Männern, die vor der Gruppe der anderen hergingen.
»Diese vier sind die alten Seher«, sagte er. »Die anderen sind ihre Verbündeten.«
Noch bevor ich äußern konnte, daß es wohl nur Bauern aus der Umgebung wären, hörte ich ein Rascheln hinter mir. In höchster Beunruhigung fuhr ich herum. Meine Bewegung geschah so plötzlich, daß Don Juans Warnruf zu spät kam.

»Dreh dich nicht um!« hörte ich ihn schreien.
Seine Worte waren nur Hintergrundsgeräusch. Sie sagten mir nichts. Als ich mich umdrehte, sah ich, daß drei grotesk mißgestaltete Männer den Felsen hinter mir erklettert hatten. Sie krochen zu mir her, die Münder in alptraumhafter Grimasse verzogen, die Arme ausgestreckt, um mich zu greifen.
Ich wollte schon aus vollen Lungen losschreien, aber heraus kam nur ein gequältes Krächzen, als ob irgend etwas meine Luftröhre abdrückte. Ganz automatisch rollte ich mich beiseite und fiel auf die Erde hinab.
Als ich mich aufrichtete, sprang Don Juan zu mir herab, und im gleichen Augenblick stürzte sich die Schar der Männer, angeführt von den jener Vier, die Don Juan mir gezeigt hatte, wie Geier auf mich herab. Sie piepsten wie Ratten oder Fledermäuse. Ich kreischte vor Entsetzen. Dieses Mal gelang es mir, einen durchdringenden Schrei auszustoßen.
Don Juan, gewandt wie ein durchtrainierter Athlet, entriß mich ihrem Griff und zog mich auf den Felsen hinauf. Mit ernster Stimme befahl er mir, mich nicht umzusehen, ganz egal, wie erschrocken ich sei. Er sagte, die Verbündeten könnten mich gar nicht berühren, wohl aber könnten sie mich so sehr erschrecken, daß ich auf die Erde stürzte. Auf der Erde aber könnten die Verbündeten einen jeden festhalten. Und wenn ich an der Stelle auf die Erde stürzte, wo die Seher begraben lagen, dann wäre ich ihnen auf Gedeih und Verderb ausgeliefert. Sie würden mich zerfetzen, während ihre Verbündeten mich festhielten. All dies habe er mir vorher nicht verraten wollen, sagte er, weil er hoffte, daß ich es selbst sehen und verstehen werde. Seine Entscheidung habe mich nun beinah das Leben gekostet.
Das Gefühl, daß diese grotesken Männer sich knapp hinter mir befanden, war beinahe unerträglich. Don Juan befahl mir eindringlich, Ruhe zu bewahren und meine Aufmerksamkeit auf die vier Männer an der Spitze der zehn- oder zwölfköpfigen Schar zu konzentrieren. Im gleichen Moment, als ich meinen Blick auf sie richtete, rückten sie alle wie auf ein Stichwort gegen den flachen Felsen vor. Dort blieben sie stehen und fingen an, wie Schlangen zu zischen. Sie gingen vor und zurück. Ihre Bewegung schien wie synchronisiert. Sie geschah in so zusammenhängender, geordneter Weise, daß sie beinah mechanisch wirkte. Es war, als führten

sie eine immer sich wiederholende Gebärde aus, mit der Absicht, mich zu hypnotisieren.
»Starre sie nicht an, Kleiner«, sagte Genaro, als redete er zu einem Kind.
Das Gelächter, das darauf folgte, war so hysterisch wie meine Furcht. Ich lachte so sehr, daß es von den angrenzenden Hügeln widerhallte.
Die Männer hielten sofort inne und schienen verblüfft. Ich konnte erkennen, wie die Umrisse ihrer Köpfe auf und ab ruckten, als tuschelten sie miteinander und hielten eine Beratung ab. Dann sprang einer von ihnen auf den Stein herauf.
»Paß auf! Das ist einer der Seher!« rief Genaro.
»Was sollen wir machen?« brüllte ich.
»Wir könnten wieder singen«, antwortete Don Juan gleichmütig.
Und jetzt steigerte sich meine Angst zu einem Höhepunkt. Ich begann auf und ab zu hopsen und brüllte wie ein Tier. Der Mann sprang wieder auf die Erde hinab.
»Achte nicht mehr auf diese Clowns«, sagte Don Juan. »Laß uns ganz normal miteinander sprechen.«
Wir wären hierhergekommen, sagte er, um mir eine gute Unterhaltung zu bieten, ich aber hätte erbärmlich versagt. Ich müsse mich reorganisieren. Als erstes solle ich erkennen, daß mein Montagepunkt in Bewegung geraten sei und im Augenblick Emanationen anstrahle, die normalerweise im Dunkel blieben. Daß ich Gefühle aus meinem üblichen Bewußtseinszustand in diese Welt, die ich zusammengesetzt hätte, mit hinüberbrächte, sei tatsächlich eine Travestie, denn Furcht gebe es nur unter den Emanationen der Alltagswelt.
Ich sagte ihm, falls mein Montagepunkt wirklich in Bewegung geraten sein sollte, wie er behauptete, so hätte ich gute Nachrichten für ihn. Meine Furcht sei unendlich viel größer und verheerender als alles, was ich jemals in meiner Alltagswelt erlebt hätte.
»Du irrst dich«, sagte er. »Deine erste Aufmerksamkeit ist verwirrt und will nicht die Kontrolle abgeben, das ist alles. Ich habe das Gefühl, du könntest direkt zu diesen Wesen hinübergehen und dich ihnen entgegenstellen, und sie würden dir gar nichts anhaben.«

Ich beharrte darauf, daß ich mich keineswegs veranlaßt fühlte, etwas so Absurdes zu unternehmen.
Er lachte mich aus. Früher oder später, meinte er, müsse ich meinen Schwachsinn kurieren. Würde ich die Initiative ergreifen und diesen vier Sehern gegenübertreten, so fände er dies viel weniger absurd als die Vorstellung, daß ich sie überhaupt sehen könne. Ein Schwachsinn sei es, sagte er, wenn man Männern begegnete, die seit zweitausend Jahren begraben lägen, ohne dies für den Gipfel der Absurdität zu halten.
Ich hörte dies alles mit großer Klarheit, aber ich achtete doch nicht wirklich auf ihn. Ich hatte entsetzliche Angst vor den Männern, die den Felsen umstanden. Anscheinend schickten sie sich an, zu uns, also eigentlich zu mir heraufzuspringen. Sie hatten es auf mich abgesehen. Mein rechter Arm fing an zu zittern – wie von einem Muskelkrampf. Dann merkte ich, daß das Licht am Himmel sich verändert hatte. Bis dahin war mir nicht aufgefallen, daß es bereits dämmerte. Das Merkwürdigste war, daß ein unbeherrschbarer Drang mich aufspringen und zu der Schar der Männer hinlaufen ließ.
In diesem Augenblick hatte ich zwei völlig verschiedene Empfindungen zu diesem Vorgang. Die schwächere war blankes Entsetzen. Die stärkere war absolute Gleichgültigkeit. Ich hätte mich nicht weniger darum scheren können.
Als ich die Gruppe erreichte, erkannte ich, daß Don Juan recht hatte. Es waren nicht wirklich Männer. Nur vier von ihnen hatten eine gewisse Ähnlichkeit mit Menschen, aber sie waren keine Menschen. Sie waren sonderbare Wesen mit riesigen gelben Augen. Die anderen waren nur Umrisse, vorangetrieben von den vier Menschenähnlichen.
Sie taten mir unendlich leid, diese vier Wesen mit den gelben Augen. Ich versuchte, sie zu berühren, aber ich konnte sie nicht finden. Etwas wie ein Windhauch hatte sie davongeweht.
Ich sah mich nach Don Juan und Genaro um. Sie waren nicht da. Es war wieder pechschwarze Nacht. Ich rief immer wieder ihre Namen. Minutenlang tappte ich durch die Dunkelheit. Dann stand Don Juan neben mir, und ich erschrak. Genaro sah ich nicht.
»Laß uns nach Hause gehen«, sagte er. »Wir haben einen langen Weg.«

Don Juan bestätigte mir, wie gut ich mich beim Platz der begrabenen Seher gehalten hätte, besonders im letzten Teil unserer Begegnung mit ihnen. Die Verschiebung des Montagepunktes, sagte er, mache sich durch ein verändertes Licht bemerkbar. Tagsüber werde das Licht sehr dunkel; in der Nacht helle sich die Dunkelheit zum Zwielicht auf. Er sagte, ich hätte, unterstützt nur durch meine kreatürliche Angst, ganz alleine zwei Verschiebungen vollbracht. Er beanstande einzig, wie ich mich in meiner Angst habe gehenlassen, besonders nachdem ich erkannt hätte, daß Krieger keine Angst haben.

»Wieso weißt du denn, daß ich dies erkannt habe?« fragte ich.

»Weil du frei warst. Wenn die Furcht verschwindet, löst sich alles auf, was uns bindet«, sagte er. »Ein Verbündeter konnte deinen Fuß packen, weil er durch deine kreatürliche Angst angezogen wurde.«

Ich sagte ihm, wie sehr ich bedaure, daß ich meinen Einsichten nicht treu bleiben konnte.

»Mach dir nichts draus«, lachte er. »Du weißt, daß es solche Einsichten zwölf auf den Heller gibt. Sie zählen nichts im Leben eines Kriegers, denn sie werden gelöscht, sobald sich der Montagepunkt verschiebt.

Was Genaro und ich wollten, war, dich eine möglichst tiefe Verschiebung vollbringen zu lassen. Diesmal war Genaro nur dabei, um die alten Seher anzulocken. Das hat er schon einmal getan, und du bewegtest dich so weit in die linke Seite hinein, daß es eine Zeitlang dauerte, bis du dich erinnern konntest. Gestern nacht war deine Furcht genauso stark wie jenes erste Mal, als die Seher und ihre Verbündeten dir bis in dieses Zimmer folgten, aber deine sture erste Aufmerksamkeit ließ dich nicht sie bemerken.«

»Erkläre mir doch, was an dem Platz der Seher geschehen ist«, bat ich.

»Die Verbündeten kamen hervor, um dich zu sehen«, erwiderte er. »Da sie sehr geringe Energie haben, brauchen sie immer die Hilfe von Menschen. Die vier Seher haben zwölf Verbündete um sich geschart.

Das Hinterland Mexikos, und auch die großen Städte, sind gefährlich. Was dir widerfuhr, kann jedem Mann und jeder Frau widerfahren. Falls sie über diese Gruft stolpern, können sie sogar

die Seher und ihre Verbündeten sehen. Vorausgesetzt, sie sind geschmeidig genug, so daß die Furcht ihren Montagepunkt verschieben kann. Aber eines ist sicher, sie können vor Angst sterben.«
»Aber, glaubst du ehrlich, daß die toltekischen Seher noch immer am Leben sind?«
Er lachte und schüttelte ungläubig den Kopf.
»Es wird Zeit, daß du deinen Montagepunkt wieder ein wenig verschiebst«, sagte er. »Ich kann nicht mit dir sprechen, solange du in deinem Idioten-Zustand bist.«
Er klatschte mir mit der flachen Hand auf vier Stellen: direkt auf die Kante meines rechten Hüftknochens, mitten auf den Rücken, unter den Schulterblättern und auf den oberen Ansatz meines rechten Brustmuskels.
Sofort fingen meine Ohren an zu summen. Ein wenig Blut sikkerte aus meinem rechten Nasenloch, und etwas in mir löste sich. Es war, als ob ein Energiestrom blockiert gewesen wäre und jetzt wieder zu fließen anfing.
»Was wollten diese Seher eigentlich von uns?« fragte ich.
»Nichts«, antwortete er. »Wir waren es, die von ihnen etwas wollten. Die Seher natürlich hatten dein Energiefeld bereits das erstemal entdeckt, als du sie sahst. Als du dann wiederkamst, hatten sie vor, dich zu verspeisen.«
»Du behauptest also, daß sie lebendig sind, Don Juan?« sagte ich.
»Du meinst doch wohl, sie sind so lebendig, wie die Verbündeten lebendig sind, nicht wahr?«
»Das ist ganz richtig«, sagte er. »Sie könnten unmöglich so lebendig sein wie du und ich. Das wäre absurd.«
Und dann erklärte er, daß die alten Seher, getrieben durch ihre Beschäftigung mit dem Tod, die wunderlichsten Möglichkeiten ins Auge faßten. Diejenigen, die sich für das Vorbild der Verbündeten entschieden, sehnten sich zweifellos nach dem Himmel. Und sie fanden ihn, an einer feststehenden Position in einem der sieben Bänder anorganischer Bewußtheit. Dort fühlten die Seher sich relativ sicher. Immerhin waren sie durch eine beinah unüberwindliche Barriere von der alltäglichen Welt geschieden – der Wahrnehmungsbarriere, die durch den Montagepunkt bestimmt ist.
»Als die vier Seher sahen, daß du deinen Montagepunkt zu ver-

schieben wußtest, da flüchteten sie wie die Fledermaus aus der Hölle«, sagte er lachend.

»Meinst du, ich habe eine der sieben Welten zusammengesetzt?« fragte ich.

»Nein, das hast du nicht«, antwortete er. »Aber du hast es früher einmal getan, als die Seher und ihre Verbündeten hinter dir her waren. An diesem Tag gelangtest du bis in ihre Welt. Die Schwierigkeit liegt nur darin, daß du dich so gerne töricht benimmst, und darum kannst du dich nicht daran erinnern.«

»Ich bin mir sicher, es ist die Gegenwart des Nagual«, fuhr er fort, »die manchmal die Menschen dazu bringt, sich so dumm zu verhalten. Als der Nagual Julian noch da war, stellte ich mich dümmer an als jetzt. Ich bin überzeugt, wenn ich nicht mehr da bin, wirst du dich an alles erinnern können.«

Weil Don Juan mir jene zeigen wollte, die dem Tode trotzten, so erklärte er mir, hätten er und Genaro sie an die Grenzen unserer Welt herangelockt. Ich hätte anfangs eine tiefe Seitwärts-Verschiebung vollzogen, die mir erlaubte, sie als Menschen zu *sehen*, aber schließlich sei mir die richtige Verschiebung gelungen, die mir erlaubte, die dem Tode Trotzenden und ihre Verbündeten als das zu sehen, was sie sind.

Früh am anderen Morgen, in Silvio Manuels Haus, rief mich Don Juan in das große Zimmer, um die Ereignisse der vergangenen Nacht mit mir durchzusprechen. Ich war erschöpft und sehnte mich nach Ruhe, nach Schlaf, aber Don Juan hatte es eilig. Er fing sofort an mit seiner Erklärung: Die alten Seher, sagte er, hätten einen Weg gefunden, die rollende Kraft zu nutzen und sich von ihr tragen zu lassen. Statt sich den Angriffen des Schwenkers auszusetzen, schebten sie auf ihm dahin und bewegten ihren Montagepunkt bis an die Grenzen des Menschenmöglichen.

Don Juan äußerte seine vorbehaltlose Bewunderung für diese großartige Leistung. Nichts wäre besser geeignet, als der Schwenker, so sagte er, um dem Montagepunkt einen solchen Schub zu versetzen.

Ich fragte ihn, welcher Unterschied bestünde zwischen dem Schub der Erde und dem Schub des Schwenkers?

Der Schub der Erde, so erklärte er, sei die Ausrichtungskraft nur der bernsteinfarbenen Emanationen. Es sei ein Schub, der die

Bewußtheit in unvorstellbarem Maß steigere. Für die neuen Seher sei es der Anbruch unbegrenzter Bewußtheit, den sie als absolute Freiheit bezeichneten.
Der Schub des Schwenkers hingegen sei die Kraft des Todes. Unter dem Einfluß des Schwenkers bewege sich der Montagepunkt in unvorhersehbaren neuen Positionen. Daher seien die alten Seher immer allein auf ihrer Reise gewesen, auch wenn das Unternehmen, auf das sie sich eingelassen hätten, stets ein gemeinschaftliches gewesen sei. Wenn sie in Begleitung anderer Seher auf die Reise gingen, so war dies meist zufällig und führte leicht zu Vormachtkämpfen.
Ich mußte Don Juan gestehen, daß mir die Unternehmungen der alten Seher, welche immer es sein mochten, schlimmer vorkämen als die düstersten Horrorgeschichten. Er lachte schallend. Meine Worte amüsierten ihn offenbar.
»Du mußt aber zugeben, daß diese Teufel, auch wenn du sie abstoßend findest, sehr wagemutig waren«, fuhr er fort. »Auch ich selbst habe, wie du weißt, nicht viel übrig für sie, aber ich muß sie einfach bewundern. Ihre Liebe zum Leben ist etwas Unfaßliches für mich.«
»Wie könnte man so etwas Liebe zum Leben nennen, Don Juan? Es ist etwas Ekelhaftes«, sagte ich.
»Was sonst könnte einen Mann zu solchen extremen Taten treiben – wenn nicht die Liebe zum Leben?« fragte er. »Sie liebten das Leben so leidenschaftlich, daß sie nicht bereit waren, es aufzugeben. So habe ich es *gesehen*. Mein Wohltäter *sah* etwas anderes. Er glaubte, sie fürchteten sich vor dem Sterben – was nicht dasselbe ist, wie das Leben zu lieben. Ich sage, sie fürchteten sich, zu sterben, weil sie das Leben liebten und weil sie Wunder gesehen *hatten* – nicht weil sie habgierige kleine Monster gewesen wären. Nein. Sie waren irregeleitet, weil niemand ihnen eine Herausforderung stellte; sie waren verwöhnt wie unartige Kinder; aber ihr Wagemut und ihre Tapferkeit waren unerhört.
Würdest du dich aus Habgier in das Unbekannte vorwagen? Niemals. Habgier funktioniert nur in der Welt des Alltagslebens. In diese erschreckende Einsamkeit sich vorzuwagen, dazu braucht man etwas Größeres als Habgier. Liebe, ja, man braucht Liebe zum Leben, Liebe zur Entdeckung, zum Geheimnis. Man braucht unersättliche Neugier und jede Menge Mumm in den Knochen.

Also, hör mir auf mit solchem Blödsinn, von wegen, du wärst angewidert. Es ist peinlich!«
In seinen Augen funkelte ein unterdrücktes Lachen. Er wies mich zurecht, aber er konnte darüber lachen.

Don Juan ließ mich etwa eine Stunde allein im Zimmer. Ich versuchte meine Gedanken und Gefühle zu ordnen. Es war mir unmöglich. Ich wußte ohne allen Zweifel, daß mein Montagepunkt sich in einer Position befand, wo die Logik nichts zählt, und dennoch plagten mich logische Überlegungen. Technisch betrachtet, sagte Don Juan, würden wir schlafen, sobald der Montagepunkt sich verschiebe. Also fragte ich mich jetzt zum Beispiel, ob ich vom Standpunkt eines unbeteiligten Betrachters gesehen schlief – ähnlich wie Genaro in meinen Augen geschlafen hatte.
Als Don Juan zurückkehrte, befragte ich ihn deswegen.
»Natürlich schläfst du, auch wenn du dich nicht langzulegen brauchst«, antwortete er. »Auf Leute, die in ihrem normalen Bewußtseinszustand sind, würdest du wahrscheinlich betrunken wirken.«
Im normalen Schlaf, so erklärte er, bewege sich der Montagepunkt an den Rändern des menschlichen Bandes entlang. Solche Verschiebungen seien immer mit dem Zustand des Schlafes verbunden. Durch Übung eingeleitete Verschiebungen hingegen bewegten sich über die Mitte des menschlichen Bandes und seien nicht mit Schlaf verbunden – und doch schlafe der *Träumer*.
»Genau an diesem Punkt gingen die alten und die neuen Seher getrennte Wege, und jeder schloß seinen eigenen Pakt mit der Kraft«, fuhr er fort. »Die alten Seher strebten eine Kopie des menschlichen Körpers an, allerdings eine physisch widerstandsfähigere, und darum ließen sie ihren Montagepunkt am rechten Rande des menschlichen Bandes entlanggleiten. Je tiefer sie sich am rechten Rand vordrangen, desto exzentrischer wurde ihr *Traumkörper*. Gestern nacht hast du selbst das monströse Ergebnis einer solchen, tiefen Verschiebung am rechten Rand entlang miterlebt.«
Die neuen Seher, sagte er, gingen einen ganz anderen Weg und ließen ihren Montagepunkt sich über die Mitte des menschlichen Bandes bewegen. Wenn es nur eine leichte Verschiebung sei, wie

etwa das Überwechseln in den Zustand gesteigerter Bewußtheit, dann verhalte sich der *Träumer* beinah wie jeder normale Mensch auf der Straße, abgesehen von einer gewissen Anfälligkeit für Gefühlsregungen wie Furcht und Zweifel. Doch bei einem gewissen Maß an Tiefe verwandle sich der *Träumer*, der sich über die Mitte verschiebe, in eine Lichtblase. Die Lichtblase sei der *Traumkörper* der neuen Seher.

Solch ein unpersönlicher *Traumkörper*, sagte er, motiviere denn auch eher zum Verstehenwollen und Erforschen – der Grundlage dessen, was alle neuen Seher täten. Der stark vermenschlichte *Traumkörper* der alten Seher habe sie motiviert, nach ähnlich persönlichen, vermenschlichten Antworten zu suchen.

Auf einmal schien Don Juan nach Worten zu ringen.

»Es gibt noch einen, der dem Tode trotzte«, sagte er, »und er ist den vier Gestalten, die du gesehen hast, so unähnlich, daß er sich selbst vom Durchschnittsmenschen auf der Straße kaum unterscheidet. Ihm ist das einzigartige gelungen, weil er seine Lücke öffnen und schließen kann, wie er will.«

Don Juan spielte irgendwie nervös mit den Fingern.

»Dieser Todes-Trotzer ist der alte Seher, dem der Nagual Sebastian im Jahre 1723 begegnete«, fuhr er fort. »Und diesen Tag bezeichnen wir als den Anfang unserer Schule, den zweiten Anfang. Dieser Todes-Trotzer, der seit Jahrhunderten auf Erden lebt, hat das Leben eines jeden Nagual, dem er begegnete, mehr oder minder nachhaltig verändert. Und er ist jedem Nagual unserer Schule begegnet – seit jenem Tag im Jahre 1723.«

Don Juan schaute mich eindringlich an. Mich überfiel eine sonderbare Verlegenheit. Ich vermutete, daß diese Verlegenheit durch einen inneren Zwiespalt hervorgerufen sei, in dem ich mich befand. Einerseits hatte ich ernstliche Zweifel am Hergang dieser Geschichte, und andererseits vertraute ich beinah blind darauf, daß alles, was er mir erzählte, der Wahrheit entspräche. Ich berichtete ihm von meinem Dilemma.

»Du bist nicht der einzige, der an der Not des rationalen Zweifels leidet«, sagte Don Juan. »Auch mein Wohltäter mußte sich anfangs mit dieser Frage auseinandersetzen. Später erinnerte er sich natürlich an alles. Aber er brauchte Zeit dazu. Als ich ihm begegnete, hatte er sich bereits an alles erinnert, darum habe ich seine Zweifel nie miterlebt. Ich hörte lediglich davon erzählen.

Wirklich unheimlich ist, daß es Leute, die diesen Mann nie mit eigenen Augen gesehen haben, leichter akzeptieren können, daß er einer der ursprünglichen Seher ist. Mein Wohltäter sagte, bei ihm selbst habe sich der Zwiespalt aus der Tatsache ergeben, daß der Schock, einem solchen Wesen zu begegnen, bei ihm eine Reihe von Emanationen zusammengebündelt hatte. Es dauert immer eine Weile, bis diese Emanationen sich wieder voneinander lösen.«

Und dann erklärte mir Don Juan, es werde, wenn sich mein Montagepunkt weiter verschiebe, irgendwann der Moment kommen, da er die richtige Kombination von Emanationen finde. In diesem Moment würde mir der Beweis für die Existenz dieses Mannes mit überwältigender Klarheit einleuchten.

Ich fühlte mich gedrängt, noch einmal meine Zweifel vorzutragen.

»Wir schweifen von unserem Thema ab«, sagte er. »Vielleicht hast du den Eindruck, als versuchte ich, dich von der Existenz dieses Mannes zu überzeugen. Aber ich wollte lediglich die Tatsache erwähnen, daß dieser alte Seher sich auf den Umgang mit der rollenden Kraft versteht. Es ist unwichtig, ob du an seine Existenz glaubst, oder nicht. Eines Tages wirst du die Wahrheit wissen, daß es ihm tatsächlich gelungen ist, seine Lücke zu schließen. Die Energie, die er sich vom Nagual einer jeden Generation ausborgte, benützte er einzig zu dem Zweck, seine Lücke zu schließen.«

»Wie gelang es ihm, die Lücke zu schließen?« fragte ich.

»Das kann niemand wissen«, antwortete er. »Ich habe mit zwei anderen Naguals gesprochen, die diesen Mann von Angesicht zu Angesicht gesehen hatten, mit dem Nagual Julian und mit dem Nagual Elias. Keiner von beiden konnte es sagen. Dieser Mann hat niemals verraten, wie er seine Lücke schließt, die sich, so vermute ich, nach einer Weile wieder zu öffnen beginnt. Der Nagual Sebastian erzählte, daß dieser alte Seher, als er ihn zum erstenmal sah, sehr schwach gewesen sei, tatsächlich dem Tode nah. Doch mein Wohltäter sah ihn beschwingten Schritts herumlaufen, wie ein junger Mann.«

Der Nagual Sebastian, erzählte Don Juan, habe diesem namenlosen Mann den Spitznamen »der Untermieter« gegeben, denn sie hatten ein Abkommen getroffen: der Mann bekam Energie, sozusagen als Logiergast, und er bezahlte dafür Miete in Form von Hilfeleistungen und Wissen.

»Hat denn niemand Schaden gelitten durch diesen Austausch?« fragte ich.

»Keiner der Naguals, die mit ihm Energie austauschten, litt dadurch Schaden«, antwortete er. »Der Mann hatte sich verpflichtet, jeweils nur einen kleinen Teil der überschüssigen Energie eines Nagual zu nehmen – im Tausch für seine Gaben, für seine ganz außerordentlichen Fähigkeiten. Der Nagual Julian zum Beispiel bekam die Gangart der Kraft zum Geschenk. Damit konnte er die Emanationen im Innern seines Kokon aktivieren oder sie schlummern lassen, um entweder alt oder jung auszusehen, ganz wie es ihm gefiel.«

Don Juan erklärte, daß die dem Tode Trotzenden manchmal so weit gingen, alle Emanationen im Innern ihres Kokon schlummern zu lassen – bis auf jene, die mit den Emanationen der Verbündeten übereinstimmten. Auf diese Weise könnten sie in gewisser Weise die Verbündeten imitieren.

Von jenen dem Tode Trotzenden, denen wir bei dem flachen Stein begegnet seien, erzählte Don Juan, habe ein jeder seinen Montagepunkt an eine genau bestimmte Stelle seines Kokon zu verschieben gewußt, um diejenigen seiner Emanationen, die er mit den Verbündeten teilte, hervorzuheben und dadurch mit den Verbündeten in Verbindung zu treten. Andererseits seien sie außerstande, ihren Montagepunkt wieder in seine ursprüngliche Lage zu bewegen, was sie tun müßten, um mit Menschen in Beziehung zu treten. Der Untermieter hingegen könne seinen Montagepunkt in der Weise verschieben, daß es ihm mit Leichtigkeit gelinge, auch die Alltagswelt zusammenzusetzen.

Wie dieser Austausch geborgter Energie vonstatten ging, das hatte Don Juans Wohltäter, wie Don Juan erzählte, folgendermaßen erklärt: Der alte Zauberer setzte den Montagepunkt des Nagual in Bewegung, und zwar so, daß er die Emanationen des Verbündeten im Innern des Kokon des Nagual hervorhob. Dann machte er sich den starken Energie-Stoß zunutze, der ausgelöst wurde durch diese, nach so tiefem Schlummer plötzlich ausgerichteten Emanationen.

Die in unserm Inneren, in den schlummernden Emanationen eingeschlossene Energie, sagte er, habe eine ungeheure Macht und eine unermeßliche Reichweite. Von der Reichweite dieser ungeheuren Macht könnten wir uns nur einen ungefähren Begriff machen, wenn wir bedächten, daß die Energie, die an unserem Wahrnehmen und Agieren in der alltäglichen Welt beteiligt sei, durch die Ausrichtung kaum eines Zehntels der im Kokon des Menschen eingeschlossenen Emanationen hervorgebracht werde.

»Im Augenblick des Todes geschieht es, daß all diese Energie auf einmal freigesetzt wird«, fuhr er fort. »In diesem Augenblick werden die Lebewesen von dieser ganz unvorstellbaren Macht überflutet. Es ist nicht die rollende Kraft, die ihre Lücken aufbricht, denn diese Kraft dringt niemals ins Innere des Kokon ein; sie läßt ihn lediglich platzen. Was sie vielmehr überflutet, ist die Macht all der Emanationen, die plötzlich ausgerichtet werden, nachdem sie ein Leben lang schlummerten. Für eine so gewaltige Macht gibt es keinen anderen Ausweg als durch die Lücke.«

Und jener alte Zauberer, fügte er hinzu, habe einen Weg gefunden, diese Energie anzuzapfen. Indem er ein beschränktes und genau bestimmtes Spektrum der schlummernden Emanationen im Kokon des Nagual ausrichte, könne der Seher einen beschränkten, aber gewaltigen Energie-Stoß erschließen.

»Wie, glaubst du, nimmt er diese Energie in seinen eigenen Körper auf?« fragte ich.

»Indem er die Lücke des Nagual aufbricht«, antwortete er. »Er bewegt den Montagepunkt des Nagual, bis die Lücke sich ein wenig öffnet. Wenn die Energie der neu ausgerichteten Emanationen durch diese Öffnung freigelassen wird, nimmt er sie in seine eigene Lücke auf.«

»Warum tut der alte Seher das?« fragte ich.

»Ich glaube, er ist in einem Kreislauf gefangen, aus dem er nicht ausbrechen kann«, antwortete er. »Wir haben einen Pakt mit ihm geschlossen. Er tut sein Bestes, ihn zu halten, und wir tun ebenfalls unser Bestes. Wir können ihn nicht verurteilen, und doch müssen wir wissen, daß sein Weg nicht zur Freiheit führt. Er weiß es, und er weiß auch, daß er nichts daran ändern kann. Er ist in einer selbstverursachten Situation gefangen. Ihm bleibt nichts anderes übrig, als seine verbündetenähnliche Existenz zu verlängern, solange er kann.«

16. Die Form des Menschen

Gleich nach dem Essen setzten Don Juan und ich uns hin, um zu sprechen. Ohne Überleitung fing er an. Er gab zu verstehen, wir wären am Ende seiner Erklärung angelangt. Ausführlich und gewissenhaft, sagte er, habe er nun mit mir alle Wahrheiten über das Bewußtsein diskutiert, die die alten Seher entdeckt hätten. Er betonte, ich kenne nun das System, zu dem sie diese Wahrheiten zusammenfügten. In den letzten Abschnitten seiner Erklärung, sagte er, habe er mir in aller Ausführlichkeit die zwei Kräfte erläutert, die unseren Montagepunkt in Bewegung zu setzen helfen: den Schub der Erde und die rollende Kraft. Auch habe er mir die drei von den neuen Sehern ausgearbeiteten Techniken erläutert – das *Pirschen*, die *Absicht* und das *Träumen* – sowie deren Auswirkung auf die Bewegung des Montagepunktes.

»Jetzt bleibt dir nur noch eines zu tun, bevor die Erklärung über die Meisterschaft des Bewußtseins abgeschlossen ist«, fuhr er fort. »Du mußt selbst die Barriere der Wahrnehmung durchbrechen. Du mußt deinen Montagepunkt ohne die Hilfe eines anderen in Bewegung bringen und dich an einem anderen großen Emanationen-Band ausrichten.

Tätest du dies nicht, dann bliebe alles, was du gelernt und mit mir getan hast, bloßes Gerede, nur Worte. Und Worte sind billig zu haben.«

Wenn sich der Montagepunkt aus seiner gewohnten Position abweiche und eine gewisse Tiefe erreiche, erklärte er, durchbreche er eine Barriere, die seine Fähigkeit, Emanationen auszurichten, für eine Weile aufhebe. Dies erlebten wir als einen Augenblick der Wahrnehmungs-Leere. Die alten Seher, sagte er, hätten diesen Augenblick als die Nebelwand bezeichnet, weil immer dann, wenn eine Ausrichtung von Emanationen ins Stocken gerate, eine Nebelwand sichtbar werde.

Es gebe drei Möglichkeiten, sagte er, mit dieser Erscheinung umzugehen. Man könne sie abstrakt als Wahrnehmungsbarriere auffassen; man könne sie als ein Hindurchschreiten des ganzen Körpers durch eine straff gespannte Papierwand empfinden, oder man könne sie *sehen* – eben als eine Nebelwand.

Don Juan hatte mich, im Laufe meiner Lehrzeit bei ihm, unzählige Male angeleitet, diese Wahrnehmungsbarriere zu *sehen*. Zunächst hatte ich die Vorstellung einer Nebelwand attraktiv gefunden. Don Juan erklärte mir, daß auch die alten Seher es vorgezogen hätten, das Phänomen in der Weise zu *sehen*. Es sei sehr traulich und bequem, sagte er, sie als Nebelwand zu *sehen*, aber es liege auch eine große Gefahr darin, etwas an sich Unbegreifliches als etwas so Düsteres, Unheildrohendes wie eine Nebelwand aufzufassen. Daher empfahl er mir, unbegreifliche Dinge lieber unbegreiflich sein zu lassen, statt sie es in das Inventar der ersten Aufmerksamkeit aufzunehmen.

Nachdem ich kurzlebigen Trost darin gefunden hatte, die Nebelwand zu *sehen*, mußte ich Don Juan recht geben, daß es besser sei, diese Übergangsphase als unbegreifliche Abstraktion aufzufassen. Inzwischen aber war es mir nicht mehr möglich, die Fixierung meines Bewußtseins aufzulösen. Jedesmal, wenn ich in die Lage geriet, die Wahrnehmungsbarriere zu durchbrechen, *sah* ich die Nebelwand.

Früher einmal hatte ich mich bei Don Juan und Genaro beschwert, daß ich, obwohl ich etwas *anderes sehen* wolle, meine Gewohnheit nicht ändern könne. Dies verstünde er sehr gut, hatte Don Juan dazu gemeint, denn ich sei depressiv veranlagt und schwermütig, und in dieser Hinsicht doch sehr verschieden von ihm. Er selbst sei unbekümmert und praktisch veranlagt und habe keine Neigung, das menschliche Inventar anzubeten. Ich dagegen sei nicht bereit, mein Inventar aus dem Fenster zu werfen, und folglich sei ich schwerfällig, bedrückt und unpraktisch. Seine harte Kritik hatte mich ziemlich schockiert und traurig gemacht, und ich geriet in eine düstere Stimmung. Don Juan und Genaro lachten, bis ihnen die Tränen über die Wangen rollten.

Genaro hatte noch eins draufgesetzt und gemeint, ich sei nachtragend und hätte zudem die Neigung, Fett anzusetzen. Die beiden lachten so unbändig, daß ich schließlich mitlachen mußte.

Damals sagte mir Don Juan, daß man durch Übungen im Montieren anderer Welten seinem Montagepunkt die Möglichkeit geben könne, Erfahrung im Sich-Verschieben zu sammeln. Ich hatte mich aber stets gefragt, woher ich den ersten Anstoß bekommen sollte, um meinen Montagepunkt aus seiner gewohnten Position zu lösen. Bisher, wenn ich ihn deshalb befragte, hatte er mir stets zur Antwort gegeben, daß – nachdem Ausrichtung die allesbewirkende Kraft sei – nur *Absicht* den Montagepunkt bewegen könne.

Nun fragte ich ihn abermals.

»Du bist jetzt in der Lage, diese Frage selbst zu beantworten«, erwiderte er. »Die Meisterschaft des Bewußtseins ist es, die dem Montagepunkt einen Schub versetzt. Immerhin hat's mit uns Menschen nicht viel auf sich: wir sind im wesentlichen ein Montagepunkt, der an eine bestimmte Position fixiert ist. Unser Feind, und zugleich unser Freund, ist der innere Dialog, unser inneres Inventar. Sei ein Krieger. Schalte deinen inneren Dialog ab. Mache dein Inventar und wirf es aus dem Fenster. Die neuen Seher legen sorgfältige Inventare an und lachen am Ende darüber. Ohne das Inventar wird der Montagepunkt frei.«

Don Juan erinnerte mich daran, daß er viel über den den stabilsten Aspekt unseres menschlichen Inventars gesprochen habe: unsere Vorstellung Gottes. Dieser Aspekt, sagte er, wirke wie ein starker Leim, der den Montagepunkt an seine ursprüngliche Position binde. Falls ich aber eine andere wahrhafte Welt, aus einem anderen großen Emanationen-Band montieren wolle, müsse ich einen unvermeidlichen Schritt tun und meinen Montagepunkt von all diesen Dingen freimachen.

Dieser Schritt bedeutet, die Form des Menschen zu *sehen*«, sagte er. »Das wirst du heute tun müssen, und zwar ohne Hilfe.«

»Was ist die Form des Menschen?« fragte ich.

»Ich habe dir viele Male geholfen, sie zu sehen«, erwiderte er. »Du weißt, wovon ich spreche.«

Ich verzichtete auf meinen Einwand, ich wisse gar nicht, wovon er spräche. Wenn er sagte, ich hätte die Form des Menschen *gesehen*, dann mußte ich sie *gesehen* haben, auch wenn ich nicht die blasseste Ahnung hatte, wie sie aussehen sollte.

Er wußte, was mir durch den Kopf ging. Er zeigte mir ein wissendes Lächeln und schüttelte bedächtig den Kopf.

»Die Form des Menschen ist ein riesiges Bündel von Emanationen im großen Band des organischen Lebens«, sagte er. »Man nennt sie die Form des Menschen, weil das Bündel nur im Kokon des Menschen sichtbar wird. Die Form des Menschen ist jener Teil der Emanationen des Adlers, den die Seher direkt *sehen*, ohne sich in Gefahr zu bringen.«

Es entstand eine lange Pause, bevor er weitersprach.

»Die Wahrnehmungsbarriere zu durchbrechen, das ist die letzte Aufgabe der Meisterschaft des Bewußtseins«, sagte er. »Um den Montagepunkt in diese Position zu bewegen, mußt du genügend Energie ansammeln. Eine Wieder-Entdeckungsreise machen. Dich erinnern, was du getan hast!«

Ich versuchte vergeblich, mich zu erinnern, was die Form des Menschen sei. Ich empfand eine unerträgliche Frustration, die alsbald in echte Wut umschlug. Ich war böse auf mich selbst, auf Don Juan, auf jeden.

Don Juan blieb ungerührt durch meinen Zorn. Ärger, stellte er sachlich fest, sei eine ganz natürliche Reaktion auf das Widerstreben des Montagepunktes, sich auf Befehl zu bewegen.

»Es wird noch lange dauern, bevor du das Prinzip anwenden kannst, daß dein Befehl der Befehl des Adlers ist«, sagte er. »Dies aber ist der Kern der Meisterschaft des Bewußtseins. Inzwischen gib dir wenigstens den Befehl, nicht verdrießlich zu werden, nicht einmal in Momenten schlimmsten Zweifels. Es wird eine langsame Entwicklung sein, bis dieser Befehl vernommen und befolgt wird, als wäre es der Befehl des Adlers.«

Er sagte, es liege eine unermeßliche Region der Bewußtheit zwischen der üblichen Position des Montagepunktes und jener Position, wo es keine Zweifel mehr gebe, und genau dies sei die Stelle, wo die Barriere der Wahrnehmung auftrete. In dieser unermeßlichen Region könnten die Krieger jeder nur vorstellbaren Fehlhandlung zum Opfer fallen. Er ermahnte mich, auf der Hut zu sein und nicht das Vertrauen zu verlieren, denn es sei unvermeidlich, daß mich irgendwann ein lähmendes Gefühl der Niederlage befallen werde.

»Die neuen Seher empfehlen etwas ganz Einfaches für den Fall, daß Ungeduld oder Verzweiflung, Zorn oder Traurigkeit einen anwandeln«, fuhr er fort. »Sie empfehlen, der Krieger soll die Augen rollen. Egal in welche Richtung. Ich ziehe es vor, die Augen im Uhrzeigersinn zu rollen.

Diese Augenbewegung bewirkt eine sofortige Verschiebung des Montagepunktes. Durch diese Bewegung findest du Linderung. Sie ist ein Ersatz für die wahre Bemeisterung der *Absicht*.«
Ich beklagte mich, daß ihm wohl nicht mehr viel Zeit bliebe, mir mehr über die *Absicht* zu erzählen.
»Eines Tages wird dir alles wieder einfallen«, versicherte er mir. »Eines wird das andere auslösen. Ein Schlüsselwort, und alles wird aus dir rauspurzeln, als wäre die Tür eines vollgestopften Kleiderschranks aufgegangen.«
Dann nahm er die Diskussion der menschlichen Form wieder auf. Es sei ein wichtiger Schritt, sagte er, sie allein, ohne die Hilfe eines anderen zu *sehen*, denn wir alle hätten bestimmte Vorstellungen, die überwunden werden müßten, bevor wir frei werden könnten. Der Seher, der ins Unbekannte aufbreche, um das Unbekannte zu *sehen*, müsse im Stande der Makellosigkeit sein.
Im Stande der Makellosigkeit zu sein, sagte er augenzwinkernd, bedeute, sich von rationalen Vermutungen und rationalen Befürchtungen freigemacht zu haben. Meine rationalen Vermutungen und meine rationalen Befürchtungen, meinte er, hinderten mich momentan, jene Emanationen wieder-auszurichten, die mir helfen würden, die Form des Menschen zu *sehen*. Er empfahl mir, mich zu entspannen und meine Augen zu rollen, um meinen Montagepunkt sich verschieben zu lassen. Mehrmals wiederholte er, wie wichtig es sei, mich daran zu erinnern, die Form des Menschen *gesehen* zu haben, bevor ich sie erneut *sehen* könne. Und da seine Zeit knapp werde, sei meine übliche Langsamkeit diesmal fehl am Platze.
Ich rollte meine Augen, wie er mir empfohlen. Fast im selben Moment vergaß ich mein Unbehagen, und dann setzte blitzartig meine Erinnerung ein, und ich erinnerte mich, daß ich die Form des Menschen *gesehen* hatte. Es war vor Jahren gewesen, bei einer Gelegenheit, die mir bemerkenswert erschien, weil Don Juan damals die – vom Standpunkt meiner katholischen Erziehung – lästerlichsten Äußerungen tat, die ich jemals gehört hatte.
Angefangen hatte das alles als beiläufige Unterhaltung, während wir durch die Randdünen der Wüste von Sonora wanderten. Er erläuterte mir die Konsequenzen dessen, was er mit seinen Lehren bei mir zu erreichen suche. Wir hatten Rast gemacht und uns

auf ein paar große Steinbrocken niedergelassen. Er fuhr fort, mir die Technik seiner Lehren zu erläutern, und dies ermutigte mich zu meinem wohl hundertsten Versuch, ihm zu berichten, wie mir dabei zumute sei. Es war offensichtlich, daß er nichts mehr davon hören wollte. Er ließ mich auf eine andere Bewußtseinsebene überwechseln und sagte mir, wenn ich die Form des Menschen *sehen* würde, könnte ich alles verstehen, was er machte. Und damit könnte ich uns beiden Jahre der Plackerei ersparen.

Dann erklärte er mir ausführlich, was die Form des Menschen sei. Er sprach darüber nicht im Sinne der Emanationen des Adlers, sondern im Sinne einer energetischen Struktur, die in der Lage sei, einem amorphen Klumpen biologischer Materie die Eigenschaften des Menschlichen aufzuprägen. Zumindest verstand ich es so, zumal er mir die Form des Menschen in mechanischen Gleichnissen schilderte. Sie sei ein gigantischer Prägestock, sagte er, der in endloser Folge menschliche Wesen ausstanze, als kämen sie von einem Fabrikfließband. Er veranschaulichte mir den Vorgang, indem er die Handflächen kräftig zusammenschlug, als stieße der Prägestock jedesmal, wenn die zwei Hälften zusammenklappten, ein menschliches Wesen aus.

Er sagte auch, daß jede Gattung ihre eigene Form habe und daß jedes auf diese Weise geformte Individuum einer jeden Gattung die seiner Art entsprechenden Merkmale aufweise.

Und dann gab er mir eine sehr beunruhigende Schilderung dieser Form des Menschen. Die alten Seher, sagte er, hätten mit den abendländischen Mystikern eines gemein, nämlich daß sie die Form des Menschen *sahen*, ohne jedoch zu verstehen, was sie sei. Die Mystiker aller Jahrhunderte hätten uns ergreifende Berichte von ihren Erfahrungen hinterlassen. Diese Berichte, so schön sie wären, litten alle an dem einen großen, hoffnungslosen Mangel, daß darin die Form des Menschen als allmächtiger, allwissender Schöpfer aufgefaßt würde. Das gleiche gelte auch für die Deutung der alten Seher, die die Form des Menschen als freundlichen Geist, als Beschützer der Menschen bezeichneten.

Einzig die neuen Seher, sagte er, seien nüchtern genug, die Form des Menschen als das zu *sehen* und zu verstehen, was sie sei. Und sie hätten erkannt, daß die Form des Menschen kein Schöpfer sei, sondern das Präge-Muster aller nur denk- oder vorstellbaren menschlichen Eigenschaften. Die Form, sagte er, sei unser Gott, weil wir nun eben das seien, was uns präge, und nicht etwa, weil sie uns aus dem Nichts und nach ihrem Ebenbild geschaffen hätte. Wollten wir vor der Form des Menschen auf die Knie fallen, so sei dies in Don Juans Augen ein Zeichen von Arroganz und menschlicher Selbstbezogenheit.

Beim Anhören von Don Juans Erklärung wurde mir furchtbar unbehaglich. Auch wenn ich mich nie für einen praktizierenden Katholiken gehalten hatte, schockierten mich die blasphemischen Konsequenzen einer solchen Betrachtungsweise. Ich hatte ihm höflich zugehört, aber ich sehnte eine Pause in diesem Trommelfeuer lästerlicher Äußerungen herbei, um das Thema wechseln zu können. Er aber hämmerte weiter erbarmungslos auf seinem Standpunkt herum. Schließlich unterbrach ich ihn und sagte ihm, daß ich an die Existenz Gottes glaube.

Mein Glaube, erwiderte er, beruhe wohl auf religiösen Vorstellungen und sei mithin eine Überzeugung aus zweiter Hand, die belanglos sei. Mein Glaube an die Existenz Gottes, sagte er, beruhe auf Hörensagen, und nicht auf dem Akt des *Sehens*.

Er beteuerte, daß ich, selbst wenn ich *sehen* könnte, den gleichen Irrtum begehen würde, wie ihn die Mystiker begingen. Denn jeder, der die Form des Menschen *sähe*, unterstelle automatisch, sie sei Gott.

Das mystische Erleben bezeichnete er als zufälliges *Sehen*, als Treffer aufs Geratewohl, und ohne weitere Bedeutung, denn es sei das Ergebnis einer zufälligen Bewegung des Montagepunktes. Die neuen Seher seien die einzigen, behauptete er, die in diesen Dingen ein gerechtes Urteil abgeben könnten, denn sie hätten das zufällige *Sehen* ausgeschlossen und könnten die Form des Menschen *sehen*, sooft sie wollten.

Und daher hätten sie *gesehen*, fuhr er fort, daß das, was wir Gott nennen, ein Prototypus des Menschlichen sei, und ohne alle Macht. Denn die Form des Menschen könne uns unter keinen Umständen helfen, indem sie etwa zu unseren Gunsten eingreife. Sie könne weder unsere Missetaten bestrafen, noch uns irgendwie belohnen. Wir seien lediglich das Produkt ihrer Prägung; wir seien ihr Abdruck. Die Form des Menschen sei genau das, was der Name aussage: ein Muster, eine Form, ein Abdruck, der ein bestimmtes Bündel faserförmiger Elemente, genannt Mensch, zusammenfasse.

Was er da sagte, bereitete mir einige Qual. Aber er schien meinen inneren Aufruhr nicht zu beachten. Er löcherte mich mit dem – wie er sich ausdrückte – unverzeihlichen Verbrechen der Zufalls-*Seher*, das uns veranlasse, unsere unersetzliche Energie auf etwas zu konzentrieren, das so gar keine Macht habe, irgend etwas zu bewirken. Je länger er sprach, desto größer meine Verärgerung. Als ich so wütend geworden war, daß ich ihn beinah anbrüllen wollte, ließ er mich in einen tieferen Zustand gesteigerter Bewußtheit überwechseln. Er gab mir einen Schlag auf die rechte Körperseite, zwischen Hüftknochen und Brustkorb. Der Schlag ließ mich davonschweben in ein strahlendes Licht, in einen durchsichtigen Quell der friedlichsten und köstlichsten Seligkeit. Dieses Licht war ein sicherer Hort, eine Oase in all der Schwärze, die mich umgab.

Für mein subjektives Empfinden *sah* ich dieses Licht eine unendliche Zeitspanne lang. Die Herrlichkeit des Anblicks überstieg alle meine Fähigkeit, es auszudrücken, und doch konnte ich nicht herausfinden, was es denn sei, das ihn so schön machte. Dann kam mir der Gedanke, diese Schönheit sei aus einem Gefühl der Harmonie erwachsen, aus einem Gefühl der Ruhe, des Angekommenseins, der endlich gefundenen Sicherheit. Ich spürte mein Einatmen und Ausatmen, ganz Friede und Befreiung. Welch eine Fülle der Pracht! Ich wußte jenseits von allem Zweifel, daß ich Gott schaute, den Ursprung alles Seienden. Ich wußte, daß Gott mich liebte. Gott war Liebe und Vergebung. Das Licht wusch mich rein, und ich fühlte mich geläutert, gerettet. Ich weinte hemmungslos, hauptsächlich um mich selber. Im Angesicht dieses strahlenden Lichts fühlte ich mich wertlos, sündig.

Plötzlich hörte ich Don Juans Stimme in meinem Ohr. Er sagte, ich müsse über die Form hinausgehen; die Form sei lediglich ein Stadium, ein Zwischenhalt, der dem Reisenden ins Unbekannte zeitweilig Friede und Gelassenheit schenke, der jedoch steril und statisch sei. Es sei lediglich ein gespiegeltes Bild in einem Spiegel, und zugleich der Spiegel selbst. Das Bild aber sei das Bild des Menschen.

Ich lehnte mich inbrünstig auf gegen das, was Don Juan sagte: ich bäumte mich auf gegen seine lästerlichen Sakrilegien. Ich wollte ihm den Mund verbieten, aber ich konnte die bannende Kraft meines *Sehens* nicht aufbrechen. Ich war darin gefangen. Don Juan schien genau zu wissen, wie ich mich fühlte, und was ich ihm sagen wollte.

»Du kannst dem Nagual nicht den Mund verbieten«, sagte er mir ins Ohr. »Der Nagual ist es, der dich befähigt, zu *sehen*. Es ist die Technik des Nagual, die Kraft des Nagual. Der Nagual ist der Führer.«

An diesem Punkt wurde mir etwas klar über die Stimme in meinem Ohr. Es war nicht Don Juans Stimme, auch wenn sie ganz ähnlich klang wie die seine. Auch hatte die Stimme recht. Der Urheber meines *Sehens* war der Nagual Juan Matus. Es waren seine Technik und seine Kraft, die mich Gott sehen ließen. Er sagte nun aber, es sei nicht Gott, sondern die Form des Menschen; ich wußte, daß er recht hatte. Und doch konnte ich es nicht zugeben – nicht aus bösem Willen oder aus Verstocktheit, sondern aus einem Gefühl unendlicher Treue und Liebe zu dem Göttlichen, das da vor mir war.

Während ich mit aller Inbrunst, deren ich fähig war, in das Licht starrte, fing das Licht an sich zu verdichten, und ich *sah* einen Mann. Einen leuchtenden Mann, der Charisma ausstrahlte. Der Liebe, Verstehen, Aufrichtigkeit und Wahrheit ausstrahlte. Ein Mann, der die Quintessenz alles Guten war.

Die Inbrunst, mit der ich diesen Mann *sah*, übertraf alles, was ich je in meinem Leben empfunden hatte. Ich fiel auf die Knie. Ich wollte den Mensch gewordenen Gott anbeten, aber Don Juan schritt ein und versetzte mir einen Schlag auf die Brust, in Höhe des Schlüsselbeins, und ich verlor den Anblick Gottes.

Mir verblieb ein peinigendes Gefühl, eine Mischung aus Reue und Erhebung, aus Gewißheit und Zweifeln. Don Juan machte sich über mich lustig. Er nannte mich einen unbekümmerten Frömmler und meinte, ich hätte das Zeug zum Priester. Nun könnte ich sogar als spiritueller Guru auftreten und behaupten, zufällig Gott gesehen zu haben. In scherzhaftem Ton forderte er mich auf, ich solle doch anfangen zu predigen und allen Menschen schildern, was ich *gesehen* hätte.

Ganz beiläufig, aber doch anteilnehmend, sagte er dann etwas, das teils Frage, teils Behauptung zu sein schien.

»Und der Mann?« fragte er. »Du kannst wohl nicht vergessen, daß Gott ein Mann ist?«

Da dämmerte mir die Ungeheuerlichkeit von etwas Unbestimmtem, und ich geriet in einen Zustand großer Klarheit.
»Sehr tröstlich, hm?« sagte Don Juan lächelnd. »Gott ist ein Mann. Welch eine Beruhigung!«
Nachdem ich Don Juan berichtet hatte, woran ich mich erinnern konnte, befragte ich ihn wegen einer Sache, die mir plötzlich höchst merkwürdig vorkam. Um die Form des Menschen *sehen* zu können, hatte ich offenbar eine Verschiebung meines Montagepunktes durchgemacht. Meine Erinnerung an all die Empfindungen und Gefühle, die über mich gekommen waren, wurde so lebhaft, daß sie bei mir ein Gefühl absoluter Vergeblichkeit auslöste. Alles, was ich getan und empfunden hatte, fühlte ich jetzt wieder. Und ich fragte Don Juan, wie es möglich sei, daß ich ein so klares Verstehen, wie es mir zuteil geworden war, so völlig hatte vergessen können. Es war, als habe mich das Geschehene gar nicht berührt, denn ich mußte immer wieder vom Nullpunkt ausgehen, ganz gleich, welche Fortschritte ich schon gemacht hatte.
»Das ist nur ein emotionaler Eindruck«, sagte er. »Ein völliges Mißverständnis. Was du vor Jahren getan hast, liegt fest in irgendwelchen ungenutzten Emanationen beschlossen. An jenem Tag zum Beispiel, als ich dich die Form des Menschen *sehen* ließ, da unterlief mir selbst ein echtes Mißverständnis. Ich dachte, wenn du die Form *siehst*, könntest du sie verstehen. Das war tatsächlich ein Mißverständnis meinerseits.«
Don Juan hielt sich selbst, wie er sagte, für einen Menschen, der lange brauchte, um etwas zu verstehen. Er habe aber niemals Gelegenheit gehabt, diese seine Überzeugung zu überprüfen, da ihm der geeignete Bezugspunkt fehlte. Als nun ich gekommen und er ein Lehrer geworden sei, was für ihn etwas völlig Neues bedeutete, da habe er erkannt, daß es unmöglich sei, das Verstehen bei jemandem zu beschleunigen – und daß es nicht ausreiche, nur den Montagepunkt zu lockern. Bald sei ihm aber bewußt geworden, daß wir alle – da sich der Montagepunkt normalerweise beim *Träumen*, und manchmal sogar in außerordentlich ferne Positionen verschiebe – große Meister in der Kunst seien, jede einmal eingeleitete Verschiebung, die wir durchmachen, sofort auszugleichen. Wir seien dauernd bestrebt, unser Gleichgewicht wiederherzustellen und unseren Geschäften nachzugehen, als ob nichts geschehen wäre.

Wie wertvoll die Einsichten der neuen Seher seien, sagte er, zeige sich erst, wenn man versuche, den Montagepunkt eines anderen Menschen in Bewegung zu setzen. In dieser Hinsicht hätten die neuen Seher besonderen Wert darauf gelegt, die Stabilität des Montagepunktes in seiner neuen Position zu festigen. Dies galt ihnen als die einzig beherzigenswerte Lehrmethode. Und sie wußten, daß es ein langer Prozeß sei, der im Schneckentempo erfolgen müsse.
Und dann erzählte mir Don Juan, er habe bei mir, am Anfang meiner Lehrzeit, mit Kraft-Pflanzen gearbeitet – und zwar gemäß einer Empfehlung der neuen Seher. Diese hätten aus Erfahrung und durch ihr *Sehen* gewußt, daß Kraft-Pflanzen den Montagepunkt aus seiner normalen Position losrütteln könnten. Die Kraft-Pflanzen hätten auf den Montagepunkt im Prinzip die gleiche Wirkung wie die Träume: die Träume setzten ihn in Bewegung, aber die Kraft-Pflanzen bewirkten eine weitere, und im Maßstab größere Verschiebung. Der Lehrer nutze also die desorientierende Wirkung einer solchen Verschiebung, um beim Schüler die Vorstellung zu bestärken, daß die Wahrnehmung dieser Welt nie eine endgültige sei.
Nun erinnerte ich mich, daß ich die Form des Menschen fünfmal im Lauf der Jahre *gesehen* hatte. Mit jedem neuen Mal war ich weniger erschüttert gewesen. Aber nie war ich über die Tatsache hinweggekommen, daß ich Gott stets als männlich *sah*. Am Ende hörte sie dann auf, für mich Gott zu sein, und wurde zur Form des Menschen, nicht aufgrund dessen, was Don Juan mir sagte, sondern weil die Vorstellung eines männlichen Gottes mir unhaltbar erschien. Jetzt verstand ich auch Don Juans Äußerungen darüber. Sie waren nicht im mindesten blasphemisch oder lästerlich gewesen; er hatte sie ja nicht im Zusammenhang mit der alltäglichen Welt getan. Er hatte recht, wenn er sagte, daß es der Vorzug der neuen Seher sei, die Form des Menschen *sehen* zu können, sooft sie wollten. Aber noch wichtiger erschien mir, daß sie die Nüchternheit besaßen, zu erforschen, was sie da sahen.
Ich fragte ihn, wieso ich denn die Form des Menschen immer als männlich *gesehen* hätte. Er sagte, es sei deshalb, weil mein Montagepunkt damals nicht die Stabilität gehabt habe, in seiner neuen Position fest haftenzubleiben, und seitwärts in das Band des Menschen abgeglitten sei. Dies sei ein ähnlicher Fall, wie wenn man

die Barriere der Wahrnehmung als Wand *sähe*. Was jedoch den Montagepunkt zu seiner Seitwärts-Bewegung veranlasse, sei ein geradezu unvermeidliches Verlangen oder Bedürfnis, das Unbegreifliche in uns vertraute Begriffe zu übersetzen: so werde aus der Barriere eine Wand, und die Form des Menschen könne nichts anderes sein als ein Mann. Wäre ich eine Frau, sagte er, dann würde ich die Form des Menschen wohl als Frau sehen.

Er stand auf und meinte, es sei Zeit für uns, einen kleinen Spaziergang in die Stadt zu machen, wo ich die Form des Menschen in der Menschenmenge sehen sollte. Schweigend gingen wir zur Plaza. Aber noch bevor wir dort ankamen, überflutete mich eine unwiderstehliche Welle der Energie, und ich rannte durch die Straßen, bis an den Rand der Stadt. Ich gelangte an eine Brücke, und genau dort *sah* ich, als hätte sie mich erwartet, die Form des Menschen als ein strahlendes, warmes, bernsteinfarbenes Licht.

Ich fiel auf die Knie, aber nicht aus Frömmigkeit, sondern als physische Reaktion auf meine Ergriffenheit. Der Anblick der Form des Menschen war erstaunlicher denn je. Ohne alle Überheblichkeit glaubte ich, eine gewaltige Veränderung durchgemacht zu haben – seit damals, als ich sie zum erstenmal *sah*. All die Dinge, die ich *gesehen* und gelernt hatte, vermittelten mir nur eine tiefere Dankbarkeit für das Wunder, das da vor meinen Augen geschah.

Zuerst überlagerte die Form des Menschen das Bild der Brücke. Dann paßte ich meinen Blick an und *sah* die Form des Menschen, wie sie sich aufwärts und abwärts ins Unendliche erstreckte; die Brücke war nur ein dürftiges Gehäuse, eine winzige, flüchtig über das Ewige geworfene Skizze. Und dies galt auch für die winzigen Figürchen der Menschen, die sich um mich bewegten und mich mit unverhohlener Neugier betrachteten. Aber ich war für sie unerreichbar, auch wenn ich in diesem Moment so verletzlich war wie nur je. Die Form des Menschen hatte keine Macht, mich zu beschützen oder zu verschonen, und doch liebte ich sie mit einer Leidenschaft, die kein Ende kannte.

Jetzt glaubte ich auch etwas zu verstehen, was Don Juan mir immer wieder gesagt hatte, nämlich daß wahre Liebe keine Investition sein kann. Mit Freuden hätte ich mich dem Dienst an der Form des Menschen gewidmet, nicht um dessenthalben, was sie

mir geben konnte, denn sie hatte nichts zu geben, sondern um der reinen Liebe willen, die ich für sie empfand.
Ich hatte das Gefühl, als ob etwas mich fortriß, und bevor ich aus ihrem Bannkreis gezogen wurde, rief ich der Form des Menschen ein Gelübde zu – aber eine mächtige Kraft fegte mich beiseite, bevor ich aussprechen konnte, was ich hatte geloben wollen. Plötzlich kniete ich neben der Brücke, während eine Gruppe von Bauern sich lachend um mich scharte.
Don Juan stand neben mir. Er half mir auf, und wir gingen nach Hause.

»Es gibt zwei Arten, die Form des Menschen zu sehen«, begann Don Juan, als wir uns hingesetzt hatten. »Du kannst sie als einen Menschen sehen, oder du kannst sie als ein Licht sehen. Das ist abhängig von der Verschiebung des Montagepunktes. Geht die Verschiebung zur Seite, dann ist die Form des Menschen eine menschliche Gestalt. Geht die Verschiebung zur Mitte des menschlichen Bandes, dann ist die Form ein Licht. Das einzig Wertvolle, was du heute geschafft hast, ist, daß dein Montagepunkt sich in die Mitte verschob.«
Die Position, wo man die Form des Menschen *sehe*, so sagte er, liege in unmittelbarer Nähe jener Positionen, wo der *Traumkörper* und die Wahrnehmungsbarriere aufträten. Dies sei auch der Grund, warum die neuen Seher empfahlen, die Form des Menschen zu *sehen* und zu verstehen.
»Bist du sicher, daß du verstehst, was die Form des Menschen wirklich ist?« fragte er mich lächelnd.
»Ich versichere dir, Don Juan, ich bin mir völlig bewußt, was die Form des Menschen ist«, sagte ich.
»Als ich zur Brücke kam, hörte ich, wie du der Form des Menschen irgendwelche Albernheiten zuriefst«, sagte er mit boshaftem Lächeln.
Darauf erzählte ich ihm, daß ich mich zwar gefühlt hätte wie ein nichtswürdiger Knecht, der einen nichtswürdigen Herrn anbetet, und doch habe mich eine reine Zuneigung getrieben, ihr ewige Liebe zu geloben.
Don Juan fand dies alles sehr spaßig und lachte, bis ihm die Luft wegblieb.
»Das Gelübde eines nichtswürdigen Knechts an einen nichtswür-

digen Herrn ist wertlos«, sagte er und rang lachend nach Atem.

Ich sah keinen Anlaß, mich zu rechtfertigen. Meine Liebe zur Form des Menschen war frei, ohne jeden Gedanken an einen Lohn. Es machte mir nichts aus, daß mein Gelübde wertlos sein sollte.

17. Die Reise des Traum-Körpers

Don Juan sagte mir, wir beide würden nun zum letzten Mal nach Oaxaca fahren. Er gab deutlich zu verstehen, daß wir dort nie wieder zusammenkommen würden. Vielleicht werde sein Gefühl einst an diesen Ort zurückkehren, sagte er, aber nie mehr er selbst als ganzer.

In Oaxaca verbrachte Don Juan Stunden damit, alltägliche banale Dinge zu betrachten, die verblichenen Farben der Mauern, die Umrisse der fernen Berge, die Muster auf brüchigem Beton, die Gesichter der Leute. Dann gingen wir auf den großen Platz und setzten uns auf seine Lieblingsbank, die unbesetzt war, wie immer, wenn er dort sitzen wollte.

Auf dem langen Weg in die Stadt, hatte ich mir alle Mühe gegeben, mich in eine traurige, deprimierte Stimmung hineinzusteigern, aber es war mir einfach nicht gelungen. Sein Abschied hatte etwas Festliches. Er erklärte es als die unbezähmbare Energie der absoluten Freiheit.

»Freiheit ist wie eine ansteckende Krankheit«, sagte er. »Sie ist übertragbar; ihr Bazillus ist ein makelloser Nagual. Die Leute finden keinen Gefallen daran, und zwar, weil sie nicht frei sein wollen. Die Freiheit ist beängstigend, erinnere dich daran. Aber nicht für uns. Ich habe mich mein ganzes Leben lang auf diesen Augenblick vorbereitet. Und das wirst auch du tun.«

Er wiederholte mir immer wieder, daß in dem Stadium, in dem ich mich befände, keinerlei rationale Erwägungen in mein Tun eingreifen dürften. Sowohl der *Traum-Körper* wie die Wahrnehmungsbarriere, sagte er, seien Positionen des Montagepunktes, und dieses Wissen sei für die Seher so wichtig wie Lesen und Schreiben für den modernen Menschen. Und beide könne man erst nach jahrelanger Übung erreichen.

»Gerade jetzt kommt es darauf an, daß du dich an die Zeit erinnerst, als dein Montagepunkt diese Position erreichte und deinen

Traum-Körper schuf«, sagte er mit ungeheurer Eindringlichkeit.

Dann lächelte er und meinte, die Zeit werde knapp; er sagte, die Erinnerung an die große Reise meines *Traum-Körpers* werde später meinen Montagepunkt in die Lage versetzen, die Wahrnehmungsbarriere zu durchbrechen, um eine andere Welt zu montieren.

»Der *Traum-Körper* ist unter verschiedenen Namen bekannt«, sagte er nach langer Pause. »Der Name, der mir am besten gefällt, ist ›der Andere‹. Das ist, ähnlich wie ›die Stimmung‹, ein von den alten Sehern geprägtes Wort. Ich habe nicht viel im Sinn mit ihrer Stimmung, aber ich muß gestehen, daß mir ihre Wortwahl gefällt. Der Andere. Es klingt geheimnisvoll und verboten. Wie die alten Seher selbst, erinnert es mich an Dunkelheit und Schatten. Die alten Seher sagten, der Andere kommt immer eingehüllt in den Wind.«

Im Lauf der Jahre hatten Don Juan und die anderen Mitglieder seines Zuges oft versucht, mir bewußt zu machen, daß wir an zwei Orten gleichzeitig sein könnten, daß wir eine Art von Dualität der Wahrnehmung erleben könnten.

Und jetzt, während Don Juan sprach, erinnerte ich mich an etwas so tief Vergessenes, daß es mir anfangs schien, als hätte ich davon nur erzählen hören. Dann erkannte ich, Schritt für Schritt, daß ich selbst dieses Erlebnis gehabt hatte.

Ich war an zwei Orten gleichzeitig gewesen. Es war eines Nachts, in den Bergen im Norden Mexikos. Den ganzen Tag lang hatte ich mit Don Juan zusammen Kräuter gesammelt. Wir machten Rast für die Nacht, und ich war schon beinah eingeschlafen vor Erschöpfung, als plötzlich ein Windstoß aufkam und Don Genaro aus der Dunkelheit vor mir aufsprang, mich beinah zu Tode erschreckend.

Mein erster Gedanke war Argwohn. Ich glaubte, Don Genaro habe sich den ganzen Tag lang im Gebüsch versteckt und auf den Anbruch der Dunkelheit gewartet, um mir mit seinem Erscheinen einen Schreck einzujagen. Während ich ihn so umherstolzieren sah, wurde mir bewußt, daß er an diesem Abend etwas wahrhaft Unheimliches an sich hatte. Etwas greifbar Wirkliches, und doch etwas, über das ich mir nicht klarzuwerden vermochte.

Er scherzte mit mir und alberte herum und tat Dinge, bei denen sich meine Vernunft sträubte. Don Juan lachte wie ein Narr über mein Entsetzen. Als er den richtigen Zeitpunkt gekommen glaubte, ließ er mich in einen Zustand gesteigerter Bewußtheit überwechseln, und einen Moment lang konnte ich Don Juan und Don Genaro als zwei Lichtblasen *sehen*. Genaro war nicht der Genaro aus Fleisch und Blut, den ich in meinem normalen Bewußtseinszustand kannte, sondern sein *Traum-Körper*. Das erkannte ich, weil ich ihn als Feuerkugel über der Erde schweben *sah*. Er berührte nicht den Boden, wie Don Juan. Es war, als sei Genaro – die Lichtblase – im Begriff, emporzuschweben, schon ein paar Fuß hoch in die Luft aufgestiegen und bereit, davonzufliegen.
Noch etwas hatte ich in dieser Nacht getan, das mir plötzlich, wie ich mich nun an jenes Ereignis erinnerte, klar wurde: ich hatte ganz automatisch gewußt, daß ich meine Augen rollen mußte, um meinen Montagepunkt sich verschieben zu lassen. Mit Hilfe meiner *Absicht* gelang es mir, die Emanationen auszurichten, die mich Genaro als Lichtblase *sehen* ließen – oder vielmehr, ich konnte die Emanationen ausrichten, die mich ihn lediglich als etwas Merkwürdiges, Unbekanntes und Befremdliches *sehen* ließen.
Wenn ich Genaro als etwas Merkwürdiges *sah*, dann hatten seine Augen ein bösartiges Funkeln, wie die Augen eines wilden Tiers im Dunkeln. Aber es waren gleichwohl Augen. Ich sah sie nicht als bernsteinfarbene Lichtpunkte.
An diesem Abend hatte Don Juan gesagt, Genaro werde meinem Montagepunkt helfen, eine sehr tiefe Verschiebung zu machen, und ich solle ihn imitieren – alles nachmachen, was er tat. Genaro reckte den Hintern heraus und stieß dann sein Becken mit großer Wucht nach vorne. Ich fand, es war eine obszöne Gebärde. Dies wiederholte er immer wieder und hopste umher wie im Tanz.
Don Juan stieß mich an und drängte mich, Genaro nachzuahmen, und ich tat es. So tollten wir beide herum, immer die gleiche groteske Bewegung ausführend. Nach einer Weile hatte ich das Gefühl, als führte mein Körper die Bewegung ganz von selber aus, ohne Zutun dessen, was mir mein wirkliches Ich zu sein schien. Diese Spaltung zwischen meinem Körper und meinem wirklichen Ich wurde noch ausgeprägter, und dann *sah* ich irgend-

wann eine lächerliche Szene, bei der zwei Männer mit geilen Gebärden umeinander hüpften.
Ich beobachtete fasziniert und erkannte, daß ich selbst einer der Männer war. Im gleichen Moment, als es mir bewußt wurde, spürte ich, wie mich etwas fortriß, und nun stieß ich wieder im Einklang mit Genaro mein Becken vor und zurück. Beinah im gleichen Moment bemerkte ich, daß noch ein anderer Mann neben Don Juan stand und uns beobachtete. Der Wind umfächelte ihn. Ich sah, wie sein Haar flatterte. Er war nackt und schien verlegen. Der Wind sammelte sich um ihn, wie um ihn zu bergen, oder vielleicht umgekehrt, wie um ihn fortzuwehen.
Ich hatte noch nicht gemerkt, daß ich selbst der andere Mann war. Als ich es dann merkte, war es der Schock meines Lebens. Eine unergründliche physische Macht riß mich entzwei, als ob ich aus Fasern bestünde, und wieder schaute ich einem Mann zu, der mit Genaro herumtollte und mich anglotzte, während ich zu ihm hinschaute. Und gleichzeitig sah ich einen nackten Mann, der ich war und mich anglotzte, während ich mit Genaro geile Gebärden aufführte. Der Schock war so groß, daß ich aus dem Rhythmus der Bewegung fiel und strauchelte.
Dann wußte ich nur noch, daß Don Juan mir auf die Beine half. Genaro und das andere Ich, der Nackte, waren verschwunden.
Jetzt erinnerte ich mich auch, daß Don Juan sich damals geweigert hatte, über das Ereignis zu sprechen. Er gab mir keine Erklärung, außer, daß Genaro ein Meister sei in der Kunst, seinen Doppelgänger, den Anderen, zu schaffen und daß ich bereits in normalem Bewußtseinszustand häufigen Umgang mit Don Genaros Doppelgänger gepflogen hätte, ohne es jemals zu bemerken.
»In dieser Nacht ließ Genaro, wie er es schon Hunderte Male getan hatte, deinen Montagepunkt sehr tief in die linke Seite hineinwechseln«, bemerkte Don Juan, nachdem ich ihm alles berichtet hatte, dessen ich mich erinnerte. »Seine Kraft war so gewaltig, daß er deinen Montagepunkt direkt in die Position beförderte, wo der *Traum-Körper* sichtbar wird. Du *sahst* deinen *Traum-Körper*, der dich beobachtete. Und sein Tanzen bewirkte den Trick.«
Ich bat ihn, mir zu erklären, wie Genaros geile Gebärden eine so dramatische Wirkung haben konnten.

»Du bist ein prüder Kerl«, sagte er. »Genaro nutzte deine momentane Verstimmung und deine Verlegenheit, solch eine geile Gebärde ausführen zu müssen. Da er sich in seinem *Traum-Körper* befand, hatte er die Kraft, die Emanationen des Adlers zu *sehen*. Bei einem solchen Vorsprung war's nur ein Klacks, deinen Montagepunkt in Bewegung zu bringen.«

Was Genaro mir in jener Nacht zu tun half, sagte er, sei eine Kleinigkeit gewesen; Genaro habe viele, viele Male meinen Montagepunkt in Bewegung gesetzt und ihm geholfen, einen *Traum-Körper* hervorzubringen, aber dies seien nicht die Ereignisse, an die mich zu erinnern er, Don Juan, von mir erwarte.

»Ich möchte, daß du die richtigen Emanationen wieder-ausrichtest und dich an das eine Mal erinnerst, als du wirklich in einer *Traum-Position* erwachtest«, sagte er.

Eine seltsame Wallung von Energie schien in mir aufzusteigen, und nun wußte ich, woran ich mich erinnern sollte. Ich konnte meine Erinnerung aber nicht auf das ganze Ereignis einstellen. Ich konnte mir nur einen Bruchteil davon ins Gedächtnis rufen.

Ich erinnerte mich daran, wie Don Juan, Don Genaro und ich eines Morgens auf dieser gleichen Bank saßen, während ich mich im Zustand normaler Bewußtheit befand. Genaro hatte ganz plötzlich gesagt, er werde seinen Körper sich von der Bank erheben lassen, ohne dabei aufzustehen. Diese Äußerung stand in keinem Zusammenhang mit dem, was wir gerade besprachen. Ich war Don Juans geordnete und didaktische Worte und Taten gewöhnt. Ich sah Don Juan an und wartete auf einen Fingerzeig, aber er reagierte nicht und schaute gleichmütig drein, als ob Don Genaro und ich gar nicht da wären.

Don Genaro stieß mich an, um meine Aufmerksamkeit zu wekken, und dann erlebte ich einen höchst beunruhigenden Anblick. Ich *sah* Genaro tatsächlich auf der anderen Seite des Platzes. Er winkte mich zu sich. Aber ich sah auch Don Genaro neben mir sitzen und vor sich hin schauen, nicht anders als Don Juan.

Ich wollte etwas sagen, um meine Verwunderung auszudrücken, aber ich war wie betäubt, wie gefesselt von einer Kraft um mich her, die mir nicht zu sprechen erlaubte. Wieder blickte ich zu Genaro hinüber, zur anderen Seite des Parks. Er stand immer noch dort und winkte mich mit einer Kopfbewegung zu sich.

Meine emotionale Erschütterung wuchs von Sekunde zu Sekunde. Mein Magen verkrampfte sich, und schließlich hatte ich eine Tunnel-Vision – ein Tunnel, der direkt zu Genaro, zur anderen Seite des Platzes hinüberführte. Und dann zog mich eine große Neugier oder eine große Furcht – in diesem Moment war es für mich ein und dasselbe – zu ihm hinüber. Ich schwebte tatsächlich durch die Luft und landete bei ihm. Er drehte mich herum und deutete auf die drei Männer, die in ruhiger Haltung auf der Bank saßen, als wäre die Zeit aufgehoben.
Ich empfand ein furchtbares Unbehagen, ein inneres Jucken, als stünden die weichen Organe meiner Körperhöhle in Flammen, und dann saß ich wieder auf der Bank, aber Genaro war nicht mehr da. Er winkte mir von der anderen Seite des Platzes her Lebewohl und verschwand zwischen den Leuten, die auf den Markt strömten.
Don Juan wurde ganz aufgeregt. Immer wieder schaute er mich an. Er stand auf und ging um mich herum. Er setzte sich wieder und konnte, während er zu mir sprach, sein Gesicht gar nicht ruhig halten.
Mir wurde klar, warum er sich so benahm. Ich war in einen Zustand gesteigerter Bewußtheit eingetreten, ohne daß Don Juan mir geholfen hätte. Genaro hatte es geschafft, daß mein Montagepunkt sich von selbst bewegte.
Ich mußte unwillkürlich lachen, als ich meinen Schreibblock sah, den Don Juan feierlich in seine Tasche steckte. Er sagte, er wolle nun meine gesteigerte Bewußtheit nutzen, um mir zu zeigen, wie grenzenlos das Mysterium des Menschen sei – und das Mysterium der Welt.
Ich konzentrierte mich ganz auf seine Worte. Aber ich verstand nicht, was Don Juan sagte. Ich bat ihn, es mir zu wiederholen. Er begann jetzt sehr langsam zu sprechen. Ich glaubte, er senke die Stimme, damit andere ihn nicht hörten. Ich lauschte aufmerksam, aber ich verstand kein Wort von dem, was er sagte; entweder sprach er eine mir fremde Sprache, oder es war Abrakadabra. Das Merkwürdige daran war, daß irgend etwas meine ungeteilte Aufmerksamkeit forderte, sei es der Rhythmus seiner Stimme oder die Tatsache, daß ich mich zwingen mußte, ihn zu verstehen. Ich hatte auch das Gefühl, daß meine Gedanken andere Bahnen liefen als üblich, obwohl ich nicht herausfinden konnte, was der

Unterschied sei. Es fiel mir schwer, zu denken und zu überlegen, was da eigentlich vorging.
Don Juan sprach ganz leise in mein Ohr. Weil ich ohne alle seine Hilfe in einen Zustand gesteigerter Bewußtheit eingetreten sei, sagte er, sei mein Montagepunkt momentan sehr locker, und ich könne ihn in die linke Seite hinüberwechseln lassen, indem ich mich entspannte oder hier, auf dieser Bank, in einen Halbschlaf fiel. Er versicherte mir, er werde auf mich aufpassen, und ich hätte nichts zu befürchten. Er drängte mich, mich zu entspannen und meinen Montagepunkt sich bewegen zu lassen.
Sofort verspürte ich die Schwere tiefen Schlafs. Irgendwann wurde mir bewußt, daß ich einen Traum hatte. Ich sah ein Haus, das ich schon einmal gesehen hatte. Ich näherte mich ihm, als ginge ich auf einer Straße. Da waren noch andere Häuser, aber ich konnte nicht auf sie achten. Irgend etwas hatte meine Aufmerksamkeit ganz auf dieses Haus fixiert, das ich vor mir sah. Es war ein modernes, weißverputztes Haus mit einem Rasen davor.
Näher bei dem Haus angekommen, erschien es mir vertraut, als hätte ich schon einmal von ihm geträumt. Ich schritt über einen Kiespfad zur Haustür; sie stand offen und ich trat ein. Da waren ein dunkler Korridor und ein großes Wohnzimmer zur Rechten, ausgestattet mit einem dunkelroten Sofa und passenden Sesseln, die in einer Ecke standen. Ich hatte eindeutig wieder die Tunnel-Vision. Ich sah nur das, was unmittelbar vor meinen Augen lag.
Eine junge Frau stand neben dem Sofa, als sei sie eben aufgestanden, als ich hereinkam. Sie war groß und schlank, hervorragend angezogen mit einem Schneider-Kostüm. Sie war etwa Ende Zwanzig. Sie hatte dunkelbraunes Haar, leuchtende braune Augen, die zu lächeln schienen, und eine vorspringende, fein gemeißelte Nase. Sie war von hellem Teint, aber zu prächtiger Sonnenbräune gedunkelt. Ich fand sie hinreißend schön. Offenbar war sie Amerikanerin. Sie nickte mir lächelnd zu und streckte mir beide Hände entgegen, die Handflächen nach unten, als wolle sie mir helfen aufzustehen.
Mit einer ziemlich linkischen Bewegung griff ich nach ihren Händen. Ich erschrak und versuchte, mich zurückzuziehen, aber sie hielt mich fest, bestimmt, doch so sanft. Ihre Hände waren schmal

und schön. Sie sprach mich auf spanisch an, mit der schwachen Spur eines Akzents. Sie bat mich, mich zu entspannen, ihre Hände zu spüren, meine Aufmerksamkeit auf ihr Gesicht zu konzentrieren und der Bewegung ihres Mundes zu folgen. Ich wollte sie fragen, wer sie sei, aber ich brachte kein Wort heraus.
Dann hörte ich Don Juans Stimme in meinem Ohr. Er sagte: »Oh, da bist du ja«, als hätte er mich gerade erst entdeckt. Denn ich saß wieder auf der Parkbank neben ihm. Aber ich hörte auch die Stimme der jungen Frau. Sie sagte: »Komm, setz dich zu mir.« Dies tat ich, und nun begann ein schier unglaublicher Wechsel der Perspektiven. Ich war abwechselnd bei Don Juan und bei dieser jungen Frau. Beide sah ich mit aller erdenklichen Klarheit vor mir.
Don Juan fragte mich, ob sie mir gefalle, ob ich sie anziehend und besänftigend fände. Ich konnte nicht sprechen, aber irgendwie konnte ich ihm mein Gefühl vermitteln, daß ich diese Dame ungeheuer gern hätte. Ohne ersichtlichen Grund hielt ich sie für ein Muster an Freundlichkeit und glaubte, daß sie ganz unentbehrlich sei für das, was Don Juan mit mir vorhatte.
Wieder sprach Don Juan in mein Ohr und sagte, wenn sie mir so sehr gefiel, solle ich doch in ihrem Haus aufwachen, und mein Gefühl der Zuneigung und Herzlichkeit für sie werde mich leiten. Ich fühlte mich albern und leichtsinnig. Eine überwältigende Erregung schauderte durch meinen Körper. Mir war, als ob diese Erregung mich tatsächlich auflöste. Es war mir egal, was mit mir passierte. Mit Freuden stürzte ich mich in eine Schwärze, in ein unaussprechliches Schwarz, und fand mich im Hause der jungen Frau wieder. Ich saß neben ihr auf dem Sofa.
Nach einem Augenblick greller Panik merkte ich, daß ich irgendwie unvollständig war. Irgend etwas fehlte an mir. Aber ich fand die Situation nicht bedrohlich. Mir kam der Gedanke in den Sinn, daß ich *träumte*, und daß ich alsbald neben Don Juan auf der Parkbank in Oaxaca aufwachen würde, wo ich ja in Wirklichkeit wäre, wohin ich gehörte.
Die junge Frau half mir aufstehen und führte mich in ein Badezimmer, wo es eine große Badewanne gab, mit Wasser gefüllt. Jetzt merkte ich, daß ich splitternackt war. Sie geleitete mich behautsam in die Wanne und hielt meinen Kopf, während ich im Wasser schwebte.

Nach einer Weile half sie mir aus der Wanne. Ich fühlte mich schwach und zitterig. Ich legte mich auf das Sofa im Wohnzimmer, und sie kam ganz nah zu mir. Ich hörte ihr Herz pochen, und auch das Brausen des Bluts in ihren Adern. Ihre Augen waren zwei strahlende Quellen von irgend etwas, das weder Licht noch Wärme war, sondern etwas ganz Sonderbares dazwischen. Ich wußte, ich *sah* die Kraft des Lebens aus ihren Augen, aus ihrem Körper hervorbrechen. Ihr ganzer Körper war wie eine lebende lodernde Esse; er glühte.

Ich empfand eine unheimliche Erschütterung, die mein ganzes Sein in Erregung versetzte. Es war, als lägen meine Nerven nackt und offen, und jemand zupfte an ihnen. Das Gefühl war peinigend. Dann wurde ich ohnmächtig, oder ich schlief ein.

Als ich wieder aufwachte, drückte mir jemand in kaltes Wasser getauchte Handtücher ins Gesicht und gegen den Nacken. Ich sah die junge Frau neben meinem Kopf auf dem Bett sitzen, auf dem ich lag. Sie hatte einen Wassereimer auf dem Nachttisch stehen. Don Juan stand am Fußende des Bettes und trug meine Kleider über dem Arm.

Dann war ich hellwach. Ich setzte mich auf. Die beiden hatten mich mit einer Decke zugedeckt.

»Wie geht's dem Reisenden?« fragte Don Juan lächelnd. »Bist du jetzt ganz und aus einem Stück?«

Das war alles, woran ich mich erinnerte. Ich erzählte Don Juan diese Episode, und noch während ich sprach, erinnerte ich mich an eine weitere. Ich erinnerte mich daran, wie Don Juan mich neckte und hänselte, weil er mich nackt im Bett der Dame ertappt hatte. Ich war furchtbar wütend über seine Bemerkungen geworden. Ich hatte mich angezogen und war zornentbrannt aus dem Haus gestapft.

Don Juan hatte mich auf dem Rasen vor dem Haus eingeholt. In sehr ernstem Ton hatte er mir vorgehalten, ich sei wieder in mein altes dummes Selbst zurückgefallen, ich hätte mich, durch mein Verlegenwerden, wieder zusammengesetzt, was ihm bewiese, daß mein Eigendünkel noch immer grenzenlos sei. Versöhnlicher hatte er aber hinzugefügt, darauf käme es nun auch nicht mehr an. Das einzig Entscheidende sei die Tatsache, daß mein Montagepunkt ganz tief in die linke Seite hineingeglitten sei und folglich eine gewaltige Distanz zurückgelegt habe.

Und er hatte von Wundern und Mysterien gesprochen, aber ich hatte ihm nicht zuhören können, denn ich war gefangen im Kreuzfeuer meiner Angst und meines Eigendünkels. Ich kochte förmlich. Ich war mir sicher, daß Don Juan mich im Park hypnotisiert und dann ins Haus dieser Dame geführt hatte und daß die beiden ganz furchtbare Dinge mit mir angestellt hatten.

Meine Raserei wurde unterbrochen. Irgend etwas dort auf der Straße war für mich so beängstigend, so schockierend, daß sich mein Zorn augenblicklich legte. Aber bevor ich meine Gedanken wieder ordnen konnte, versetzte Don Juan mir einen Schlag auf den Rücken, und dann blieb nichts mehr übrig von dem, was eben geschehen war. Ich fand mich wieder in meiner seligen Alltagsdummheit, glücklich Don Juans Worten lauschend und mich fragend, ob er mich eigentlich mochte oder nicht.

Während ich Don Juan dieses neue Bruchstück meiner Erinnerung erzählte, das mir eben erst eingefallen war, wurde mir klar, daß er tatsächlich meine Gefühlsausbrüche aufzufangen verstand, indem er mich rasch in einen normalen Bewußtseinszustand versetzte.

»Das einzige, was den Reisenden in das Unbekannte besänftigen kann, ist das Vergessen«, sagte er. »Welch eine Erleichterung, wieder in der alltäglichen Welt zu sein!«

»An jenem Tag hast du etwas Wunderbares vollbracht. Es war ein Gebot der Nüchternheit, daß ich dir nicht erlaubte, dir alles zu vergegenwärtigen. Gerade, als du wirklich in Panik geraten wolltest, ließ ich dich in deinen normalen Bewußtseinszustand überwechseln; ich verschob deinen Montagepunkt über die Position hinaus, wo es keine Zweifel mehr gibt. Es gibt zwei solche Positionen für den Krieger. In der einen hast du keine Zweifel mehr, weil du alles weißt; in der anderen, nämlich im normalen Bewußtseinszustand, hast du keine Zweifel, weil du nichts weißt.

Damals war es für dich noch zu früh, um zu erfahren, was wirklich geschehen war. Jetzt aber, glaube ich, ist der richtige Zeitpunkt. Als du vorhin die Straße entlang schautest, warst du im Begriff herauszufinden, wo dein *Traum-Körper* damals gewesen ist. An diesem Tag bist du eine gewaltige Entfernung gereist.«

Don Juan musterte mich mit einer Mischung aus Freude und Traurigkeit. Ich mußte mich bemühen, die sonderbare Erregung zu beherrschen, die ich empfand. Ich spürte, daß etwas für mich

unerhört Wichtiges in meinen Erinnerungen verloren lag – oder, wie Don Juan es ausgedrückt hätte, in irgendwelchen ungenutzten Emanationen, die irgendwann einmal ausgerichtet worden waren.
Mein Bemühen, ruhig zu bleiben, erwies sich als ganz falsch. Plötzlich fingen meine Knie an zu schlottern, und Nervenkrämpfe tobten durch die Körpermitte. Ich stammelte, unfähig, irgendwelche Fragen zu artikulieren. Ich mußte schlucken und tief Luft holen, bevor ich meine Ruhe wiederfand.
»Vorhin, als wir uns hinsetzten, um miteinander zu sprechen, da sagte ich, daß keine rationalen Erwägungen das Tun eines Sehers beeinträchtigen dürfen«, fuhr er in strengem Ton fort. »Ich wußte, du müßtest deine Rationalität ablegen, um dir ins Gedächtnis zu rufen, was du damals getan hast. Aber dies mußt du auf der Bewußtseinsebene tun, auf der du dich jetzt eben befindest.«
Und er erklärte mir, ich müsse verstehen, daß Rationalität nur ein Zustand der Ausrichtung sei, lediglich das Resultat einer Position des Montagepunktes. Dies müsse ich verstehen, betonte er, solange ich mich, wie eben jetzt, in einem Zustand großer Verletzlichkeit befände. Es zu verstehen, nachdem mein Montagepunkt eine Position erreicht hätte, wo es keine Zweifel mehr gibt, sei allerdings sinnlos, weil dergleichen Erkenntnisse in dieser Position ganz normal seien. Auch sei es sinnlos, es in normalem Bewußtseinszustand verstehen zu wollen. In diesem Zustand kämen solche Erkenntnisse in Form von Gefühlsausbrüchen, gültig nur so lange, wie das Gefühl anhalte.
»Ich sagte vorhin, du bist an diesem Tag eine weite Entfernung gereist«, sagte er ruhig. »Und das sagte ich, weil ich es weiß. Ich war dabei. Erinnerst du dich?«
Ich schwitzte übermäßig vor Nervosität und Aufregung.
»Du bist gereist, denn du erwachtest in einer weit entfernten *Traum-Position*«, fuhr er fort. »Als Genaro dich hier, von dieser Bank, über den Platz zu sich zog, da bahnte er deinem Montagepunkt einen Weg vom Normalbewußtsein hinüber zu jener Position, wo der *Traum-Körper* sichtbar wird. Dein *Traum-Körper* flog tatsächlich in einem einzigen Augenblick eine unglaubliche Entfernung. Dies aber ist nicht das Entscheidende. Das Geheimnis liegt in der *Traum-Position*. Wenn sie stark genug ist, um dich anzuziehen, kannst du bis an die Enden dieser Welt reisen – oder

darüber hinaus, wie die alten Seher es taten. Sie verschwanden aus dieser Welt, weil sie in einer *Traum-Position* jenseits der Grenzen des Bekannten erwachten. Deine *Traum-Position* an jenem Tag lag in dieser Welt, aber in ziemlicher Entfernung von Oaxaca.«

»Wie geschieht eine solche Reise?« fragte ich.

»Wie das geschieht, kann niemand wissen«, sagte er. »Starke Emotionen, unbeugsame *Absicht* oder starkes Interesse können als Führer dienen. Dann wird der Montagepunkt kräftig in der *Traum-Position* fixiert – lange genug, um alle Emanationen im Innern des Kokon dort hinüberzuziehen.«

Und dann erzählte Don Juan, er habe mir in den Jahren unserer Verbindung unzählige Male geholfen zu *sehen*, ob in normalem Bewußtseinszustand oder in Zuständen gesteigerter Bewußtheit; ich hätte dabei unzählige Dinge ge*sehen*, die ich erst jetzt in richtigerem Zusammenhang begreifen könne. Dieser Zusammenhang sei kein logischer oder rationaler, aber gleichwohl werde er, auf seltsame Weise, all das klären, was Don Juan mit mir getan habe und auch all das, was ich in den Jahren mit ihm *gesehen* hätte. Jetzt aber, sagte er, bedürfe ich noch einer letzten Klärung: der zusammenhängenden, aber irrationalen Erkenntnis, daß alles in dieser Welt, wie wir sie wahrzunehmen gelernt hätten, unauflöslich an jene Position gebunden sei, wo der Montagepunkt seinen Sitz habe. Werde der Montagepunkt aus dieser Position verdrängt, dann höre die Welt auf, das zu sein, was sie für uns sei.

Eine Verschiebung des Montagepunktes über die Mittellinie des menschlichen Kokon hinaus, stellte Don Juan fest, lasse die ganze Welt, wie wir sie kennen, im Handumdrehn aus unserem Blick verschwinden, ganz als wäre sie ausgelöscht – denn die Stabilität, die Materialität, die unserer wahrnehmbaren Welt anzuhaften scheine, sei nur die Kraft der Ausrichtung. Aufgrund der Fixierung des Montagepunktes an einen bestimmten Platz würden routinemäßig bestimmte Emanationen ausgerichtet. Mehr habe es nicht auf sich mit unserer Welt.

»Nicht die Stabilität der Welt ist ein Trugbild« fuhr er fort. »Das Trugbild ist die Fixierung des Montagepunktes an eine bestimmte Stelle. Wenn der Seher seinen Montagepunkt verschiebt, hat er nicht eine Illusion vor sich, sondern eine andere Welt. Diese neue

Welt ist so wirklich wie die unsere, die wir täglich vor Augen haben. Doch die neue Fixierung des Montagepunktes, die diese neue Welt hervorbringt, ist ebenso Trugbild wie die alte Fixierung.
Sieh mal dich, zum Beispiel. Du bist jetzt in einem Zustand gesteigerter Bewußtheit. Alles, was du in solch einem Zustand vermagst, ist keine Illusion; es ist so wirklich wie die Welt, der du morgen in deinem alltäglichen Leben begegnen wirst, und doch wird morgen die Welt, die du jetzt vor dir hast, nicht existieren. Sie existiert nur, wenn dein Montagepunkt sich genau an die Stelle bewegt, an der du jetzt bist.«

Die eine Aufgabe, sagte er, die dem Krieger noch bleibe, nachdem er seine Ausbildung abgeschlossen habe, sei die Integration. Im Lauf ihrer Ausbildung müßten Krieger, besonders Nagual-Männer, ihren Montagepunkt an so viele Stellen wie möglich verschieben. Ich zum Beispiel, sagte er, hätte den meinen in zahllose Positionen verschoben, die ich eines Tages zu einem zusammenhängenden Ganzen integrieren müsse.

»Würdest du zum Beispiel deinen Montagepunkt in eine bestimmte Position verschieben, dann könntest du dich erinnern, wer diese Dame ist«, fuhr er mit seltsamem Lächeln fort. »Dein Montagepunkt ist Hunderte von Malen an dieser Stelle gewesen. Es sollte dir ein leichtes sein, ihn zu integrieren.«

Als ob mein Gedächtnis auf seinen Vorschlag reagierte, stellten sich mir vage Erinnerungen ein, in der Art von Gefühlen. Da war ein Gefühl grenzenloser Zuneigung, das mich anzuziehen schien; ein angenehm weiches Aroma erfüllte die Luft, als sei jemand von hinten an mich herangetreten und hülle mich in diesen Duft ein. Ich drehte mich sogar um. Und dann erinnerte ich mich. Sie war Carol, die Nagual-Frau. Ich war erst am Tag zuvor mit ihr zusammengewesen. Wie hatte ich sie vergessen können?

Ich erlebte einen unbeschreiblichen Augenblick, in dem mir war, als durchströmten mich alle Gefühle meines seelischen Repertoires. War es möglich, so fragte ich mich, daß ich in ihrem Haus in Tucson, Arizona, aufgewacht war – zweitausend Meilen entfernt? Und sind alle diese Momente gesteigerter Bewußtheit so isoliert, daß man sich nachher nicht mehr daran erinnern kann?

Don Juan kam an meine Seite und legte mir den Arm um die Schultern. Er sagte, er wisse genau, wie mir zumute sei. Sein

Wohltäter habe ihn eine ähnliche Erfahrung durchmachen lassen. Und er wolle nun versuchen, mit mir dasselbe zu tun, was sein Wohltäter mit ihm getan hatte: mit Worten besänftigen. Er selbst sei damals dankbar gewesen für das Bemühen seines Wohltäters, aber er bezweifle jetzt, wie damals, ob es möglich sei, jemanden zu besänftigen, der im Begriff stünde, die Reise des *Traum-Körpers* zu erkennen.

Jetzt gab es keine Zweifel mehr in meinem Fühlen und Denken. Irgend etwas in mir war die Distanz zwischen den Orten Oaxaca in Mexiko und Tucson in Arizona gereist. Ich empfand eine sonderbare Erleichterung, als sei ich endlich von einer Schuld geläutert.

In all den Jahren, die ich mit Don Juan verbrachte, hatte ich immer wieder Lücken in der Kontinuität meines Gedächtnisses festgestellt. Daß ich an jenem Tag mit ihm in Tucson gewesen sein sollte, war wohl so eine Lücke. Ich erinnerte mich noch, daß es mir nicht einfallen wollte, wie ich nach Tucson gelangt sei. Ich maß dem aber keine große Bedeutung bei. Ich glaubte, die Erinnerungslücke sei eine Folge meiner Aktivitäten mit Don Juan. Er war immer darauf bedacht, nicht meinen rationalen Argwohn zu wecken, solange ich mich in normalem Bewußtseinszustand befand, doch wenn Argwohn schon unvermeidlich war, dann hatte er ihn immer kurz mit dem Hinweis hinwegerklärt, daß unsere Aktivitäten ernstliche Erinnerungs-Diskrepanzen begünstigten.

Nachdem wir beide uns an diesem Tag am selben Ort befunden hatten, bewegte mich nun die Frage, ob es möglich wäre, daß zwei oder mehr Menschen in der gleichen *Traum-Position* erwachten.

»Gewiß«, sagte er. »Das ist der Grund, warum die alten Tolteken-Zauberer scharenweise ins Unbekannte aufbrachen. Sie folgten einer dem anderen. Niemand weiß, wie es zugeht, daß einer dem anderen folgen kann. Es geschieht einfach. Der *Traum-Körper* tut es einfach. Die Gegenwart eines anderen *Träumers* spornt ihn dazu an. An diesem Tag hattest du mich mitgezogen. Ich folgte, weil ich bei dir sein wollte.«

Ich hätte noch viele Fragen an ihn gehabt, aber alle erschienen sie mir jetzt überflüssig.

»Wie ist es nur möglich, daß ich mich nicht an die Nagual-Frau erinnert habe?« murmelte ich, und eine schreckliche Beklommenheit und Sehnsucht überfielen mich. Ich gab mir Mühe, nicht mehr traurig zu sein, aber diese plötzliche Trauer brannte in mir wie ein Schmerz.

»Du erinnerst dich noch immer nicht an sie«, sagte er. »Nur wenn dein Montagepunkt sich verschiebt, kannst du sie dir vergegenwärtigen. Sie ist wie ein Phantom für dich, und auch du bist eines für sie. Du hast sie einmal gesehen, während du bei normalem Bewußtsein warst, aber sie hat dich niemals in ihrem normalen Bewußtseinszustand gesehen. Für sie bist du ebenso eine fiktive Figur, wie sie es für dich ist. Mit dem Unterschied, daß du vielleicht eines Tages erwachen und alles dies integrieren wirst. Du wirst vielleicht Zeit haben, es zu tun. Sie aber nicht. Ihre Zeit hier ist kurz.«

Ich wollte gegen eine so furchtbare Ungerechtigkeit protestieren. Im Geiste legte ich mir ein ganzes Trommelfeuer von Einwänden zurecht, aber ich sprach keinen aus. Don Juan lächelte strahlend. Seine Augen leuchteten vor schierer Freude und Boshaftigkeit. Ich hatte das Gefühl, als warte er geradezu auf meine Vorwürfe und wisse bereits, was ich sagen wollte, und dieses Gefühl verschloß mir den Mund; oder vielmehr, ich konnte nichts sagen, weil mein Montagepunkt wieder von selbst in Bewegung geraten war. Und dann wußte ich, daß die Nagual-Frau nicht zu bemitleiden sei, weil sie keine Zeit hatte, und auch ich keinen Grund zu frohlocken hätte, weil ich noch Zeit hatte.

Don Juan las meine Gedanken wie ein Buch. Er drängte mich, meine Erkenntnis zu Ende zu denken und den Grund auszusprechen, warum ich weder bemitleiden noch frohlocken mochte. Einen Augenblick lang glaubte ich zu wissen, warum. Aber dann verlor ich den Faden.

»Das Gefühl, Zeit zu haben, ist gleich erregend wie das Gefühl, keine zu haben«, sagte er. »Alles ist ein und dasselbe.«

»Traurig zu sein, ist nicht dasselbe wie zu bemitleiden«, sagte ich. »Und ich bin furchtbar traurig.«

»Wen kümmert die Traurigkeit?« sagte er. »Denk nur an die Wunder; das Wunder ist das einzige, worauf es ankommt. Wir sind lebende Wesen; wir müssen sterben und unser Bewußtsein aufgeben. Aber wenn wir nur ein Quentchen davon verändern könnten – welche Wunder müßten uns da erwarten! Welche Wunder!«

18. Die Barriere der Wahrnehmung durchbrechen

Am Spätnachmittag, noch immer in Oaxaca, schlenderten Don Juan und ich gemächlich um die Plaza. Als wir uns seiner Lieblingsbank näherten, erhoben sich die Leute, die dort saßen, und gingen fort. Wir eilten hin und setzten uns.

»Nun kommen wir zum Ende meiner Erklärung über das Bewußtsein«, sagte er. »Und heute wirst du allein eine andere Welt zusammensetzen und alle Zweifel für immer hinter dir lassen.

Es darf kein Mißverständnis geben über das, was du tun wirst. Aus der Perspektive gesteigerter Bewußtheit wirst du heute deinen Montagepunkt in Bewegung setzen, und von einem Moment auf den anderen wirst du die Emanationen einer anderen Welt ausrichten.

Genaro und ich werden dich in wenigen Tagen auf einem Berggipfel wiedersehen, und du wirst dasselbe tun, aber dann mit dem Handikap normaler Bewußtheit. Du wirst, von einem Moment auf den anderen, die Emanationen einer anderen Welt ausrichten müssen; wenn du es nicht tust, wirst du den Tod eines Durchschnittsmenschen sterben, der in einen Abgrund stürzt.«

Er spielte auf eine Tat an, die er mich zum Abschluß seiner Lehren für die rechte Seite ausführen lassen wollte: einen Sprung von einem Berggipfel in einen Abgrund.

Der Krieger, so stellte Don Juan fest, beende seine Ausbildung, wenn er fähig sei, ohne Hilfe, und aus seinem normalen Bewußtseinszustand heraus, die Barriere der Wahrnehmung zu durchbrechen. Wohl führe der Nagual den Krieger an diese Schwelle heran, doch der Erfolg hänge ganz von jedem einzelnen ab. Der Nagual könne ihn nur auf die Probe stellen, indem er ihn dauernd in Situationen stoße, in denen er auf sich selbst angewiesen sei.

»Die einzige Macht, die zeitweilig unsere Ausrichtung tilgen kann, ist die Ausrichtung selbst«, fuhr er fort. »Du wirst die Aus-

richtung tilgen müssen, die dich in der Wahrnehmung der alltäglichen Welt befangenhält. Indem die eine neue Position deines Montagepunktes *beabsichtigst*, und indem du *beabsichtigst*, ihn lange genug dort fixiert zu halten, wirst du eine andere Welt montieren und diese Welt hinter dir lassen.
Noch immer, bis auf den heutigen Tag, trotzen die alten Seher dem Tod, indem sie genau dies tun: nämlich *beabsichtigen*, daß ihr Montagepunkt an Positionen fixiert bleibt, die sie in eine der sieben Welten versetzen.«
»Was wird geschehen, wenn es mir gelingt, eine andere Welt auszurichten?« fragte ich.
»Du wirst in sie eintreten müssen«, sagte er, »wie Genaro es tat, eines Abends, genau an dieser Stelle, als er dir das Geheimnis der Ausrichtung zeigte.«
»Wo werde ich sein, Don Juan?«
»In einer anderen Welt, natürlich, wo sonst?«
»Was wird mit den Menschen meiner Umgebung, mit den Häusern sein, mit den Bergen und allem anderen?«
»Du wirst von alledem getrennt sein durch die Barriere, die du durchbrochen haben wirst: die Barriere der Wahrnehmung. Genau wie die Seher, die sich begruben, um dem Tode zu trotzen, wirst du nicht mehr in dieser Welt sein.«
Ein Kampf tobte in mir, als ich seine Worte vernahm. Ein Teil von mir protestierte, daß seine Auffassung unhaltbar sei, während ein anderer Teil von mir zweifelsfrei wußte, daß er recht hatte.
Ich fragte ihn, was geschehen würde, wenn ich meinen Montagepunkt in Bewegung brächte, während ich mich auf der Straße, mitten im Verkehrsgewimmel von Los Angeles befände?
»Los Angeles wird verschwinden wie ein Windhauch«, antwortete er mit ernster Miene. »Aber du wirst bleiben.
Das ist das Wunder, das ich dir zu erklären versuchte. Du hast es schon einmal erlebt, du hast es nur noch nicht verstanden, aber heute wirst du es verstehen.«
Bisher könne ich noch nicht den Schub der Erde ausnutzen, sagte er, um in ein anderes großes Emanationen-Band überzuwechseln, aber nachdem jetzt eine unabdingbare Notwendigkeit für mich bestünde zu solchem Überwechseln, werde diese Notwendigkeit mir als Sprungbrett dienen.
Don Juan blickte zum Himmel auf. Er reckte die Arme über den

Kopf, als ob er zu lange ruhig gesessen hätte und die Müdigkeit aus seinem Körper vertreiben wollte. Er befahl mir, meinen inneren Dialog abzustellen und mich in inneres Schweigen zu versetzen. Dann stand er auf und entfernte sich langsam vom Marktplatz. Er gab mir ein Zeichen, ihm zu folgen. Er schlug eine verlassene Nebenstraße ein. Ich erkannte sie wieder, es war dieselbe Straße, wo Genaro mir den Akt der Ausrichtung demonstriert hatte. Im gleichen Augenblick, als ich dies erkannte, sah ich mich neben Don Juan an einem Ort gehen, der mir inzwischen ganz vertraut war: eine einsame Ebene mit gelben Sanddünen, die aus Schwefel zu bestehen schienen.
Und nun erinnerte ich mich, daß Don Juan mich diese Welt Hunderte von Malen hatte wahrnehmen lassen. Ich erinnerte mich auch, daß es jenseits dieser trostlosen Dünenlandschaft eine andere Welt gab, leuchtend von einem köstlichen, gleichmäßigen, rein-weißen Licht.
Als Don Juan und ich dieses Mal in diese Welt eintraten, spürte ich, daß das Licht, das aus allen Richtungen kam, kein belebendes Licht war; aber es war so besänftigend, daß es mir das Gefühl gab, als sei es heilig.
Während mich dieses heilige Licht umflutete, explodierte in meinem inneren Schweigen ein rationaler Gedanke. Es wäre doch möglich, dachte ich, daß Mystiker und Heilige diese selbe Reise des Montagepunktes erlebt hätten. In der Form des Menschen hätten sie Gott geschaut. In den Schwefeldünen hätten sie die Hölle gesehen. Und in dem durchschimmernden Licht hätten sie den Glorienschein des Himmels gesehen.
Mein rationaler Gedanke verglühte augenblicklich unter dem Ansturm dessen, was ich wahrnahm. Meine Aufmerksamkeit war gefesselt durch eine Vielzahl von Gestalten, Männern und Frauen, Kindern jeden Alters, und anderen unvorstellbaren Geister-Erscheinungen, die in einem blendenden weißen Licht strahlten.
Ich sah Don Juan neben mir gehen, der mich, und nicht jene Erscheinungen anstarrte, aber im nächsten Augenblick *sah* ich ihn als eine Kugel leuchtender Strahlung, nur ein paar Schritt vor mir auf und ab schwebend. Die Kugel machte plötzlich eine erschreckende Bewegung, rückte näher an mich heran, und ich *sah* in ihr Inneres.

Don Juan hatte um meinetwillen seine Glut der Bewußtheit angefacht. Die Glut leuchtete plötzlich auf vier oder fünf fadenähnlichen Fasern an seiner linken Seite. Sie blieb dort fixiert. Meine ganze Konzentration richtete sich daran aus. Irgend etwas zog mich, gleichsam wie durch eine Röhre, und ich *sah* die Verbündeten – drei dunkle, lange, starre Figuren, von einem Schütteln erfaßt, wie Blätter im Winde. Sie standen vor einem beinah fluoreszierenden rosa Hintergrund. Im gleichen Moment, als ich sie ins Auge faßte, kamen sie zu mir her, nicht etwa schreitend oder gleitend oder fliegend, sondern indem sie sich an Fasern von etwas Weißem heranzogen, die von mir ausgingen. Das Weiße war kein Licht oder Leuchten, sondern es waren Striche, wie mit einer dicken Tafelkreide gezogen. Sie lösten sich rasch auf, aber nicht rasch genug. Schon waren die Verbündeten über mir, bevor die Striche verblaßten.
Sie bedrängten mich. Ich wurde ärgerlich, und die Verbündeten ließen sofort von mir ab, als hätte ich sie gezüchtigt. Sie taten mir leid, und mein Gefühl zog sie augenblicklich wieder an mich. Wieder kamen sie und rieben sich an mir. Dann *sah* ich etwas, das ich an jenem Bach im Spiegel *gesehen* hatte. Die Verbündeten besaßen keine innere Glut. Sie hatten keine innere Bewegung. Es war kein Leben in ihnen. Und doch waren sie offensichtlich lebendig. Sie waren groteske Gestalten, die Schlafsäcken mit zugezogenem Reißverschluß ähnelten. Die feine Linie in der Mitte ihrer länglichen Gestalt ließ sie wie zusammengenäht aussehen. Sie waren keine angenehmen Gestalten. Das Gefühl, daß sie mir absolut fremd waren, machte mich gereizt und ungeduldig. Ich *sah*, daß die drei Verbündeten sich irgendwie auf und ab hüpfend fortbewegten. Ein schwacher Glanz lag auf ihnen. Der Glanz wurde stärker, bis er schließlich, bei einem der Verbündeten, ganz hell strahlte.
Im gleichen Moment, als ich dies *sah*, erblickte ich eine schwarze Welt. Ich sage nicht, sie wäre dunkel gewesen wie die Nacht. Vielmehr war alles um mich her pechschwarz. Ich blickte zum Himmel auf und entdeckte nirgends Licht. Auch der Himmel war schwarz und buchstäblich mit Linien und unregelmäßigen Kreisen in verschiedenen Abstufungen von Schwarz überzogen. Der Himmel sah aus wie ein schwarzes Stück Holz, an dem reliefartig die Maserung zu sehen ist.

Ich blickte auf den Boden. Er war faserig. Er schien aus Agar-Agar-Flocken zu bestehen. Es waren keine stumpfen Flocken, aber sie glänzten auch nicht. Es war irgend etwas dazwischen, was ich noch nie im Leben gesehen hatte: schwarzes Agar-Agar.
Dann hörte ich die Stimme des *Sehens*. Sie sagte, daß der Montagepunkt eine ganze Welt aus anderen großen Emanationen-Bändern montiert habe: eine schwarze Welt.
Ich versuchte, jedes Wort in mich aufzunehmen, das ich hörte; dazu mußte ich meine Konzentration spalten. Die Stimme setzte aus. Mein Blick wurde wieder scharf. Ich stand neben Don Juan, ein paar Straßenecken vom Marktplatz entfernt.
Ich wußte sofort, daß ich keine Zeit zu verlieren hatte, daß es sinnlos wäre, mich meinem Schock hinzugeben. Ich nahm alle meine Kraft zusammen und fragte Don Juan, ob ich getan hätte, was er von mir erwartete.
»Du hast genau das getan, was ich von dir erwartete«, versicherte er mir. »Laß uns zur Plaza zurückgehen und dort noch einmal umherschlendern, zum letzten Mal in dieser Welt.«
Ich wollte nicht an Don Juans Abschied denken, darum befragte ich ihn nach jener schwarzen Welt. Ich hatte auch die unbestimmte Erinnerung, sie schon einmal *gesehen* zu haben.
»Sie ist die am leichtesten montierbare Welt«, sagte er. »Und von allem, was du bisher erlebt hast, ist die schwarze Welt das einzige, über das es sich lohnt, nachzudenken. Sie ist die einzige echte Ausrichtung eines anderen großen Bandes, die dir jemals gelungen ist. Alles andere waren nur Seitwärts-Verschiebungen über das Band des Menschen, aber gleichwohl innerhalb desselben großen Bandes. Die Nebelwand, die Ebene der gelben Dünen, die Welt der Geister-Erscheinungen – all die Seitwärts-Ausrichtungen, die unser Montagepunkt macht, wenn er sich einer entscheidenden Position nähert.«
Während wir zum Marktplatz zurückkehrten, erklärte er mir, es sei eine der merkwürdigen Eigenschaften der schwarzen Welt, daß sie nicht dieselben Emanationen enthalte, die in unserer Welt für das Phänomen der Zeit verantwortlich seien. Es seien andere Emanationen, die andere Konsequenzen hervorbrächten. Seher, die in die schwarze Welt wandern, hätten das Gefühl, eine Ewigkeit in ihr verweilt zu haben, aber in unserer Welt erweise diese Spanne sich nur als ein Augenblick.

»Die schwarze Welt ist eine schreckliche Welt, weil sie den Körper altern läßt«, sagte er eindringlich.
Ich bat ihn, seine Äußerung zu erklären. Er verlangsamte seinen Schritt und musterte mich. Er erinnerte mich daran, daß Genaro mir dies, auf seine direkte Weise, einmal hatte verdeutlichen wollen, als er mir sagte, wir wären eine Ewigkeit in der Hölle umhergeirrt, während in der Welt, wie wir sie kennen, nicht mal eine Minute vergangen sei.
In seiner Jugend, so erzählte Don Juan, habe er sich beinah zwanghaft mit der schwarzen Welt beschäftigt. Im Beisein seines Wohltäters habe er sich gefragt, was mit ihm geschehen würde, wenn er eine Weile dort verweilte. Sein Wohltäter habe nicht viel von Erklärungen gehalten – er habe Don Juan einfach in die schwarze Welt hineingestoßen, um es ihn selbst herausfinden zu lassen.
»Die Kraft des Nagual Julian war so gewaltig«, fuhr Don Juan fort, »daß ich tagelang brauchte, um aus der schwarzen Welt zurückzufinden.«
»Du willst sagen, daß es Tage dauerte, bis dein Montagepunkt wieder in seine normale Position zurückkehrte, nicht wahr?« fragte ich.
»Ja, das wollte ich sagen«, sagte er.
Und er erklärte, daß er in den paar Tagen, die er in der schwarzen Welt umherirrte, mindestens um zehn Jahre, wenn nicht mehr, gealtert sei. Die Emanationen im Innern seines Kokon hätten die Anstrengung von Jahren einsamen Kampfes gespürt.
Silvio Manuel, sagte er, sei ein völlig anderer Fall. Auch ihn habe der Nagual Julian in das Unbekannte gestoßen, aber Silvio Manuel habe aus einer Anzahl von anderen Bändern eine andere Welt montiert – ebenfalls eine Welt ohne die Emanationen der Zeit, die allerdings eine umgekehrte Wirkung auf den Seher habe: Er sei sieben Jahre lang verschwunden geblieben und habe doch das Gefühl gehabt, nur einen Augenblick fortgewesen zu sein.
»Andere Welten zu montieren, ist keine Sache der Übung, sondern eine Sache der *Absicht*«, fuhr er fort. »Und man kann aus diesen Welten nicht einfach, wie am Gummiband gezogen, zurückschnellen. Ein Seher, weißt du, muß wagemutig sein. Sobald man die Barriere der Wahrnehmung durchbrochen hat, braucht

man nicht an den gleichen Ort dieser Welt zurückzukehren. Verstehst du, was ich meine?«
Langsam dämmerte mir, was er da gesagt hatte. Beinah empfand ich ein unwiderstehliches Bedürfnis, zu lachen über eine so absurde Vorstellung, aber kurz bevor diese Vorstellung sich für mich zur Gewißheit verdichtete, sprach Don Juan weiter und unterbrach damit die Erinnerung, die sich eben bei mir einstellen wollte.
Beim Montieren anderer Welten, sagte er, bestünde für den Krieger die Gefahr, daß diese Welten ebenso besitzergreifend seien wie unsere Welt. Die Kraft der Zusammensetzung sei so beschaffen, daß der Montagepunkt, sobald er aus seiner normalen Position ausbreche, durch andere Zusammensetzungen in anderen Positionen fixiert werde. Und der Krieger laufe Gefahr, in unvorstellbarer Einsamkeit zu stranden.
Der kritische, rationale Teil in mir hieß mich einwenden, daß ich ihn, Don Juan, doch in der schwarzen Welt als leuchtende Kugel gesehen hätte. Folglich sei es doch möglich, in jener Welt mit Menschen zusammen zu sein.
»Nur wenn diese Menschen dir folgen, indem sie ihren Montagepunkt dorthin bewegen, wohin du dich bewegst«, antwortete er. »Ich hatte den meinigen verschoben, um bei dir zu bleiben; sonst wärst du mit den Verbündeten dort allein gewesen.«
Wir blieben stehen, und Don Juan sagte, es sei nun Zeit für mich, zu gehen.
»Ich möchte, daß du alle Seitwärts-Verschiebungen überspringst«, sagte er, »und unmittelbar in die nächste absolute Welt eintrittst: in die schwarze Welt. In ein paar Tagen wirst du dasselbe allein vollbringen müssen. Du wirst keine Zeit haben, herumzutrödeln. Du wirst alles tun müssen, um dem Tod zu entgehen.«
Das Durchbrechen der Wahrnehmungsbarriere, sagte er, sei der Gipfelpunkt alles dessen, was die Seher täten. Von dem Augenblick an, da diese Barriere durchbrochen sei, gewinne der Mensch und sein Schicksal eine andere Bedeutung für den Krieger. Wegen der transzendentalen Bedeutung des Durchbrechens dieser Barriere diene der Akt des Durchbrechens den Sehern als abschließende Prüfung. Die Probe bestehe darin, im Zustand normaler Bewußtheit von einem Berggipfel in einen Abgrund zu springen.

Gelinge es dem in den Abgrund springenden Krieger nicht, die alltägliche Welt auszulöschen und eine andere zusammenzusetzen, bevor er am Grunde aufschlage, so finde er den Tod.
»Was du also tun wirst, ist, diese Welt verschwinden zu lassen«, fuhr er fort. »Aber du wirst doch irgendwie du selbst bleiben. Dies ist die letzte Bastion des Bewußtseins, auf die der Seher sich verläßt. Er weiß, daß er, nachdem er an der Bewußtheit verbrannt ist, irgendwie das Gefühl behalten wird, er selbst zu sein.«
Er lächelte und deutete nach einer Straße, die wir von dort, wo wir standen, sehen konnten. Es war die Straße, wo Genaro mir das Mysterium der Ausrichtung gezeigt hatte.
»Diese Straße führt, wie jede andere, in die Ewigkeit«, sagte er. »Du brauchst nichts anderes tun, als ihr in absolutem Schweigen zu folgen. Es ist Zeit. Geh jetzt! Geh!«
Er drehte sich um und ging von mir fort. Genaro erwartete ihn an der Straßenecke. Genaro winkte mir zu und bedeutete mir mit einer Gebärde, zu ihm zu kommen. Don Juan ging weiter, ohne sich nach mir umzusehen. Genaro schloß sich ihm an. Ich schickte mich an, ihnen zu folgen, aber ich wußte, daß es falsch wäre. Statt dessen wandte ich mich in die entgegengesetzte Richtung. Die Straße war dunkel, einsam und düster. Ich überließ mich nicht meinem Gefühl des Versagens und der Unzulänglichkeit. Ich ging in innerem Schweigen. Mein Montagepunkt bewegte sich mit großer Geschwindigkeit. Ich sah die drei Verbündeten. Die Linie in der Mitte ihrer Gestalt ließ sie aussehen, als ob sie seitwärts lächelten. Ich fand, ich sei leichtsinnig. Und dann wehte eine Macht, wie ein Wind, die Welt davon.

Epilog

Ein paar Tage später kamen alle aus dem Zug des Nagual und alle Lehrlinge auf der Hochfläche des Berges zusammen, von dem Don Juan mir erzählt hatte.
Don Juan sagte, daß alle Lehrlinge bereits einem jeden Lebewohl gesagt hätten und daß wir alle in einem Bewußtseinszustand wären, der keinerlei Sentimentalität erlaube. Für uns gelte jetzt nur die Tat. Wir seien Krieger im Stande des absoluten Krieges.
Alle, mit Ausnahme von Don Juan, Genaro, Pablito, Nestor und mir, zogen sich ein Stück weit von dem flachen Gipfel zurück, um Pablito, Nestor und mir die Möglichkeit zu geben, in einen normalen Bewußtseinszustand einzutreten.
Aber bevor wir dies taten, nahm Don Juan uns am Arm und führte uns einmal um das Gipfelplateau.
»Gleich werdet ihr die Bewegung eures Montagepunktes *beabsichtigen*«, sagte er. »Und niemand wird euch dabei helfen. Ihr seid jetzt allein. Nun müßt ihr euch erinnern, daß *Absicht* mit einem Befehl anfängt.
Wenn der alte Krieger schon einen inneren Dialog führt, so pflegten die alten Seher zu sagen, dann sollte es wenigstens der richtige Dialog sein. Für die alten Seher hieß das, ein Dialog über Zauberei und über die Steigerung der Selbst-Reflexion. Für die neuen Seher ist es kein Dialog, sondern die unvoreingenommene Manipulation der *Absicht* durch nüchterne Befehle.«
Immer wieder ermahnte er uns, daß die Manipulation der Absicht mit einem selbsterteilten Befehl beginne; dann werde der Befehl wiederholt, bis er zum Befehl des Adlers werde, und dann erst, in dem Augenblick, da der Krieger das innere Schweigen erreiche, verschiebe sich der Montagepunkt.
Der Tatsache, daß ein solches Manöver möglich sei, behauptete er, hätten die alten wie die neuen Seher überragende Bedeutung beigemessen – allerdings aus diametral gegensätzlichen Gründen. Dieses Wissen habe es den alten Sehern ermöglicht, ihren Mon-

tagepunkt zu unvorstellbaren *Traumpositionen* im unermeßlichen Unbekannten zu verschieben. Den neuen Sehern hingegen erlaube dieses Wissen, sich dem Adler als Nahrung zu verweigern, und es helfe ihnen, dem Schnabel des Adlers zu entrinnen und ihren Montagepunkt in eine bestimmte *Traumposition* vorzuschieben, genannt die absolute Freiheit.

Die alten Seher, erklärte er, hätten entdeckt, daß es möglich sei, den Montagepunkt bis an die Grenzen des Bekannten zu verschieben und ihn dort in einem Zustand der vollkommensten gesteigerten Bewußtheit fixiert zu halten. Aus dieser Position *sahen* sie die Möglichkeit einer langsamen Verschiebung ihres Montagepunktes zu immer anderen Positionen jenseits dieser Grenze – eine gewaltige Leistung voller Wagemut, aber ohne Nüchternheit unternommen, denn es sei ihnen niemals wieder gelungen, die Bewegung ihres Montagepunktes zurückzuverfolgen – oder vielleicht hätten sie es auch gar nicht gewollt.

Don Juan sagte, daß abenteuerfreudige Menschen, vor die Wahl gestellt, in einer Welt des Alltags zu sterben, oder aber in jenen unbekannten Welten den Tod zu finden, unvermeidlich das letztere wählen würden und daß die neuen Seher, da sie erkannten, daß ihre Vorfahren lediglich den Schauplatz ihres Todes vertauschten, endlich die Vergeblichkeit all dessen eingesehen hätten: die Vergeblichkeit des Bemühens, ihre Mitmenschen zu beherrschen; die Vergeblichkeit des Zusammensetzens anderer Welten, und vor allem aber die Vergeblichkeit des Eigendünkels.

Eine der glücklichsten Entscheidungen dieser neuen Seher, sagte er, sei es gewesen, daß sie ihren Montagepunkt niemals für die Dauer in eine andere Position als jene der gesteigerten Bewußtheit verschoben hätten. Aus dieser Position sei es ihnen gelungen, das Dilemma der Vergeblichkeit zu überwinden und zu entdekken, daß die Lösung nicht einfach darin bestehe, sich andere Welten zum Sterben zu wählen, sondern in der Entscheidung für die absolute Bewußtheit, für die absolute Freiheit.

Indem sie sich für die absolute Freiheit entschieden, sagte Don Juan, setzten die neuen Seher, ohne es zu wollen, die Tradition ihrer Vorgänger fort und wurden so überhaupt zum Inbegriff derer, die dem Tode trotzen.

Die neuen Seher, erklärte er, hätten entdeckt, daß der Montagepunkt, stetig bis an die Grenzen des Unbekannten vorgeschoben,

aber doch wieder zu einer Position innerhalb der Schranken des Bekannten zurückkehrend, wenn er nun plötzlich freigelassen werde, wie ein Blitz über den gesamten Kokon des Menschen fahre und alle Emanationen des Kokon gleichzeitig ausrichte.
»Die neuen Seher verbrennen an der Kraft der Ausrichtung«, fuhr Don Juan fort, »an der Kraft des *Willens*, den sie durch ein Leben der Makellosigkeit zu einer Kraft der *Absicht* entwickelt haben. *Absicht* ist die Ausrichtung aller bernsteinfarbenen Emanationen der Bewußtheit, und darum trifft es zu, wenn man sagt, daß absolute Freiheit zugleich absolute Bewußtheit ist.«
»Ist es das, was ihr alle tun werdet, Don Juan?« fragte ich.
»Sehr wahrscheinlich werden wir es tun, falls wir genug Energie haben«, erwiderte er. »Freiheit ist die Gabe des Adlers an den Menschen. Leider verstehen nur wenige Menschen, daß wir, um sein Geschenk anzunehmen, nichts anderes brauchen als genügend Energie. Da es nur dies ist, was wir brauchen, müssen wir eben geizig haushalten mit dieser Energie.«
Und dann ließ Don Juan uns in einen normalen Bewußtseinszustand überwechseln. Bei Anbruch der Dämmerung sprangen Pablito, Nestor und ich in den Abgrund. Don Juan und der Zug des Nagual verbrannten am Feuer von innen. Sie gingen in die absolute Bewußtheit ein, denn sie hatten genügend Energie, um die sinnverwirrende Gabe der Freiheit anzunehmen.
Pablito, Nestor und ich starben nicht am Grunde dieser Schlucht – auch nicht die anderen Lehrlinge, die in früheren Zeiten gesprungen waren –, denn wir kamen nie dort an; unter dem Einfluß einer so ungeheuerlichen und unvorstellbaren Tat, wie es der Sprung in den Tod war, bewegten wir alle unseren Montagepunkt und setzten andere Welten zusammen.
Heute wissen wir, daß uns nur noch bleibt, uns an die gesteigerte Bewußtheit zu erinnern und die Ganzheit unserer selbst wiederzugewinnen. Und wir wissen auch, je mehr wir uns erinnern, desto größer wird unser hoher Mut und unser Staunen sein, desto größer aber auch unsere Zweifel, unsere Erschütterung.
Bislang ist es, als bliebe uns nur noch, uns martern zu lassen von den unabsehbaren Fragen nach dem Schicksal des Menschen – bis zu der Zeit, da wir vielleicht genug Energie haben werden, um nicht nur bewahrheitet zu sehen, was Don Juan uns lehrte, sondern auch selbst die Gabe des Adlers anzunehmen.